Für Christa

Mit den besten Wünschen

Maria Colgan

D1666565

Maria Colgan

LEBEN schreibt man groß

Ein Erfahrungsbericht im Spannungsbogen zwischen Krebsdiagnose und Genesung

Gardez! Verlag
Remscheid

Bibliografische Information der Deutschen Nationalbibliothek
Die Deutsche Nationalbibliothek verzeichnet diese Publikation in der Deutschen Nationalbibliografie; detaillierte bibliografische Daten sind im Internet über http://dnb.d-nb.de abrufbar.

Anmerkungen:
Um schwerfällige Formulierungen zu vermeiden, habe ich nicht immer beide Formen (männlich/weiblich) benutzt und bitte, sie dort, wo es Sinn macht, als gegeben anzusehen.
Bei Namenskürzeln und bei ausschließlicher Nennung des Vornamens sind die Namen geändert.

Umschlagbild: © Sebastian Böll   www.kaleidoskope.com

Kommissionsverlag Michael Itschert, Gardez! Verlag
Richthofenstraße 14, 42899 Remscheid
Tel. 0 21 91/4 61 26 11, Fax 0 21 91/4 61 22 09
E-Mail: info@gardez.de
Internet: www.gardez.de

Printed in Germany.
ISBN 978-3-89796-217-0

Gewidmet allen Menschen,
die guten Willens sind

Die frühen Jahre

Ausgesetzt
In einer Barke von Nacht
Trieb ich
Und trieb an ein Ufer.
An Wolken lehnte ich gegen den Regen.
An Sandhügel gegen den wütenden Wind.
Auf nichts war Verlaß.
Nur auf Wunder.
Ich aß die grünenden Früchte der Sehnsucht,
Trank von dem Wasser das dürsten macht.
Ein Fremdling, stumm vor unerschlossenen Zonen,
Fror ich mich durch die finsteren Jahre.
Zur Heimat erkor ich mir die Liebe.[1]

(Mascha Kaléko)

Inhaltsverzeichnis

1. Oh, du fröhliche

> Da geht der Sturm, ein Umgestalter.[2]
> (Rainer Maria Rilke)

„Hurra, wie schön", sagte ich zu meinem Mann am Früh-
stückstisch. Ich blickte in meine Agenda. „Heute habe ich
noch einen letzten Termin, dann kann Weihnachten kommen!"
„That's good", sagte mein Mann. Er sagte es auf Englisch,
wie man es von einem Engländer erwarten kann.
Ich atmete erleichtert auf. Die vergangenen Wochen waren
hektisch gewesen. Familie, Job, Haushalt, Telefongespräche,
Weihnachtsvorbereitungen, Termine über Termine – für die
meisten von uns ein wohlbekanntes Dezember-Szenario.
Doch jetzt, fast schon greifbar, die weihnachtliche Verhei-
ßung: „Alt' und Junge sollen nun von der Jagd des Lebens
einmal ruhn."[3] Das verlieh mir neuen Schwung, an dem es
mir in der letzten Zeit deutlich gemangelt hatte. Also, noch
einmal aufraffen, noch diesen einen Termin hinter mich bringen und dann ...

Eigentlich hatte ich schon wie jedes Jahr im September zur
Vorsorgeuntersuchung gehen wollen. Aber irgendwie war
immer etwas dazwischen gekommen, und dann war auch
noch meine neue Ärztin, Dr. M., bei der ich erst einmal einen
Termin wahrgenommen hatte, umgezogen und hatte die
Sprechstunde ausgesetzt. So kam es, dass ich erst an diesem
18. Dezember 1997 einen Termin bekommen hatte.
Unterwegs zur Arztpraxis überfiel mich unvermittelt ein Gefühl der Angst, und ich überlegte, ob ich wieder einmal zu
Baldrian greifen sollte. Damit hatte ich mich in letzter Zeit
des Öfteren beholfen, in der Hoffnung, meine schlechte körperliche und in der Folge auch seelische Verfassung in den

Griff zu bekommen und Halt zu finden. Energisch unterbrach ich meine eigenen Gedanken: „Was gibt es denn hier zu befürchten? Du machst eine Vorsorgeuntersuchung, wie jedes Jahr! Du kannst doch nicht immer zu Medikamenten greifen, und seien sie auch nur pflanzlicher Natur. Also nimm dich zusammen!"

Meine Gynäkologin ließ mich dann auch nicht lange warten und bat zur Untersuchung. Mit dem Zusammennehmen klappte es aber trotz größter Willensanstrengung von Minute zu Minute weniger. Bald war ich völlig verkrampft und ängstlich und wollte nur noch eines: diesen letzten Termin jetzt ganz schnell hinter mich bringen, denn dann konnte ja endlich Weihnachten kommen!

Aber da gellte ein Horrorschrei durch die Praxis, ausgestoßen von der Ärztin selbst, und Weihnachten rückte jäh von einer Sekunde zur anderen in unerreichbare Ferne.

Liebe Leserin, lieber Leser,
wenn Sie sich im Moment keine aufwühlenden Berichte zumuten können oder wollen, ermuntere ich Sie dazu, ihre Gefühle zu respektieren. Überschlagen Sie die folgenden Seiten und lesen Sie sie ein anderes Mal oder gar nicht, das Buch ist auch so verständlich.
Schlagen Sie dann einfach Seite 37 auf und lesen Sie dort weiter.

2. Weihnachten am Abgrund

> Dann willst du in die Stille schrein,
> und weinst doch nur ganz leis hinein
> tief in dein kühles Tuch.[4]
> (Rainer Maria Rilke)

„Was ist denn das?", schrie die Ärztin in voller Lautstärke. „Wann waren Sie denn das letzte Mal zur Untersuchung?" – Ich spürte eine plötzliche Blutleere im Kopf und Panik überflutete mich bei dieser sehr ungewöhnlichen Art, mir mitzuteilen, dass da etwas eindeutig nicht in Ordnung sei. Flüchten oder standhalten? Die Frage stellte sich mir gar nicht. Flüchten, ganz klar, nur schnell weg, an einen Ort, wo dieser Schrei ungeschehen gemacht werden konnte, so als ob es ihn nie gegeben hätte. Ich zerrte die Ärztin an ihrem Ärmel und stöhnte: „Ich will hier weg!"

„Nicht bevor ich meine Ultraschallphotos gemacht habe", konterte Dr. M. entschieden, und auch mein erneutes Zerren an ihrem Ärmel wusste sie erfolgreich abzuwehren.

Sobald es ging, unternahm ich dann meinen Fluchtversuch, wenn auch nur bis zur Toilette. Dort drückte ich zwei Baldriantabletten aus dem Blister, schöpfte mit meinen Händen Wasser unter dem fließenden Wasserhahn und spülte die rosafarbenen Dragées hastig herunter, in der Hoffnung, dass sie mir auf wunderbare Weise Standvermögen verleihen und das Vorgefallene irgendwie zurechtrücken würden. An diesen Strohhalm klammerte ich mich, als ich mit weichen Knien wieder in den Behandlungsraum zurücktaumelte, nachdem ich den Gedanken an eine ausgedehntere Flucht verworfen hatte.

Der ärztliche Schreckensschrei hatte mich im Bruchteil einer Sekunde auch ohne Worte davon überzeugt, dass ich Weihnachten wohl nicht mehr erleben würde. Immerhin war Dr. M. eine erfahrene Ärztin, keine Anfängerin. Nach ihrer Reaktion zu urteilen, folgerte ich automatisch, denn zum klaren Denken war ich außerstande, musste der Ultraschall ihr die schrecklichste Eierstockkrebsgeschwulst auf dem Monitor abgebildet haben, die sie in all den Jahren ihres ärztlichen Wirkens jemals zu sehen bekommen hatte. Es schien besiegelt, dass mein Ableben nur eine Frage von Stunden oder Tagen sein konnte, ja, ich bereits mitten im Sterbeprozess steckte.

„Muss ich jetzt sterben?", hörte ich mich mit fremder Stimme fragen.

„Also bitte, jetzt machen Sie mal halblang, Sie sind doch nicht die Einzige, der so etwas passiert!" Sie ließ mich ihre ganze Verachtung ob meiner jämmerlichen und so ganz und gar nicht tapferen Vorstellung spüren.

Ein konkretes Wort zur Diagnose war allerdings bisher noch nicht gefallen. Es konnte doch auch nicht sein, dass ich wie jedes Jahr zur Vorsorgeuntersuchung gehe und dann ohne Vorwarnung, ohne vorherige Beschwerden, Probleme oder Symptome irgendwelcher Art von einer Sekunde zur anderen plötzlich den Tod in mir tragen sollte. Hier stimmte doch etwas nicht, ein schrecklicher Irrtum, der seiner Richtigstellung harrte.

Aber als Dr. M. das Wort wieder aufnahm, wurde mein ohnehin schwächelnder letzter Strohhalm von der Realität einfach weggeweht. Von riesengroßen Ovarialzysten war da die Rede, beidseitig, von Untersuchungen, die eingeleitet werden müssten. Schreckliche, den Tod in sich bergende Worte kamen aus ihrem Mund.

„Ich verhehle Ihnen nicht, dass ich auch die Tumormarker angekreuzt habe", sagte sie spitz, als sie mir das Formular für den erforderlichen Bluttest reichte, keine Gelegenheit für einen zusätzlichen Nadelstich auslassend. Ich konnte nicht glauben, dass mir das wirklich passierte.

„Ich will nicht, dass Sie mir das alles erzählen, hören Sie sofort auf!"

Nun verfiel Dr. M. in eisige Sachlichkeit und meinte, dass sie das alles wohl besser mit meinem Mann bespräche, was meine Panik noch zusätzlich anfachte. Als mitten im Leben stehende Frau, die alles im Griff hatte, hatte ich die Praxis betreten, und nun war mir von einer Sekunde zur anderen alles aus der Hand geglitten: meine Gesundheit, meine Integrität, mein ganzes Leben. Ich war zu einem Häufchen Elend geworden und – ganz besonders demütigend im Angesicht meines schnippischen Gegenübers – unfähig das zu verbergen.

Die Papiere, die ich für die operativen Voruntersuchungen im Krankenhaus abgeben sollte, umklammernd, stolperte ich aus der Praxis, konfus und kopflos. Aufklärung war von Nöten, die ich aber selbst nicht leisten konnte. Ich brauchte Hilfe!
Eine Anlaufstelle, die sich in relativer Nähe der Praxis befand, war mein Hausarzt, dem ich seit Jahren vertraute, und ich begab mich unmittelbar, wie mechanisch, weil doch etwas geschehen musste, ich etwas tun wollte, in seine Praxis. Wen wundert's, dass er gerade an diesem Tag nicht anwesend war, aber die Sekretärin merkte mich, nachdem sie mir die Dringlichkeit der Lage wohl am Gesicht abgelesen hatte, für den nächsten Morgen vor.
„Ich komme gerade von meiner Gynäkologin und habe dort keine guten Nachrichten erhalten", sagte ich, und ich lächelte sogar schon ein wenig. Mein Verdrängungsmechanismus lief mittlerweile auf vollen Touren und es schien mir sonnenklar, dass nur Dr. M. und ihre „Fehldiagnose" schuld an meiner Misere waren und sich meine damit zusammenhängenden Probleme mit zunehmender örtlicher und zeitlicher Entfernung von diesem Geschehen nach und nach in nichts auflösen würden.
Am folgenden Tag konnte ich endlich – jede Minute ohne Aktionismus schien mir wie eine Ewigkeit – Dr. V. mein Herz ausschütten. Ich empfand es als tröstlich, dass er Dr. M. sofort

anrief, und es kam mir vor, als würde er mir durch seinen Beistand ein Stück meiner auf dem gestrigen Schlachtfeld eingebüßten Würde zurückgeben.

„Diese Patientin ist mir seit Jahren bekannt", begann er. „Der Zustand, in dem sie sich befindet, gibt mir Anlass zu der Frage, was Sie ihr genau mitgeteilt haben und auf welche Weise?"

Ich konnte ihre Stimme zwar nicht hören, konnte aber aus den Antworten von Dr. V. ihre Beschwichtigungsversuche erahnen. Sie habe mir angeblich gesagt – erfuhr ich von Dr. V., nachdem er den Hörer aufgelegt hatte – dass die Wahrscheinlichkeit der Bösartigkeit der Zysten bei fünfzig Prozent läge, und ich da wohl einiges missverstanden hätte.

Wahrscheinlich hat sie sich inzwischen beruhigt und selbst Baldrian eingenommen, dachte ich, denn von fünfzig Prozent war mir gegenüber keine Rede gewesen (in ein solch komfortables Rettungsboot wäre ich ja sofort eingestiegen und hätte Leben verheißende fünfzig Prozent garantiert nicht vergessen). Zwar hatte sie erwähnt, dass nur eine histologische Untersuchung eine endgültige Diagnose bringen könne, aber durch ihren schrillen Schrei und ihr anschließendes Gebaren keinen Zweifel daran gelassen, dass für sie Diagnose und hundsmiserable Prognose bereits feststanden.

Die Zeit zwischen Weihnachten und dem 8. Januar, meinem Operationstermin, habe ich nur ziemlich nebulös in Erinnerung. Ich meldete mich im Krankenhaus unseres Viertels an, in dem ich mich der bärbeißigen Ärztin unters Messer liefern sollte. Alles war ungewohnt und seltsam. Außer zur Entbindung meiner Kinder hatte ich mich bis zu diesem Zeitpunkt in Krankenhäusern nur als Besucherin aufgehalten. „Patientenaufnahme" las ich nun, und in diese Schlange sollte ich mich einreihen. Ja, ich hatte den Status gewechselt, war zur Patientin geworden und sollte „aufgenommen" werden. Ich erwartete noch immer, dass irgendetwas passieren würde, das mich aus diesem Alptraum erwecken und erlösen würde – ein Wunsch, der noch lange in mir präsent sein würde, während sich die Erlösung aber nicht einstellen wollte.

Nachdem die Formalitäten für die Aufnahme geregelt waren, folgten während der nächsten Tage nacheinander alle Untersuchungen, die die Gynäkologin angeordnet hatte. Mein Blut wurde untersucht – und nein, für eine Eigenblutspende sei der Operationstermin zu kurzfristig angesetzt – die Lunge geröntgt und mein Herz auf Operationstauglichkeit abgeklopft.

Bei dieser ersten Kontaktaufnahme als Patientin mit dem Mikrokosmos Krankenhaus stellte ich mit Erstaunen und Bewunderung das Ausmaß an Geduld und Einfühlungsvermögen der Ärztinnen und Ärzte und anderer Angehöriger des medizinischen Personals fest. Alle waren ständig darum bemüht, Mut zuzusprechen und Angst und Unsicherheit zu zerstreuen. Ich ziehe den Hut vor diesen fantastischen Menschen, von denen ich immer wieder welche getroffen habe im Laufe der vielen Vor-, Zwischen- und Nachuntersuchungen. Verwundert war ich auch, wie disponibel die Dienste für die Voruntersuchungen noch so kurz vor Weihnachten waren, denn unmittelbare Lebensgefahr besteht ja trotz der Schwere der Erkrankung bei Krebs nicht.

Ich erinnere mich noch genau, wie ich nach Verlassen des Krankenhauses im Postamt wieder in einer Reihe anstand, diesmal um Briefmarken zu kaufen. Dieses Schlangestehen kam mir so bekannt und normal vor, und ich dachte, dass es doch unmöglich sei, an Krebs erkrankt zu sein und gleichzeitig wie immer am Postschalter anzustehen. In mir fand ein ständiges Ringen statt zwischen ungeschehen machen wollen und Akzeptanz. Genauer gesagt, war es aber der ständige Versuch, das Schicksal zu überzeugen, dass diese Erkrankung in meinem Falle ein Irrtum sein müsste. Von einem mich Fügen war ich zu diesem Zeitpunkt Lichtjahre entfernt und sehr frustriert darüber, ja wütend, dass da niemand war, den ich am Kragen packen und dem ich erklären konnte, warum gerade ich für diesen Kampf auf Leben und Tod nicht die geeignete Person sei.

Ein Fehlgriff in der Personenwahl schien mir auch Dr. M. als diejenige zu sein, die die Operation ausführen sollte. Mir wurde ganz mulmig, wenn ich daran dachte. Das durch ihren schrillen Schrei artikulierte mangelnde Vertrauen in meine Prognose sowie mein innerer Widerstand, mich solch einer Person anzuvertrauen, waren keine guten Vorzeichen für eine gelungene OP, auch wenn der Termin bereits besiegelt und das Krankenbett reserviert war. (Übrigens haben Wissenschaftler herausgefunden, dass das dem Arzt entgegengebrachte Vertrauen nicht nur den Patienten und seinen Heilungsprozess positiv beeinflusst, es wirkt sich auch auf den Arzt und das Gelingen der von ihm ausgeführten Operation aus.)

Einerseits aufgrund dieser Erwägungen und Einwände, andererseits um die verbleibende Zeit bis zur OP zu nutzen und über den Tellerrand hinauszuschauen, was andere Kliniken zum Beispiel zur Operationsmethode zu sagen hatten, suchte ich noch verschiedene Ärzte auf und telefonierte mit diversen Krankenhäusern. Ein anthroposophisches Krankenhaus in Eckenstadt *(Name geändert)* beeindruckte mich nicht nur mit seinem potentiell viel schonenderen OP-Verfahren, sondern auch mit der einfühlsamen und kompetenten Art und Weise, in der mir die Ärztin am Telefon Auskunft gab und mir geduldig alle Zeit einräumte, die ich für meine konfusen Fragen benötigte.

Meine Entscheidung fiel dann auch sehr zügig zugunsten dieses Krankenhauses. Ich stornierte die bestehende Bettreservierung umgehend und war sehr erleichtert, als ich Dr. M. eine Absage erteilen konnte. Schwierigkeiten anderer Art waren dabei allerdings vorprogrammiert. Ich hatte Deutschland vor vielen Jahren verlassen und war nach Brüssel gezogen. Und Eckenstadt lag einige Hundert Kilometer entfernt in Deutschland.

Aber jetzt stand erst einmal das Weihnachtsfest vor der Tür, auf das ich mich vor Kurzem noch so gefreut und von dem ich mir Aufschub und Ruhen von der Last des Lebens erhofft hatte. In der Vergangenheit war es Gepflogenheit gewesen, dass meine Eltern mit meiner Schwester Uschi, ihrem Mann Georg und deren Kindern Alexander und Annika Weihnachten feierten, während Mike, Daniel, Christopher und ich mit ihnen Silvester und Neujahr in Deutschland verbrachten. Aber das unerwartete und unerwünschte Ereignis meiner Erkrankung hatte alles auf den Kopf gestellt, und so waren meine Eltern diesmal zu den Feiertagen zu uns angereist. Die Weihnachtstasse in Tiefblau mit Goldrand, auf der sich unter sternen- und mondbeglänztem Himmel weißverschneite Häuser an eine Kirche mit golden leuchtenden Fenstern schmiegen, hat noch immer einen Ehrenplatz in meinem Schrank. Meine Mutter hatte sie für mich auf dem Weg zu uns in einer Aachener Raststätte gekauft, und jeder heute aus ihr getrunkene Schluck schmeckt noch nach den Erinnerungen an damals.

Weil wir, obwohl unfähig miteinander darüber zu sprechen, fest davon überzeugt waren, uns gegenseitig so am wirksamsten zu unterstützen, bemühten wir uns allesamt tapfer, Weihnachten fröhlich-festlich und möglichst „wie immer" zu feiern. Aber jedem stand das Wasser auf seine Art bis zum Halse, denn es leidet ja nicht nur der an Krebs Erkrankte. Partner und Eltern sind selbst wie vor den Kopf gestoßen, von den Ängsten, denen unsere Kinder in solch einem Fall ausgesetzt sind, gar nicht zu reden.

Nun ist es aber so, dass Feste und sonstige Feierlichkeiten in derartigen Situationen einen grausamen Kontrast zu den tief im Herzen getragenen und für andere verborgenen Abgründen bilden. Wenn man versucht, die geländerlose, schmale, wackelige Brücke über diese Abgründe zu überqueren und so zu tun, als wäre eigentlich gar nichts und man könne von der dunklen Schattenseite ganz selbstverständlich und gefahrlos auf die helle Sonnenseite gelangen, stürzt man unweigerlich sehr tief. Dann ist der Schmerz viel stärker, als hätte man gleich zugegeben, dass die andere Seite im Moment nicht erreichbar ist. So begab es sich dann auch in jenem Jahr bei unserem „Weihnachts-Geländegang", und die damals gemachten Fotos sind stumme Zeugen unseres kollektiven Absturzes.

Es gibt ein Kunstwerk von Joseph Beuys, das er „Zeige deine Wunde" genannt hat. Von den vielen Assoziationen, die damit verknüpft sind, empfinde ich persönlich diesen Imperativ als eine Aufforderung zur Authentizität. Warum fiel es uns nur so schwer, unsere Wunde zu zeigen? Stattdessen führten wir ein bühnenreifes Theaterspiel auf: „Wie es mir geht? Bestens. Das bekommen wir schon in den Griff, ist doch eigentlich gar nichts. Wäre doch gelacht." Und dann lachten wir, etwas zu fröhlich und eine Spur zu laut.
Natürlich kann man nicht jedem Menschen das Innerste seines Herzens offenbaren, aber zwischen dem Innersten, dem Alles, und dem Gegenteil, dem Nichts, liegt eine große Spannbreite. Meine unerfüllte Weihnachtssehnsucht damals war, mein Erleben und mein Kommunizieren, mein Innen und Außen, identisch und im Einklang zu wissen.
Der ständige Versuch des Verleugnens von Gefühlen ist in Wirklichkeit ein großes Drama, das Menschen entzweit und trennt, und ein enormes Hindernis auf dem Weg der zwischenmenschlichen Begegnung, weil Kommunikation so nicht stattfinden kann. Das Versteckspiel hat daher einen hohen

Preis, weil es dazu führt, dass sich jeder immer mehr in seinem inneren Kerker eingräbt, dort festsitzt und vereinsamt. „Jeder lebt hinter einem Gitter, das er mit sich herumträgt"[5], sagt Kafka. Wir glauben uns im Gefängnis, weil wir durch unsere selbst fabrizierten Gitterstäbe schauen, aber zu unserer Befreiung, die auch die ersehnte und heilende Nähe zu anderen Menschen ermöglicht, müssen wir das Gitter einfach nur ablegen.

Je größer die Verzweiflung, umso rasanter und aufgekratzter wird seltsamerweise das Spiel, der Welt, und nicht zuletzt sich selbst, vorzugaukeln, dass man sich prima fühlt. Es geht aber auch anders.

Es gleicht jedenfalls einer Offenbarung, was passiert, wenn man aufhört, dieses Spiel zu spielen, und die Worte Gandhis „Du musst die Veränderung sein die du in der Welt sehen willst"[6], füllen sich mit Leben. Eine veränderte Art zu kommunizieren verändert immer auch mein Gegenüber, das erfährt man plötzlich sehr real.

Die erfahrene Erleichterung durch ausgesprochene Ängste und der Mut, der aus der Erkenntnis aufsteigt, dass man nicht so alleine dasteht, wie man vermutete, sondern andere Ähnliches erleben oder erlebt haben und trotzdem alles gut wurde – dieses Prinzip ist das Fundament jeder Selbsthilfegruppe. Ängste, in die man sich verrannt hatte, erhalten plötzlich – formuliert statt verschwommen wahrgenommen – klare Konturen und werden fassbar. Sie verlieren die Übergröße, mit der sie uns, als wir noch allein damit ringen mussten, bedrohten.

Das Schöne ist, dass wir nicht nur selbst beschenkt werden, auch wir können anderen Menschen in den Momenten ihres Lebens, wo die Kraft und die Hoffnung sie verlassen haben, etwas geben. Ähnlich wie die Raben dem Propheten Elija (1 Kön 17,1-7) am Bach Kerit in jenen Jahren, in denen „weder

Tau noch Regen"[7] fielen, kleine Stückchen Brot brachten, die ihm halfen zu überleben, so bekommen auch wir eine Durchhalteration von anderen oder teilen sie an sie aus. Durch diese Hilfe wird es möglich, gerade das Stück des Lebensweges zu bewältigen, das wir allein niemals hätten gehen können.

Die biblische Geschichte erzählt, dass später in jenen Jahren auch der Bach Kerit versiegte, und Elija sich aufmachte nach Sarepta[8] (1 Kön 17,10-15). Dort bat er eine Frau um Trinkwasser und einen Bissen Brot. Aber auch sie litt unter der Dürre und dem Hunger, dem Mangel, der ein Menschenleben auslöschen kann, und sagte: „Ich habe nichts mehr vorrätig als eine Handvoll Mehl im Topf und ein wenig Öl im Krug." Daraus wollte sie für ihren Sohn und sich selbst etwas zu Essen bereiten und danach sterben.

Elija aber entgegnete: „Fürchte dich nicht!", und hieß sie, vorher etwas für ihn zuzubereiten, und danach für sich und ihren Sohn, „denn so spricht der Herr, der Gott Israels: Der Mehltopf wird nicht leer werden und der Ölkrug nicht versiegen bis zu dem Tag, an dem der Herr wieder Regen auf den Erdboden sendet." Dieses Versprechen erfüllte sich, und sie hatten viele Tage zu essen.

Wenn wir unser Leben mit anderen teilen und sie in unser Herz lassen, bemerken wir, dass auch unsere Wegzehrung zur Genüge vorhanden und gut für uns gesorgt ist, selbst in schweren Zeiten, in denen „weder Tau noch Regen" fallen und in unserem Leben alles verdorrt zu sein scheint.

Ein anderer, nicht unwesentlicher Aspekt des Sichabkapselns, ist die Verflachung jeder Beziehung, wenn wir unsere tiefen Gefühle abspalten und sich alles nur an der Oberfläche abspielt. Gerade im Dunstkreis von Krebs wird viel unter den Teppich gekehrt. Der Kranke versucht, die Schwere seiner Krankheit der Familie gegenüber zu vertuschen, die Familie vorenthält ihm ihrerseits alle Geschehnisse, von denen sie annimmt, dass sie ihn über Gebühr belasten würden. Aber wer bestimmt, wie viel Leben ich ertrage? Und wer gibt mir das Recht, das Leben des anderen zu filtern und zu zensieren? Schließlich hält man nur noch Fragmente ohne Bedeutung in der Hand und ein kühler Wind von entfremdeter Beziehung schlägt einem ins Gesicht.

Doch nun zurück in der Zeit, denn nach Weihnachten galt es noch, möglichst wenig ramponiert Silvester zu überstehen. Mein Vater setzte wie immer die Silvesterbowle an, um Normalität bemüht, meine Mutter legte ihren Schmuck an und holte ihre elegante, feierliche Abendrobe hervor – aber hier endeten auch schon die Gemeinsamkeiten mit den vergangenen Jahren. Es war nicht nur die Tatsache, dass wir diesmal in Brüssel und merklich leiser den Rutsch ins neue Jahr begingen – das gewohnte, mitternächtliche Feuerwerk blieb aus, denn das war damals hier noch nicht üblich – die diesen Silvesterabend ganz anders als alle vorhergegangenen machte. Die unerbittliche Realität der drohenden Krebsdiagnose malträtierte uns wie ein ständiges lästiges und schmerzhaftes Zwicken in Körper, Geist und Seele, das abzuschütteln unmöglich war.
„Frohes neues Jahr", wünschten wir uns um Mitternacht, und in meinem Herzen echote die bange Frage, wie froh es wohl werden würde.

Und dann hieß es auch schon Koffer packen, obwohl ich mich doch auf keinen Urlaub freuen konnte. Das neue Jahr forderte von mir, sein Neuland nicht zögerlich, sondern mit Riesenschritten zu betreten. Die Zeit der mentalen Krisenbewältigungsversuche war abgelaufen. Das Krankenhaus stand auf meinem Lebensplan. Es wurde konkret.

3. Mit dem Rücken zur Wand

> Wo aber Gefahr ist,
> wächst das Rettende auch.[9]
> (Hölderlin)

Aus organisatorischen Gründen hatten wir beschlossen, dass Mike vorerst mit dem noch schulpflichtigen Christopher in Brüssel bleiben würde. Daniel hatte zu diesem Zeitpunkt gerade sein Studium in London begonnen, und wir verabredeten uns zu einem Wiedersehen in Brüssel nach meiner Rückkehr aus dem Krankenhaus.

Nun war der Moment der Abreise nicht mehr aufschiebbar.
„Du wirst nicht sterben", sagte Mike zum Abschied. „Gott hat schon genug Engel im Himmel, wir brauchen auch ein paar auf der Erde."
Ich stieg in mein Auto, winkte noch einmal und in Sekundenschnelle hatte sich mein Aggregatzustand in „Patientin unterwegs ins Krankenhaus" gewandelt. Weltuntergangsstimmung in mir und um mich, wie eine dichte, dunkle, apokalyptische Wolke. Der Anblick meiner zurückbleibenden und tapfer winkenden Familie zerriss mir fast das Herz. Spielte sich das alles wirklich in der Realität ab? Es gelang mir nicht, mich davon zu überzeugen, denn jede Bewegung, jeder Gedanke waren von einem durchdringenden Gefühl des Abgehobenseins begleitet. Altgewohnte und tausendfach bewährte Verhaltensmuster, die mich bis zu jener Minute des 18. Dezember sicher und automatisch durch das Labyrinth des Lebens geschleust hatten, griffen nicht nur nicht mehr, sondern sie waren gänzlich ungeeignet in dieser Welt, in der ich zwar wie in der vertrauten Vergangenheit auf der Autobahn Richtung Deutschland unterwegs war, in der sich aber ansonsten alles geändert hatte.

Nun war ich ganz allein auf mich gestellt, niemand konnte mir abnehmen, was auf mich wartete und dem ich mit jedem gefahrenen Kilometer unausweichlich näher kam. Wie durch eine Glaswand war ich von der übrigen Welt getrennt – aber ich hatte ja noch mich. Mich? Nein, auch mich gab es nicht mehr in der gewohnten Weise, mein eigener Körper hatte mich verraten und war gegen mich in den Krieg gezogen. Es wuchs eine Bombe in meinem Bauch heran, und bei jeder Unebenheit der Kilometer um Kilometer zurückgelegten Strecke schien die unheimliche Bedrohung so zu wachsen und zu wuchern, dass sie explodieren und mich in die Tiefe reißen könnte.

Erschöpft und angstvoll hielt ich inne. Ich war nun schon in bedrohlicher Nähe des Krankenhauses angekommen, aber ich wollte doch noch einmal Normalität verspüren, Normalität erzwingen – bevor das, was ich ahnte, ja wusste, auch offiziell zur Tatsache erklärt wurde und mich für immer aus dem Land der „Nie-Krebs-Gehabten" verweisen würde. Der nächste Rastplatz würde der Ort sein, an dem dies stattfinden sollte. Ich stieg aus dem Auto, wie früher, wie andere, Gesunde auch – und vielleicht gehörte ich ja doch noch zu ihnen, insistierte ich, meine innere Stimme ignorierend. Mein letzter Kaffee „davor" schien mir wie eine Henkersmahlzeit, und noch heute kann ich spüren, wie er heiß und bitter meine Kehle hinunterläuft, während sich meine Augen mit Tränen füllen.

Aber alles hat ein Ende, auch die längste Autobahnfahrt deines Lebens, und schließlich stand ich vor dem Krankenhaus. Es lag ziemlich isoliert und kalt da, so als hätte es alle heimeligen Wohnungen und vertrauten Gärten in die Flucht geschlagen, und die dürren Äste der Bäume, die an diesem trüben Wintertag wohl noch lange vom Frühling träumen mussten, ragten in den deprimierend grauen Himmel. Zum Glück wusste ich damals noch nicht, dass während meines gesamten Aufenthalts in der Klinik diese permanent graue Wolkendecke jeglichen noch so kurzen Blick auf einen blauen Himmel verweigern würde, um in Allianz mit dem sich ebenfalls während der gesamten Zeit vor meinem Fenster befindlichen Baugerüst meinem betrübten Herzen einen perfekten und darum umso schwerer zu ertragenden Spiegel vorzuhalten.

Mit weichen Knien erreichte ich die Station und meldete mich an. Die Schwester hatte gleich den Durchblick, wer da Einlass begehrte und bat mich, erst einmal auf der kleinen Bank auf dem Stationsflur Platz zu nehmen. Da saß ich nun und fühlte mich sehr allein, abgeschnitten von allen und allem, ermattet und erschöpft von der Fahrt, niedergedrückt von der Last dessen, was mir bevorstand, dessen harrend, was das Schicksal sich für mich ausgedacht hatte.

Vor und auch während der Reise nach Eckenstadt hatte ich mich immer wieder Hilfe suchend himmelwärts gewandt mit der innigen Bitte, dass ich doch in meiner Leidensgenossin, die mit mir das Zimmer teilen würde, eine Seelenverwandte fände. Seelenverwandtschaft hielt ich deshalb für möglich, weil ich, obwohl selbst keine Anthroposophin, mit der anthroposophischen Weltsicht in einigen Dingen sympathisierte und darum die Chance, dort auf Gleichgesinnte zu treffen, höher einschätzte als anderswo.

Nachdem die Schwester ihre anstehende Arbeit erledigt und mich in mein Zimmer geführt hatte, blickte ich mit gespannter Erwartung auf das schon belegte Bett des Zweibettzimmers. Der Schreck fuhr mir in die Glieder, denn ich sah eine alte Dame, frischoperiert und tonuslos in die Kissen drapiert, die dem offenen Mund entweichende Rasselatmung gab Kunde von den weltferneren Sphären, in denen sie sich noch befand. Nein, da hatte man wohl im Himmel meine Bitte sehr missverstanden, denn Gemeinsamkeiten irgendwelcher Art, das sah ich auf den ersten Blick, waren gänzlich ausgeschlossen.

Der Sinn stand mir danach, laut schreiend das Weite zu suchen, stattdessen begann ich stumm, meine Sachen auszupacken und mich einzurichten in diesem Zimmer, das für einige Wochen mein Zuhause sein sollte.

Neben dem Bett der alten Dame hatte sich ein Mann niedergelassen, der sich als ihr Sohn vorstellte. Seine Herzlichkeit und Aufgeschlossenheit imponierten mir auf der Stelle, und zögerlich fing ich an, ein wenig von mir und von meinen Ängsten hinsichtlich der Operation zu erzählen, froh, dass es einen Menschen gab, der in diesen Minuten für mich da war. Er entpuppte sich als guter Zuhörer und Ratgeber. Seine Weisheiten bündelte er in der Aussage:

„Auf hoher See und auf dem Operationstisch kann man sich nur noch dem Herrgott anvertrauen und ihm alles überlassen."

Ich spürte den Anflug eines Lächelns auf meinem Gesicht und Gefühle von Wärme und Trost breiteten sich in mir aus. Ich nahm diese – wenn auch nur kurzfristige – Erlösung aus meinem Starrezustand mit Erleichterung und Dankbarkeit an. Sein Rat verfehlte auch deshalb seine positive Wirkung nicht, weil er mir Gelegenheit zum Handeln und Entscheiden gab. Sich in Gottes Hände zu geben, verlangte ja einen aktiven Entschluss meinerseits – dafür oder dagegen – und schenkte mir Handlungsspielraum und Entscheidungsfreiheit in einer Situation, in der nur noch andere die Fäden meines Lebens in Händen zu halten schienen.

So getröstet trat der Schmerz über meinen Zustand für eine Weile in den Hintergrund und ich blickte zu meiner Bettnachbarin hinüber, die langsam wieder in die Gegenwart zurückkehrte und sich gerade von ihrem Sohn verabschiedete, der auf diesen Moment gewartet hatte. Es schien kein Zusammenhang zu bestehen zwischen der Frau, die fast leblos in ihrem Bett gelegen hatte und der, die mich jetzt mit erstaunlich wachem Blick musterte. Um es gleich vorweg zu sagen: Mein Erinnerungsvermögen bezüglich Namen tendiert gegen Null, und so sind mir weder Vor- noch Nachname dieser wunderbaren Person und ihrer Familie, die meinen Lebensweg für eine kurze Zeit auf intensivste Weise begleiten und beeinflussen würden, im Gedächtnis geblieben.

In jenem Moment aber begegneten sich unsere Blicke, und durch die augenblicklich von beiden empfundene Sympathie entstand übergangslos, ohne Einleitung und Höflichkeitsfloskeln ein Gespräch, von dem außen stehende Beobachter hätten annehmen können, dass es sich hier um zwei Freundinnen handle, die sich seit vielen Jahren kannten und die ihr für kurze Zeit unterbrochenes Gespräch mühelos wieder aufnahmen.

Was ich in diesem Augenblick ahnte, sollte sich später bestätigen: Hier war sie, meine Seelenverwandte, mein Wunsch war doch erhört worden, mehr, als ich es mir hatte vorstellen können! Eine – nun, da die Lebensgeister in sie zurückgekehrt waren – stattliche, gut aussehende Frau um die siebzig, mit vollem blondem Haar, länger als es Frauen ihres Alters gewöhnlich trugen, mit sehr selbstsicherem, würdevollem Benehmen. Ich war beeindruckt von ihrer Intelligenz und Bildung und bewunderte ihre Weisheit und Güte und insbesondere ihre Herzensbildung. Ein von Hildegard Hamm-Brücher verfasstes Buch als Bettlektüre auf ihrem Nachttisch rundete das Bild ab. Ich staunte und vermutete, dass es wohl ein großer Geist sein musste, der von dieser lebensbedrohenden Situation – sie war an nur bedingt operablem Gebärmutterkrebs erkrankt – nicht total niedergedrückt worden war, sondern noch Raum und Interesse für politische Reflexionen in sich trug.

Über eine meiner größten Ängste hatte ich noch mit niemanden gesprochen, weil ich mir davon nichts über Beschwichtigungsversuche Hinausgehendes versprach. In meiner schlimmsten Vorstellung könnte meine Atmung in der postoperativen Phase, wenn ich gerade auf mein Zimmer zurückgekehrt war, unbemerkt aussetzen, während es mir unmöglich wäre, auf mich aufmerksam zu machen. Ohne Bedenken und fast kindlich unbefangen vertraute ich dies meiner nun bereits Schutzengelfunktion übernehmenden Seelenverwandten an. Sie versprach sofort, weit davon entfernt, dieses Schreckgespenst zu bagatellisieren und mich mit besagten Beschwichtigungen abzuspeisen, als verlässliche Hüterin meiner Atemfunktion zu fungieren. Damit war die allergrößte Angst im Zusammenhang mit der Operation aus dem Wege geräumt.

Aber natürlich hatten mich noch andere Dämonen in ihren Klauen und Angst war der Hintergrund von jedem Bild. Die ganze Zeit, die mit Operationsvorbereitungen aller Art ausgefüllt war, erlebte ich in einer Art nebulösem Ausnahmezustand, denn alle Formen, die meinem Dasein in der Vergangenheit Kontur und Richtung gegeben hatten, schienen sich in nichts aufgelöst zu haben.

Untersuchungen und Analysen waren fällig, Arztgespräche und Arztbesprechungen. Ich war permanent zerrissen zwischen dem intuitiven Wissen um die Krebsgeschwulst und dem hartnäckigen Hoffen auf das Gegenteil. Die Worte der Gynäkologin von wegen fünfzigprozentiger Gewissheit, die der nette Mensch, der das CT (Computertomografie) noch in Brüssel vorgenommen und immerhin bestätigt hatte, trug ich wie ein Banner vor mir her und versuchte mit Nachdruck, Dr. D., den die Untersuchung vornehmenden Gynäkologen des Krankenhauses, auch auf diese Linie einzuschwören.

„Auf solche sibyllinischen Spekulationen lasse ich mich nicht ein", wehrte er ab, und auch meine weiteren, trotzigen Versuche in dieser Richtung ließ er entschieden abblitzen. Anders der Anästhesist während des voroperativen Gesprächs. „Sie wissen ja noch nicht, ob es sich überhaupt um Krebs handelt", meinte er liebevoll und ich empfand seine Worte wie einen rettenden Brückenschlag über mich verschlingen wollende, gurgelnde Wildwasser. Diese menschliche Zuwendung tat mir sehr gut, denn es hatte seit jenem denkwürdigen 18. Dezember ein Wandel in mir stattgefunden. War ich früher ziemlich unabhängig von gemachten oder auch unterlassenen Solidaritätsbekundungen, Komplimenten und netten Worten, so bemerkte ich nun eine starke Öffnung nach außen, und menschliche Anteilnahme und guter Wille waren mir nicht nur wichtig, sondern überlebensnotwendig geworden. Ich streckte meine Hand aus, wollte bemuttert werden und mich geborgen fühlen.

Mit Dr. D. war ich nicht ganz auf der gleichen Wellenlänge, das zeigte sich in seinem Unverständnis, als ich erneut einen Pakt mit ihm eingehen wollte: Würde sich nach der Operation, oh Erleichterung, herausstellen, dass die Geschwulst gutartig war, bat ich um Information, im gegenteiligen Fall wünschte ich nichts dergleichen; die Diagnose würde dann sozusagen nonverbal durch die Nichtinformation übermittelt. Er hielt sich aber dennoch an unsere Abmachung, und als er einige Tage später während der Visite erwähnte, die Operation sei gut verlaufen – woraufhin ich sofort Morgenluft witterte und mich hoffnungsvoll mit: „Heißt das, dass …" einklinkte, schüttelte er nur müde den Kopf.

Was man mir als Extravaganz hätte anlasten können, war in Wirklichkeit mein Überlebenstrieb. Ich hatte das unangenehme Empfinden, dass der Entsetzensschrei der Brüsseler Gynäkologin mir noch immer in den Ohren hallte und mir der damals erlebte Schock noch in allen Gliedern steckte, so dass ich mich noch nicht mit voller Front allen konkreten Details und Grässlichkeiten einer Krebsdiagnose hätte stellen können. Ich war mit der Verarbeitungsarbeit ja noch nicht in der Gegenwart angelangt und weder bereit noch fähig, der Sache bis auf den bitteren Grund zu gehen.

Im Nachhinein bin ich froh, damals meinem inneren Bedürfnis gefolgt zu sein, auch wenn es nach außen feige gewirkt haben mag, und ich immer wieder zu hören bekam:

„Je mehr du über deine Krankheit weißt, umso besser, denn Wissen gibt Kraft."
Das mag für viele Menschen zutreffen, für mich war aber „so viel Wissen, wie ich im Moment bewältigen kann" richtig. Auch heute noch, nach zwölf Jahren, ist mein Operationsbericht fein säuberlich in einem Ordner abgeheftet, ungelesen. Das hat mit Verdrängen wenig und mit dem Instinkt dafür, was mir gut tut und was mir schadet, viel zu tun. Ich kann nur jedem raten, seiner inneren Stimme zu folgen und sich nicht unter Druck setzen zu lassen mit dem, was angeblich richtig ist. Für jeden ist etwas anderes richtig.

Am Vorabend meiner Operation lag ich im Bett und wartete immer noch auf das Eintreffen eines Menschen oder Ereignisses, das mich aus diesem Geschehen herausholen würde. Meine Angst vor der Operation war grenzenlos, und mit dem magischen Denken eines Kindes schien mir das ausreichend, damit ein Wunder geschieht und mir das alles erspart bleibt.
Da erschien auch tatsächlich eine Ärztin in der Tür und bat mich zum Gespräch. Aufgrund eines kleinen Missverständnisses war über Dritte an sie herangetragen worden, dass ich dieses Gespräch vor der Operation wünschte. Heute tut es mir leid, dass ich ihre Sanftheit und Gesprächsbereitschaft nicht honorierte, sondern ihr mit den bitteren Worten, dass mich nur ein Gespräch mit jemandem interessiere, der mir mitteilen würde, meine Erkrankung und die für morgen geplante Operation seien im Bereich der Fabel angesiedelt, sozusagen die kalte Schulter zeigte.
Aber am nächsten Morgen schien der Operationsplan nicht geändert zu sein, denn man drängte mich zur Eile. Auch Chirurgen wollen schließlich einen pünktlichen Arbeitsbeginn.
„Was, Sie haben noch nicht geduscht?" Plötzlich musste alles sehr schnell gehen, auch meine damals fast taillenlangen Haare sollte ich noch waschen. Aus Zeitnot wurde mir das übliche

Medikament irgendwie „anders" verabreicht. Ich erinnere mich noch an die Erklärungen der Schwester, aber nicht mehr an die Einzelheiten. Danach wurde alles schwarz. Wahrscheinlich aufgrund des „anders" verabreichten Medikaments verschlief ich den Transport zum und die Einfahrt in den Operationssaal. Dabei hatte ich mir doch, aufgeschreckt durch diesbezügliche Meldungen in Zeitungen und Fernsehen, fest vorgenommen, vor der Operation laut und klar nochmals zu vermelden, wer ich sei und um welchen Körperteil es genau gehe. Na ja, Dr. D. hat meine Belehrungen sicher nicht vermisst und zum Glück ja auch nicht gebraucht.

Süße Geigenklänge drangen an mein Ohr – war ich im Himmel angekommen? Es war dunkel im Zimmer, aber ich war sicher, nicht tot zu sein, dafür schmerzte mein Bauch zu sehr. Ich lauschte und staunte, denn, wie sich herausstellte, war es eine Krankenschwester, die mit ihrem Geigenspiel ihre Patienten aus Morpheus' Armen lockte und den bestmöglichen Rahmen schuf, um ihnen einen sanften Start in den Tag zu verschaffen. Offensichtlich lag ihr an unserem Wohlergehen und meine Bettnachbarin und ich waren voller Begeisterung für dieses für ein Krankenhaus wohl einmalige Erlebnis. Aber zumindest auf unserer Station war es nicht einmalig, denn wir kamen in den Genuss dieses luxuriösen Aufwachens immer wieder dann, wenn die erwähnte Schwester Dienst hatte. Auch ihren Namen habe ich leider vergessen, ihr wunderbares Wirken wird mir aber immer im Gedächtnis bleiben.
Tat ich mich schon seit jeher schwer mit Namen, so hatte jetzt zusätzlich ein ständiges Gedankenkarussell meine ganze Geisteskraft mit Beschlag belegt und arg lädiert, was dazu führte, dass ich alles, was man mir sagte oder was ich hörte, auf der Stelle vergaß.
Leider vergaß ich aber nicht, dass Dr. D. mir keine frohe Kunde von der Operation überbracht und die Schnellschnitt-

diagnose während der Operation keinen Anlass zum Jubeln gegeben hatte. Damit war nun eindeutig, unumstößlich und für ewige Zeiten besiegelt: Meine Diagnose lautete: Krebs. Nun war die Zeit gekommen, dieser Tatsache ins Auge zu sehen. Ich wollte das auf meine Art mit mir selbst ausmachen, und darum hatte ich gar kein Verständnis, als Dr. D. ein paar Tage später meinte, dass nun, nach Vorliegen des Ergebnisses der histologischen Untersuchung, ein Gespräch anstünde.

„Nein, nein, ich will nichts hören", wehrte ich ab, „das haben wir doch so ausgemacht, und ich fordere mein Recht auf Nichtinformation!"

„Nach Vorliegen aller Ergebnisse ist ein ausführliches Gespräch aber unabdingbar", insistierte er. Mir schwante nichts Gutes, denn wenn etwas Erfreuliches bei der feingeweblichen Untersuchung herausgekommen wäre, so hätte er mir das ja ohne Umschweife gesagt.

Es war nun keineswegs Querulantentum, dass ich mich verweigerte. Ich hatte in den vergangen Stunden und Tagen begonnen, erste, rudimentäre Ansätze von Akzeptanz hinsichtlich der Tatsache zu kultivieren, dass ich an Krebs erkrankt und deshalb ein großer operativer Eingriff nötig gewesen war. Meine psychischen und physischen Reserven aber waren erschöpft und ich hatte keinerlei Kapazität mehr, weitere Schreckensmeldungen zu verkraften.

„Sprechen Sie doch mit meiner Schwester", war alles, was mir einfiel. Dies tat Dr. D. auch bei der nächsten Gelegenheit. Als meine Schwester sich nach dem Gespräch wieder zu uns gesellte in die kleine Sitzecke im Gang, wo ich währenddessen mit meinen Eltern und meiner inzwischen eingetroffenen Freundin Renate angestrengt ein gemütliches Zusammensein zu erleben versuchte, sah sie ganz neutral aus und erging sich in Gemeinplätzen. Näheres erwähnte sie nicht, Näheres erfragte ich nicht.

Später würde sie mir von ihrer Not erzählen, mit der neuen schrecklichen Nachricht umzugehen, mit der sie soeben von Dr. D. konfrontiert worden war; wie sie an diesem Wissen und der Last, Überbringerin einer weiteren Katastrophenmeldung zu sein – eine erneute, komplizierte, mit bösen Gefahren verbundene Operation sei unumgänglich – fast scheiterte. Die Tatsache, dass ich das Problem von mir auf sie abgewälzt hatte, war mir damals nicht bewusst, ich war zu geschwächt, um die Bedürfnisse anderer wahrzunehmen. Vielmehr nahm ich mir das, was ich brauchte, ohne nachzudenken. Nun aber lasteten die Worte, die ich nicht hören wollte, schwer auf meiner Schwester, und wurden zu Worten, die sie nicht sagen konnte. Dabei blieb es erst einmal.

Die Lage spitzte sich aber insofern noch nicht zu, als meine Schwester aufgrund ihrer Verpflichtungen und der örtlichen Entfernung zum Krankenhaus nicht täglich zu Besuch kommen konnte. Immer wenn Dr. D. mich bedrängte, ob ich denn nun mit meiner Schwester gesprochen hätte, antwortete ich, dass das Gespräch bei ihrem nächsten Besuch auf der Tagesordnung stehe.

Damit hatte ich vorübergehend wieder etwas Spielraum gewonnen. Denn statt der Wochen und Monate im vorhinein notierten Termine und festgelegten Zukunftsplanung, auf die die leeren Seiten meiner schönen Hundertwasser-Agenda seit dem Jahreswechsel ungeduldig warteten, hatte ich begonnen, von Stunde zu Stunde und mitunter sogar von Minute zu Minute zu leben. Da schien der nächste Besuch meiner Schwester in beruhigend weiter Ferne zu liegen.

Ich hatte mir ausgerechnet für dieses Schicksalsjahr, damals noch nichts ahnend, eine Agenda gekauft, die ebenso außergewöhnlich schön wie bunt und groß war und diese auch mit ins Krankenhaus genommen. Die zahlreichen, farbenfrohen Hundertwasser-Gemälde und der Kontrast, den sie zum Dauergrau des Himmels bildeten, lockten Besucher – auch die meiner Bettnachbarin – an meinen Nachttisch wie Blüten die Bienen und veranlassten Reinemachefrauen, Ärzte und Krankenschwestern zu bewundernden und lobenden Kommentaren. Meine Schwester allerdings ging am kreativsten mit der schönen Agenda um: In diesen Januartagen nahm sie die erste Eintragung für den Adventsbasar der Schule ihrer Kinder vor, den wir jedes Jahr besuchten.

Mir blieb die Luft weg. Da hatte jemand so viel Vertrauen in meine Genesung und den Wagemut, einen fast ein Jahr in der Zukunft liegenden Termin in meine Hundertwasser-Agenda einzutragen! Dieser Schock war endlich einmal ein heilsamer und mein Vorstellungsvermögen von dem, was möglich war, expandierte und blies sich auf wie ein bunter Luftballon.

Etwa zur gleichen Zeit bekam ich Post aus England. „The world is waiting for you with a great big hug", stand auf Daniels Karte. Die Welt wartete also darauf, mich in die Arme zu schließen. Ich freute mich sehr darüber und die zwischen den Zeilen mitschwingende Aufforderung, mich aus der inneren Immigration heraus wieder der Welt zuzuwenden, stieß auf Resonanz, und ich nahm mir vor sie zu beherzigen. Allerdings würde die Umsetzung noch etwas warten müssen, denn von meiner großen, weiten Welt war gegenwärtig nur ein geschrumpftes Fragment übrig geblieben: die Krankenhauswelt.

Und was sich inzwischen in dieser Welt ereignet hatte, war eine Zuspitzung der Kommunikation zwischen Dr. D. und mir. Wir befanden uns schließlich auf gefährlichem Kollisionskurs. Ich bestand in der erwähnten Erwartung des Besuchs meiner Schwester weiterhin auf Nichtinformation, er aber drängte nun immer mehr auf das anstehende Gespräch, Besuch hin oder her.

Schließlich war das Verhältnis zwischen uns endgültig zerrüttet. Mir fehlte es an Kraft und Mut, die medizinischen Ergebnisse, die er ja offensichtlich in petto hatte, in ihrer vollen Tragweite zur Kenntnis zu nehmen. Aber in Anbetracht der Tatsache, dass auch niemand anderer wirklich diese Rolle für mich übernehmen konnte (mein Mann war ja in Brüssel und außerdem hätte ein medizinisches Gespräch seine Deutschkenntnisse überfordert, und das in die Bresche springen meiner Schwester hatte auch kein greifbares Resultat geliefert) kam ich nach differenzierter Selbstbetrachtung– soweit ich dazu fähig war – endlich zu dem Schluss, dass ich in diesem Fall nicht umhin kam, selbst die Kastanien aus dem Feuer zu holen.

Ich willigte schließlich in das Gespräch ein, unter der Bedingung, dass ein neutraler Mittelsmann quasi in Blitzableiterfunktion, in Form eines Psychologen der Dritte im Bunde sein würde. Nach weiterem Wortwechsel stimmte Dr. D. schließlich diesem Vorschlag zu, und so konnte ich das von ihm für unumgänglich erklärte Gespräch nun nicht mehr weiter auf die lange Bank schieben.

Wenn ich zu erahnen versuchte, was Dr. D. mir wohl noch mitzuteilen haben könnte, gab selbst meine ansonsten überschäumende Phantasie – meistens auf negativem Terrain – nichts mehr her. Und so hatte ich zwar ein ungutes Gefühl ob der von ihm an den Tag gelegten Dringlichkeit, aber es gelang mir letztendlich, mich davon zu überzeugen, dass wohl alles nur halb so schlimm sei.

Als er anhob, mir meine Lage, wie von den Ärzten des Krankenhaus gesehen, zu erklären, stockte mein Herz und das Blut gefror mir in den Adern angesichts der mir verbleibenden und jetzt von Dr. D. erläuterten Entscheidungsmöglichkeiten – zwischen Pest und Cholera angesiedelt. Auch verstand ich mit einem Schlag, dass „an Krebs erkranken" durchaus erst der Anfang eines Horrorszenarios sein kann, wo ich doch vorher geglaubt hatte, es sei das Horrorszenario an sich.

Nun saß ich also zwischen Arzt und Psychologen und musste mir anhören, dass die Zysten zwar in ihrer Gesamtheit hatten entfernt werden können und es noch keine Verwachsungen mit dem umliegenden Gewebe gab, die feingewebliche Untersuchung jedoch die Tatsache ans Licht befördert hatte, dass der Krebs schon „seine Fühler ausgestreckt" habe. Eine weitere, knapp zehnstündige Operation sei dringend geboten, in der unter anderem alle Lymphknoten bis zur Hüfte entfernt werden müssten. Das ganze Ausmaß dieses Eingriffs wurde mir aber erst klar, als Dr. D. mögliche Risiken und Konsequenzen zur Sprache brachte. Die anatomischen Gegebenheiten seien dergestalt, dass unter anderem eine Verletzung der Blasen- und Darmentleerungsfunktion mit bleibenden Schädigungen nicht auszuschließen, ja sogar ziemlich wahrscheinlich sei.

Entsetzt hielt ich mich am Arm des Psychologen fest, was dieser zwar zuließ, aber unter der Last meiner Verzweiflung den inneren Rückzug antrat, wie ich deutlich spürte. Ich stand mit dem Rücken zur Wand.

„Wo soll ich denn die Kraft hernehmen, gegen den Krebs zu kämpfen, wenn schon jeder Toilettengang mit Schwierigkeiten verbunden ist? Andererseits habe ich aber keine Wahl, ich muss mich operieren lassen."

„Das müssen Sie doch nicht", sagte Dr. D.

„Wieso nicht?", fragte ich, blitzschnell nach dem Strohhalm greifend, dessen Existenz mir meine Gefühle in dem Bruchteil einer Sekunde wie eine Fata Morgana suggerierten, denn in dieser Hab-Acht-Stellung, allzeit die Möglichkeit eines guten Ausgangs vor Augen, hatte ich in den letzten Wochen eine ausgeprägte Virtuosität entwickelt, jenseits allen rationalen Wissens.

Dr. D. jedoch reagierte nicht, und so legte ich nach: „Muss ich doch, wenn ich am Leben bleiben will!"

Er wandte sich ab und sagte leise zu dem Psychologen: „Die will wirklich leben!"

Ich verstand die Welt nicht mehr. „Das will doch wohl jeder in meiner Lage!"
Zu meinem großen Erstaunen verneinte Dr. D. dies – heute weiß ich, dass er mir eine Erfahrungslänge voraus war. Gar nicht so wenige Menschen wollen schlicht nicht sterben – aber leben wollen sie eigentlich auch nicht.

In tiefster Hoffnungslosigkeit und lähmenden Ohnmachtsgefühlen ging ich auf mein Zimmer zurück. Nun war also die Katze aus dem Sack, aber da war nirgendwo, Gott sei's geklagt, eine Instanz, die man belangen und zur Verantwortung ziehen konnte angesichts dieser Horrornachricht, kein Gerichtshof um Klage einzureichen. Bei niemandem konnte man vorstellig werden und ihn unter Aufbietung der wortgewandtesten Schilderungen der eigenen bitteren Situation dazu bringen, die Sache rückgängig zu machen. Keine Vater- oder Mutterfigur, bei der man hätte lieb tun können oder die man durch Essensverweigerung zum Eingreifen zwingen konnte. Nirgendwo ein borniertes Ekel, dem man beweisen konnte, wie sehr es die Situation verkannte, das man anschreien konnte, so ginge es ja nun wirklich nicht, was es sich erdreiste, es hätte wohl keine Ahnung, was es mir da antue – um Stück für Stück, Argument für Argument ein Einsehen zu erreichen und eine Umkehr zu erzwingen.

Der Blick meiner Bettnachbarin gab mir zu verstehen, dass sie nicht nur mit mir litt und sich sehr um mich sorgte, sondern dass die ganze Hektik und Panik auch an ihr nicht spurlos vorüberging. Ich sah es wohl, doch konnte ich es weder ihr noch mir ersparen, denn das Erleiden der sich aneinander reihenden albtraumhaften Geschehnisse und die in der Folge immer stärker empfundene Hilflosigkeit hielten mich fest im Würgegriff und zwangen mich immer weiter in die Knie. Ich hatte das Gefühl, ins Bodenlose zu fallen. Ich war am Tiefpunkt meines Lebens angekommen.

Ich freue mich, an dieser Stelle alle Leser/innen von Seite 10 zurückbegrüßen zu können!

> Wenn die Nacht am tiefsten ist,
> hat der neue Tag schon begonnen.[10]

Ich lauschte meinen inneren Eingebungen nach. Ich wusste damals noch nicht, welch wunderbare Ereignisse mich aus diesem Jammertal herausführen sollten, ich spürte nur plötzlich voll ungläubigen Erstaunens, dass mitten im Sturm der zerstörerischen Energie meiner Ohnmachtsgefühle, in dem ich hilflos herumwirbelte, nicht mehr fähig Oben und Unten zu unterscheiden und fürchten musste, zu zerschellen ... ein leises, sanftes Etwas, dem einen Namen zu geben ich nicht imstande war, in mir keimte, und das sich alsbald in ein kraftvolles Rauschen verwandelte.

Nein, Ruhe und Abgeklärtheit konnte ich auch davon nicht erwarten, es war vielmehr als ob ich plötzlich aufgefordert – und fähig – war, selbst wieder das Ruder meines Lebensschiffes in die Hände zu nehmen. Dieser rauschende Strom ließ mich jäh meine Lebendigkeit spüren – noch war ich ja nicht tot – und erinnerte mich daran, dass es hier um mein Leben, um MEIN LEBEN ging – und holte mich heraus aus der Starre, in die ich in der bangen Hoffnung verfallen war, dass mir ja nichts und niemand mehr etwas anhaben konnte, wenn ich mich tot stellte.

Ein plötzlicher Tatendrang durchflutete mich, Kreativität brauste ungehindert und fast schmerzhaft durch meinen davon entwöhnten Geist. Waren meine Angst, mein Auflehnen, mein Abwehren von größter Intensität gewesen, so stellte diese neue Facette meiner Persönlichkeit alles Dagewesene in den Schatten. Ich trat endlich hinaus aus der Opferrolle der alles Erleidenden und wurde wieder zur Handelnden.

Mein Körper hatte allerdings Mühe, meinem Purzelbaum schlagenden Geist zu folgen. Da es mir noch immer sehr schwerfiel, auch nur aus dem Bett zu steigen – für die Erholung von meiner Bauchoperation hatten die Ärzte mindestens zwei Monate veranschlagt – war und würde ich in allem stark auf die Mithilfe von Familie und Freunden angewiesen sein.

Es machte meine Situation nicht einfacher, dass niemand, auf dessen Hilfe ich zählen konnte, näher als eine gute Stunde Fahrzeit entfernt wohnte, so dass nichts „mal eben" schnell vorbeigebracht werden konnte. Was präzise ich brauchte war mir dabei auch noch gar nicht klar, ich wusste und fühlte nur soviel: Jammertal ist anderswo! Und, hallo Leben, ich bin wieder da! Alles andere würde sich schon ergeben.

Meine Bettnachbarin erhielt regelmäßig Besuch von ihrer Familie, und am Vorabend war es ihre Tochter gewesen, die vorbeigeschaut hatte. Ebenso wie ihre Mutter und ihr Bruder hatte auch sie sofort einen Platz in meinem Herzen erobert, und es war dann auch fast schon so, als würde sie uns beiden einen Besuch abstatten, und oft kam ein gemeinsames Gespräch zwischen uns dreien zustande.

„Ich komme gerade von der Arbeit und habe euch etwas zum Lesen mitgebracht", sagte sie, und legte drei Bücher auf den Nachttisch ihrer Mutter, die sie aus der Bibliothek, in der sie arbeitete, für uns beide zu dem Thema ausgesucht hatte, das uns im Moment am brennendsten interessierte: Heilung von Krebs. Ihre Mutter reichte sie mir schon einmal herüber, bevor sie das Gespräch mit ihrer Tochter wieder aufnahm.

Schon beim Überfliegen der Lektüre brach mir der stressbe-
dingte Überforderungsschweiß aus, als ich las, was man alles
tun und lassen *musste*, um in den Genuss der Genesung zu
kommen. Die Gebots- und Verbotsregeln dieser Wälzer würde ich mir nicht einmal einprägen können, geschweige denn,
sie diszipliniert anwenden. Mein immer noch äußerst labiler
Gemütszustand sauste denn auch sofort in den tiefsten Keller
und die Heilung, ja, die war damit wohl in weite Ferne ge-
rückt, oder anscheinend für Leute wie mich gänzlich unerreichbar.

Erst am nächsten Morgen mutete ich mir, sozusagen als
Pflichtlektüre, das dritte Buch zu – „Diagnose Krebs: 50 Erste
Hilfen". Als ich es aufschlug, sprang mir gleich als Erstes der
Satz in die Augen: „Es gibt keine hoffnungslosen Fälle!" Wie
elektrisiert von brennendem Interesse richtete ich mich im
Bett auf, für einen Moment meine schmerzende Narbe ver-
gessend, die sich aber umgehend selbst in Erinnerung brachte.
Nun hatte mir zwar noch niemand gesagt, dass mein Fall
hoffnungslos sei, aber in meiner Phantasie schwelte der Zwei-
fel, seit ich von der Notwendigkeit einer zweiten, schweren
Operation erfahren hatte.

Ich hatte viele Fragen zur Durchführung und den Details der
delikaten, risikoreichen Operation, aber die Antworten, die
Dr. D. darauf gab, konnten mich nicht überzeugen und veranlassten mich, mich nach einem anderen, darauf spezialisierten
Zentrum umzusehen. Dr. D. schlug mir zwei Kliniken vor: eine in Freiburg, die andere im französischen Clermont-Ferrant.
Da nur letztere die OP in der Schlüssellochtechnik (Lapa-
roskopie) vornahm und ich mir davon erhoffte, so die für
meine Genesung benötigte Kraft zu sparen, entschied ich
mich dafür.

Zufällig kannte ich Clermont-Ferrant, war dort auch um diese
winterliche Jahreszeit schon gewesen, und während ich mich
daran zurückerinnerte und so geschwächt und mit schmerzen-

dem Bauchschnitt im Bett lag, verließ mich jeder Mut, wie ich die strapaziöse Reise bis nach Zentralfrankreich überstehen sollte. Auch ängstigte mich die Vorstellung, nun, wo ich sie doch am meisten brauchte, noch mehr abgeschnitten zu sein von Familie und Freundeskreis. Meine Kinder, schon verunsichert genug, sollten nicht auch noch ihren Vater für längere Zeit entbehren, also musste ich jemanden finden, der mich dorthin fahren konnte.

Ich ging in Gedanken die Liste aller durch, die dafür in Frage kommen könnten. Es müsste jemand sein, der sich die lange Autofahrt durch den Schnee mit einem ächzenden und ängstlichen Passagier, der guten Zuspruch und Aufmunterung brauchte, zutraute. Außerdem müsste er gut Französisch sprechen, denn ich war körperlich und nervlich zu geschwächt, um alle administrativen Formalitäten selbst zu erledigen.

Nach einigem Überlegen stand fest: Nur meine Freundin und Namensvetterin Maria kam in Frage. Ich rief sie an, und wunderbarerweise nahm sie, die immer beruflich irgendwo in der weiten Welt zwischen Hollywood und Hongkong unterwegs war, den Hörer ab. Mit trauriger Stimme und bangem Herzen erklärte ich ihr den Grund meines Anrufs.

„Ich suche jemanden, der mich fahren könnte, und ich habe dabei an dich gedacht. Würdest du das machen?"

„Ja, natürlich!"

Marias Antwort kam wie aus der Pistole geschossen und ohne Wenn und Aber. Kein: „Lass mich mal in meinem Terminkalender nachsehen", kein: „Wenn ich es zeitlich einrichten kann, gerne", kein: „Mal sehen, ob ich Urlaub nehmen kann". Nein, sie sagte laut und deutlich: „Ja, natürlich!"

Noch heute geht mir die Erinnerung an dieses Gespräch und Marias bedingungslose Bereitschaft zu diesem immerhin sehr zeit- und kraftaufwändigen Freundschaftsdienst unter die Haut, und noch heute bin ich dankbar, mit Freundinnen dieser Art beschenkt zu sein.

„Hilf dir selbst, dann hilft dir Gott!"[11] Früher waren mir diese Worte mehr Rätsel als Rat, heute verstehe ich, dass sie uns zum Tätigwerden aufrufen. Der griechische Philosoph Sophokles, der 496-406 vor Christi lebte, formulierte es bereits damals so: „Der Himmel hilft niemals solchen, die nicht handeln wollen."[12]

Wenn man nur im Bett liegt und an die Decke starrt und hofft, der Herrgott werde einem schon die rechte Person oder Lösung auf dem silbernen Tablett ans Bett servieren, so könnte man damit Erfolg haben, wir machen es ihm aber um vieles leichter und unsere Chancen stehen deutlich besser, wenn wir das Nächstliegende *tun*, auch wenn wir uns unsicher sind, ob es überhaupt das Richtige ist. Er kann unsere Aktivitäten aufs Wunderbarste lenken und das Quäntchen dazugeben, das allem eine neue, wunderbare Richtung gibt. Als ich das Buch wieder zur Hand nahm, konnte ich nicht ahnen, dass er gerade dies zu tun im Begriff war.

Der Verfasser des Buches und selbst Krebsbetroffener, Greg Anderson, hatte sich vom Arzt anhören müssen, dass „der Tiger aus dem Käfig" sei, dass er nach Hause gehen und seine „Papiere in Ordnung bringen" solle. Die Häufigkeit des Erteilens dieses Rates macht den ihm innewohnenden Schwachsinn leider nicht wett, aber ein intelligenterer oder originellerer Rat scheint vielen Ärzten in diesen Fällen wohl nicht einzufallen.

Das vorliegende Buch war aber der Beweis, dass Greg Anderson kreativer mit der Situation umging als kleingeistig und beschränkt noch schnell brav Ordnung zu schaffen, um seinen Erben die Suchtour im Dokumentendschungel zu ersparen. Natürlich ist es sinnvoll, kein Chaos zu hinterlassen und seine Papiere in Ordnung zu bringen, aber es sollte die allerletzte Tätigkeit sein, wenn man angeblich nur noch vier Wochen auf dieser Erde weilen wird.

Dann könnte man, zum Kuckuck noch mal, diese verbleibende, kostbare Zeit unter der Sonne doch besser nutzen und jede geschenkte Sekunde ganz dem Leben zugewandt präsent sein und sie nach bestem Vermögen genießen, anstatt sich mit verstaubten Ordnern ins stille, licht- und sonnenlose Kämmerlein zurückzuziehen und dann übergangslos nach beendetem Abheften brav und pünktlich wie prophezeit abzutreten.

Dann könnte man doch – endlich und vielleicht zum ersten Mal – dem Wert der eigenen Person und des eigenen Lebens Anerkennung schenken. Und dem anderer Menschen und Beziehungen mit vielleicht ausstehender Versöhnung. Und dem Wert der Liebe, von der die Bibel sagt: „Stark wie der Tod ist die Liebe"[13] (Hld 8,6). Mit ungewohnt weitem Herzen könnte man erkennen: „Alles hat seine Stunde, alles hat seine Zeit. Jedes Geschehen und jedes Tun auf Erden hat seine von Gott bestimmte Zeit."[14] (nach Koh 3,1). Und würde Frieden und Sinn darin finden.

Dann könnte es aber auch geschehen, dass man plötzlich weiß: Es ist noch nicht meine Stunde. Die von Gott bestimmte Zeit meines Lebens auf der Erde ist noch nicht vorüber. Und würde dann zu den Menschen zählen, von denen in diesem Buch noch öfter die Rede sein wird – von denen im Buch von Greg Anderson immerzu die Rede ist und deren Geschichten die langen Seiten eines anderen, sehr empfehlenswerten Buchs mit dem Titel „Unerwartete Genesung" füllen – Menschen, denen man den grausamen Stempel „unheilbar" und „austherapiert" aufgedrückt hatte, und die allen in der Dunkelheit verfangenen, ungeduldig mit den Hufen scharrenden Totengräbern zum Trotz den Weg zurück in die Gesundheit fanden.

„Hoffnung ist das Leugnen der Realität", schrieb vor kurzem eine Frau. Besonders traurig daran war, abgesehen von der

Fehlerhaftigkeit dieser Aussage, dass sie selbst Betroffene, selbst an Krebs erkrankt war. Sie hatte den von manchen Ärzten mit nimmermüdem Fleiß ausgelegten Köder der „falschen Hoffnung" samt Angelhaken geschluckt. Dr. Simonton, von dem im nächsten Kapitel die Rede sein wird (und auf dessen Methode auch viele von Greg Andersons Ratschlägen fußen), behauptet aber, dass es „falsche Hoffnungen" gar nicht gibt. Liest man die Definition von „Hoffnung" etwa im Deutschen Wörterbuch, so wird die mangelnde Logik dieses Ärzteklassikers, mit dem man mit Vorliebe Krebskranken das Wasser abgräbt, schnell klar: „Wunsch für die Zukunft" oder „Wunsch, dass etwas in der Zukunft geschehen möge" steht da. Einem Wunsch kann die Erfüllung versagt bleiben, zugegeben, aber kann man auch falsch wünschen?

Wenn auch eine sogenannte „Krebspersönlichkeit" immer wieder diskutiert und anschließend verworfen wird, so werden doch die meisten Erkrankten eingestehen, dass sie viel zu fremdbestimmt gelebt und immer nur das getan haben, was andere von ihnen verlangten oder von dem sie glaubten, dass andere es von ihnen erwarteten. Ich spreche auch aus eigener Erfahrung. Als ich in den „50 ersten Hilfen" die Empfehlung las, das zu tun, was einem gut tut und Freude macht, da überlegte ich lange – ohne Ergebnis – was mir denn gut tut und Freude macht. Ich hatte immer nur das getan, was anderen gut tut und Freude macht.

In Greg Andersons Buch las ich nun im Gegensatz zu den beiden anderen Büchern nicht, was ich tun *musste*, sondern viele Anregungen dazu, was ich tun *konnte*, um meine Heilungschancen zu verbessern. Das momentan Allerwichtigste für mich fand ich allerdings im Anhang II: Hier waren Adressen genannt, an die man sich wenden konnte, wenn man weitere und genauere Informationen rund um das Thema Krebs wünschte. Wenn selbst gut informierte Ärzte es heutzutage nicht leicht haben, immer auf dem neuesten Stand der inzwischen unüberschaubaren Zahl von Studien, Recherchen und ständigen Verbesserungen bei den Behandlungsmethoden für die vielen verschiedenen Krebsformen und Untergruppen zu sein, wie dann erst die Patienten?

Wie gut und wichtig, dass es da den Krebsinformationsdienst (KID) des Deutschen Krebsforschungszentrums in Heidelberg, nach amerikanischem Vorbild ins Leben gerufen, als Anlaufstelle und Informationsquelle gibt, und es war eben diese Adresse, auf die ich im Anhang des Buches stieß.

Die in der Datenbank des KID von Wissenschaftlern gesammelten Informationen sind immer auf dem neuesten Stand und stehen allen daran Interessierten zur Verfügung (übrigens kostenlos). Mit allen Fragen, die im Zusammenhang mit Krebs oder Krebsvorbeugung und Früherkennung auftauchen, kann man sich telefonisch oder per E-Mail vertrauensvoll an den KID wenden und erhält alle relevanten und vor allen Dingen verlässliche und aktuelle Informationen *(alle Angaben dazu im Anhang II)*. Übrigens kann man sich auch über Therapien informieren, die noch in der Erprobung sind und wird bei Bedarf mit Adressen und Telefonnummern von Kliniken und Ärzten versorgt, die über einschlägige Erfahrungen in der Anwendung verfügen.

Wie der KID mein Schicksal auf die unglaublichste und segensreichste Weise beeinflusst hat, möchte ich im Folgenden erzählen, aber nicht, bevor ich an dieser Stelle der mir in lebhafter Erinnerung verbliebenen Besucherin, die das alles durch die Leihgabe des Buches von Greg Anderson möglich machte, meinen herzlichen Dank ausgesprochen habe.

Dass ich etwas tun würde, tun müsste, davon war ich überzeugt, nachdem meine Lebensenergie wieder zu pulsieren begonnen hatte. Was genau das sein sollte, wusste ich zu diesem Zeitpunkt nicht. Das wurde mir erst in dem Moment klar, als ich auf eben diesen Hinweis den KID betreffend gestoßen war: Ich würde damit beginnen, dort anzurufen und alle Informationen, die es über die mir bevorstehende Operation gab, einholen.

Gut und praktisch war in Anbetracht meiner Hinfälligkeit, dass als Hauptbetätigungsfeld mein Bett völlig ausreichte, dazu Telefon und Papier – und schon war der Weg frei und mein neues Glück, das darin bestand, wieder zu leben statt gelebt zu werden, perfekt.

Halt – Papier! An solch einfachen Dingen kann's dann in vergleichbarer Situation scheitern, es sei denn, man hat eine Schwester und schildert ihr von neuer Vitalenergie durchpulst und mit gerade wiedererworbener Festigkeit in der Stimme dieses Manko, woraufhin diese dann alles andere stehen und liegen lässt und in aller Herrgottsfrühe am nächsten Morgen über die Autobahn Richtung Eckenstadt düst.

Wie unendlich dankbar war ich und wie staunte ich, als sie nicht nur „Papier", sondern einen ganzen Vorrat an DIN A4-Bögen samt Schreibzeug und dazu passendem Ringbuch auf meinem Bett ausbreitete. Nicht irgendein Ringbuch, sondern ein ausgefallen schönes, mit rosafarbenem Rücken, dessen marmorierte Farbenfreude noch drei Zentimeter breit in die Ober- und Unterseite des Deckels hineinragte, um dann, fein säuberlich, von einer dünnen hellen Linie in die Schranken verwiesen zu werden – wie ein vergeblicher Aufruf zur Sachlichkeit – bevor eine verspielte Romantik endgültig Besitz vom Rest des Ringbuches ergriff. Zartrosa- bis dunkelrote und himmelblaue Blüten, Blumen und Knospen, meinen Lieblingsblumen Bartnelken nicht unähnlich, hoben sich zusammen mit den grünen Blättern schön und klar von dem dunklen Untergrund ab.

Die praktische Veranlagung meiner Schwester wurde aber nicht nur durch die Tatsache unter Beweis gestellt, dass sie vorausschauend tausende herumfliegende Einzelblätter davor

bewahrt hatte, dem Verschollensein anheim zu fallen und ihnen stattdessen zu einer Unterkunft in einem Ringbuch ver-
holfen hatte (und mir zum Wiederfinden der wegen andauern-
der Gedächtnislücken wieder und wieder konsultierten
Notizen und Informationen), sondern auch in dem Vorgehen,
jedes einzelne Blatt zu Hause schon vorgelocht und eingehef-
tet zu haben. Jeder Mensch, der Ähnliches erlebt hat, weiß,
welches Ausmaß solche alltäglichen Kleinigkeiten in abhän-
giger Lage annehmen, und wie sehr einem damit geholfen ist.

Ich sprach ein Stoßgebet, als ich den Telefonhörer aufnahm –
„lass mich an die Person geraten, die mir das mitteilen kann,
was für mich jetzt wichtig ist" – und wählte die im Buch angegebene Nummer des Krebsinformationsdienstes. Das wunderbare Gefühl von Hoffnung und Trost regte sich in mir –
hier war jemand, der das Wissen verwaltete, das für mich jetzt
lebensnotwendig war. Ich musste nicht allein kämpfen, ich
musste nicht alles wissen, musste mich nicht nur auf Dr. D.
verlassen, es gab Hilfe.
„Hallo, guten Morgen", begrüßte ich die freundliche Stimme
der Ärztin am anderen Ende, und meine Dankbarkeit eilte ihr
im Voraus entgegen, einfach schon aufgrund der Tatsache,
dass es sie gab. Und dann erzählte ich ihr von meinen gesundheitlichen Sorgen im Allgemeinen und von der Operation
im Besonderen. Sie hatte mir geduldig zugehört, jetzt aber
kamen Fragen, auf die ich nicht vorbereitet war. Was für ein
Krebs, welcher Typ, welches Stadium … ich hatte nicht daran
gedacht, dass mein wunder Punkt mir jetzt einen Strich durch
die Rechnung machen könnte.
Ich berichtete von meinen Ängsten, und dass ich mich mit den
Einzelheiten meiner Erkrankung im Moment nicht belasten
und auseinandersetzen wollte und nannte das spärliche Wissen, das ich vorweisen konnte. Etwas verunsichert lauschte
ich, ob das nun das Ende unseres Gespräches sei. Das war

zum Glück ganz und gar nicht der Fall, denn sonst hätte ich nie den folgenden Satz gehört:

„Die Operation, die bei Ihnen geplant ist, hat keinen Einfluss auf die Überlebenszeit."

Der Satz ist noch heute im Original in meinem schönen Ringbuch abgeheftet, denn ich hatte ihn sofort sorgfältig notiert. Zitternd vor Aufregung legte ich den Hörer auf. Ob ich mich dem Risiko einer zehnstündigen Operation, mit allen möglichen Komplikationen und Behinderungen in der Folge aussetzen oder ob ich es sein lassen würde – weder das eine noch das andere hätte Auswirkungen auf meine Überlebenschancen! Das war durch Studien eindeutig belegt!
Mir war die ganze Tragweite dieser Information bewusst. Genauso gut hätte ich Dynamit unter der Bettdecke haben können, aber natürlich musste ich Dr. D. mit dieser Aussage konfrontieren. Er blickte mich überrascht an, zitierte diesen und jenen Einwand und fragte nach meiner Quelle. Meine Quelle, die freundliche Dame vom KID, hatte mir auch noch die Nummer eines so genannten Ärztekonsils gegeben. Auch diese Nummer habe ich heute noch fein säuberlich in meinem Ringbuch. Es ist eine Informationsstelle speziell für Ärzte, bei der sie alle klärenden Informationen einholen können. Vor der Ärztevisite hatte ich dies alles meiner Schwester berichtet, die zu Besuch gekommen war. Sie schluckte erst einmal, bevor sie ausrief:
„Wenn du Dr. D., vor allem bei eurem angespannten Verhältnis, eine Telefonnummer in die Hand drückst und ihm vorschlägst, sich dort zu informieren, zerreißt der dich in der Luft. Jedenfalls kannst du dann hier nicht mehr bleiben!"
Nun, das würde sich zeigen. Das Krankenhaus wollte ich auf keinen Fall wechseln, denn trotz der Probleme, die ich mit Dr. D. und er mit mir hatte, konnte ich mir kein besseres vorstellen (erst später habe ich erfahren, dass auch die Anzahl der

vom Operateur ausgeführten Operationen einen bedeutenden Einfluss auf die Überlebenszeit von Krebspatienten hat und man gut daran tut, für die anstehende Operation einen darauf spezialisierten Chirurgen mit einer Mindestanzahl von Eingriffen pro Jahr auszuwählen). Aber die Situation verlangte eine Klärung. Bei allem aufkeimenden Selbstvertrauen war es mir doch wichtig, dass mein Entschluss, die Operation nicht durchführen zu lassen, von Dr. D. abgesegnet würde.

Es fiel mir nicht leicht, ihn zu fragen, ob er eventuell seinen Behandlungsvorschlag im Lichte neuer Erkenntnisse revidieren könnte. Sein Beharren darauf, dass mit der Operation alles rechtens sei, dass aufgrund der Resultate der feingeweblichen Untersuchung kein anderes Vorgehen vorstellbar sei, gab mir Gelegenheit, das Ärztekonsil ins Spiel zu bringen. „Ich habe da eine Telefonnummer …"

Dr. D. zeigte Größe. Anstatt: „Da es Ihnen fundamental an Vertrauen in mich und meine vorgeschlagene Behandlung mangelt, suchen Sie sich am besten einen anderen Arzt. Ich werde alles für Ihre Entlassung regeln", hörte ich mit Erstaunen: „Ja, ich werde mich beim Ärztekonsil erkundigen!"

Erleichtert und verwundert sank ich in die Kissen. Diese Gelassenheit hatte ich ihm nicht zugetraut. Ich sah ihn schlagartig in einem anderen Licht, denn über die Gelassenheit hinaus hatte er sich ja auch bereit erklärt, beim Ärztekonsil anzurufen! Ich empfand Respekt für sein Verhalten, das schließlich Offenheit und Reife bewies. Nicht nur räumte er die Möglichkeit einer anderen, besseren Vorgehensweise ein – er war auch bereit, bei der von mir – vom KID – vorgeschlagenen Stelle weitere, detailliertere Informationen einzuholen. Ich fragte mich, ob er dabei vielleicht an Konfuzius und seine weisen Worte gedacht hatte:

> Wer einen Fehler gemacht hat und ihn nicht korrigiert,
> begeht einen zweiten.[15]

In den folgenden Stunden und Tagen wälzte ich mich schlaf-
und ruhelos in meinem Bett, in Erwartung eines erlösenden
Urteils zu meinen Gunsten. Ich will Dr. D. nicht unterstellen,
er habe die Sache absichtlich in die Länge gezogen, ein Arzt
hat schließlich nicht nur eine Patientin. Für mich war es aber
eine neue Krisenzeit von äußerster Anspannung. Auf der einen Seite die eindeutige Antwort des KID, der jedoch fern
und unpersönlich war – was, wenn man sich, aufgrund meiner
mangelnden Kenntnisse über das Tumorstadium ein falsches
Bild von meinem Krankheitsfall gemacht hatte? – auf der anderen Seite, hier, nahe, an meinem Bett zur Visite stehend,
mein behandelnder Arzt, der meinen Fall im Detail kannte.
Ich traute mir nicht zu, die Entscheidung gegen die Operation
allein zu treffen, denn wie Dr. D. so treffend festgestellt hatte:
Ich wollte ja wirklich leben.
Am nächsten Morgen sagte meine Bettnachbarin:
„Sie haben wohl gar nicht geschlafen letzte Nacht", und mir
wurde bewusst, dass mein ruheloses Wälzen im Bett und mein
verzweifeltes Stöhnen und Ringen um Klarheit – wäre der
KID bei genauerer Kenntnis meiner Daten wirklich zum selben Schluss gekommen und wann würde ich endlich eine
Antwort von Dr. D. bekommen? – auch sie wieder in Mitleidenschaft gezogen hatte. Mir war klar, dass sie selbst genug
Probleme hatte, aber ich war zu verwirrt und unsicher und
fühlte mich wie beim Tanz auf dem Hochseil ohne vorausge-
gangene Übungsstunde, und das mir in der Vergangenheit
eingepeitschte Zusammennehmen in dem Bestreben, nur ja
niemandem zur Last zu fallen, wollte in der Zeit dieser Zer-
reißprobe nicht mehr gelingen.
So litt sie mit mir und ebenso meine Familie, Freunde und
Bekannte, von denen alle immer nur eine Frage hatten: „Hast
du schon Bescheid von Dr. D.?"

Endlich, am dritten Tag, musste ich diese Frage nicht mehr verneinen. Dr. D. trat an mein Bett. Seine Worte sind mir wohl auf immer in mein Gedächtnis eingebrannt:
„Sie haben Recht, die Operation ist überflüssig!"

Ich verstand, dass tatsächlich alles relativ ist. Da lag ich nun im Bett und ein Steinregen der Erleichterung fiel von meinem Herzen. Ich war überglücklich, Clermont-Ferrant nur mit dem Finger auf der Landkarte einen Besuch abgestattet zu haben. Kein Kummer und Hadern mehr mit der Tatsache der Krebs-erkrankung und -operation, nur noch ein warmer Schwall Dankbarkeit, dass mir diese weitere Prüfung erspart geblieben war und mir ein gütiger Himmel die dazu unerlässliche In-formation rechtzeitig zugespielt hatte. Mein Herz hüpfte vor Freude, und meine Nachbarin, die gute Seele, freute sich mit mir.
Ich empfand Hochachtung für Dr. D.'s glasklare Wortwahl und dass er es unterlassen hatte, eine mich verunsichernde Bemerkung durch die Hintertür einzuschleusen. Ihm und an-deren zum Trost in ähnlichen Situationen – und das sind wir zu verschiedenen Zeiten schließlich alle – seien Gerhart Hauptmanns Worte zugedacht:

Wer tiefer irrt, der wird auch tiefer weise.[16]

Nun war diese schreckliche Operation vom Tisch, und ich konnte mich endlich darauf konzentrieren, wieder zu Kräften zu kommen. Ich hatte einiges aufzuholen.

Schon über lange Jahre vor der Krebsdiagnose war ich in sehr schlechtem Gesundheitszustand gewesen, im Krankenstand wegen immer häufigeren und immer unerträglicher werden-den Herzbeschwerden und Kreislaufzusammenbrüchen, die mich allerorts außer Gefecht setzten und mir den Boden regelrecht unter den Füßen wegzogen. Mal im Büro, mal unterwegs, oder auch im Fortbildungskurs, als die Referentin ihren Vortrag mit der an mich gerichteten Frage: „Sie sehen nicht gut aus, haben Sie ein Problem?", unterbrach, ich aber wie immer brav und tapfer antwortete: „Nein, danke, es geht schon."

Wie hätte ich auch sonst reagieren sollen? Ich befand mich mehr oder weniger ständig am Rande des gesundheitlichen Abgrunds, und an manchen Tagen, immer öfter, war ich unheilverkündenderweise schon einen Schritt weiter. Aber was konnte ich tun?

Wenn ich jedes Mal die Segel gestrichen hätte, wäre ich nur noch im Bett geblieben, denn die weitaus überwiegende Zeit ging es mir schlecht; die Frage war nicht ob, sondern wie intensiv. Also quälte ich mich mit für andere – die ja nicht in mich hineinblicken und die nicht fühlen konnten was ich fühlte, und an mein kalkweißes Gesicht und die mitunter blauen Lippen hatten sich inzwischen alle gewöhnt – nicht nachzuvollziehendem, niederschmetterndem Elend von Stunde zu Stunde. Bis ich wieder in Tuchfühlung mit dem Büroteppich kam und entweder der Betriebsarzt gerufen wurde oder eine Kollegin mich zu meinem Arzt fuhr.

„Was, in diesem Zustand waren Sie im Büro?", fragte er mich dann regelmäßig kopfschüttelnd. Aber wenn ich jedes Mal die Segel gestrichen hätte … siehe oben.

So blieb ich auch, ständig gegen das Ohnmächtigwerden ankämpfend, in meinem Fortbildungskurs, und die Stimme der Referentin rauschte an meinen Ohren vorbei, ohne dass ich auch nur einen Satz intellektuell nachvollziehen konnte. Aber ich blieb. Mittags gingen wir dann essen, aber ich hatte die Überstrapazierung meines Körpers mal wieder zu weit getrieben, und unterwegs zum Restaurant (oder war es auf dem Rückweg?) ging ich in die Knie und konnte nicht mehr weiter. Einer dieser Augenblicke, in dem auch die allergrößte

Willensanstrengung kein Ergebnis mehr liefert. Zwei Kolleginnen versuchten mich beiderseits unterzuhaken und mich zum Büro zu schleifen. Irgendwie landete ich bei meinem Arzt und irgendwie dann zu Hause – meine Erinnerung ist analog meinem damaligen Zustand getrübt.

Die Reaktion meines Arztes auf meinen Zustand blieb mir hingegen im Gedächtnis: „Wenn Sie so weiter machen, sind Sie mit vierzig erledigt", warnte er. Aber wie aus dem Teufelskreis aussteigen? Ich wusste die Antwort nicht.

Im Rückblick sehe ich klarer. Heute weiß ich, wie wichtig es ist, fällige Entscheidungen die Lebensführung betreffend unverzüglich zu treffen, wenn die innere Stimme dazu mahnt. Nachdem ich alle Warnungen unablässig in den Wind geschlagen hatte, streikte mein innerer Kompass. Orientierungslosigkeit und Selbstentfremdung waren die Folge, und ich verstand nicht mehr, was eigentlich gemeint war, wenn meine Freundin Agnes warnte: „Du treibst Raubbau mit deiner Gesundheit!"

Die Verkennung der Tatsachen – und je weiter mein Zustand fortschritt, umso unmöglicher war es mir, einen klaren, klärenden Gedanken zu fassen – ging soweit, dass ich dachte, es läge nur an mir, dass ich mich nur mehr zusammennehmen müsste. Meine Gedanken kreisten im Drehtüreffekt durch meinen Kopf:

„Ich muss mich nur mehr zusammennehmen – wenn ich jedes Mal zu Hause bleiben würde … – andere schaffen es ja auch, also muss ich mich nur mehr zusammennehmen" – rattatata.

Zeigte mir mein Körper auch immer öfter die rote Karte und verwarnte mich, bei weiterer Missachtung der Lebensregeln von der Spielwiese des Lebens verwiesen zu werden, so verdoppelte ich daraufhin nur meine Bemühungen und ermahnte mich selbst: „Nimm dich zusammen!" Es mag unvorstellbar erscheinen, aber ich befand mich in einer schrecklichen Zwangslage. Man könnte sagen, ich steckte in einer gesundheitlichen Dauerkrise. Dass ich seit einigen Jahren immer wieder der Arbeit hatte fernbleiben müssen, verstärkte meinen Versagensdruck immens und rief zusätzlich nagende Schuldgefühle in mir hervor, denn auch meine Kollegen litten ja durch meine Abwesenheit. Immerhin hatte ich den Anspruch an mich, immer alles mindestens 150-prozentig machen zu müssen. Nun blieb ich selbst hinter Normalansprüchen zurück und das kränkte mich enorm. Einerseits ging es mit meinen Kräften permanent bergab, andererseits versuchte ich hartnäckig, zu meiner früheren Form zurückzufinden.

„Denken Sie an ein Pferd, das am Boden liegt", warnte mich mein Arzt. „Wenn Sie es brutal peitschen, wird es sich immer wieder aufrichten, bis zu dem Tag, wo es endgültig liegen bleibt."

Aber ich schaffte es einfach nicht, klar Schiff zu machen und meinen Kurs zu ändern. Meine Zusammenbrüche erfolgten in immer kürzeren Abständen, und garantiert immer da, wo viele Menschen in stickiger Luft zusammenkamen, und es war schon wie ein Ritual im Supermarkt, dass ich auf den damals noch stattlich großen Waschmitteltrommeln in der Horizontalen landete, bis – man weiß sich ja zu helfen mit verschiedenen Tricks oder Peitschenhieben – das Pferd wieder in der Vertikalen war.

Nachdem mein Körper alle Reserven aufgebraucht hatte und ich schließlich nur noch von meiner und seiner Substanz zehrte, brachten mir auch ein Tag, eine Woche, ja ein ganzer Urlaubsmonat keine Erholung mehr. Es war Stückwerk, das nur dazu beitrug, meinen Kopf gerade eben noch über Wasser zu halten. Meine Lebensführung passte einfach nicht zu den Energiereserven, die ich mit auf die Welt gebracht hatte, das war überdeutlich. „Sie geben mehr aus, als sie haben", mahnte mein Arzt wieder, aber ich wollte es immer noch nicht wahrhaben.

Das langsame Versickern meiner Vitalenergie hatte außerdem eine Reihe ständig wechselnder, quälender Symptome und Krankheiten im Schlepptau, die eine nach der anderen, und nicht selten auch im Doppel- oder Dreierpack ihre Erscheinung machten und meine Anstrengungen zur Alltagsbewältigung zusätzlich boykottierten. So litt ich seit längerer Zeit an einer schmerzhaften Versteifung meiner linken Schulter. Das war die Quittung für meine Angewohnheit, mich in mich selbst zu verkriechen und meine Schultern wie zum Schutz ständig bis zu den Ohren hochzuziehen. Ich eilte von Physiotherapeut zu Physiotherapeut, doch alle winkten nach kurzer Behandlung ab.

„So etwas habe ich in all meinen Jahren als Therapeut noch nicht gesehen, das ist ja wie Gusseisen!" Dies oder Ähnliches bekam ich ständig zu hören, und mein Status als Rarität machte mich meistens mutlos und tieftraurig oder – wenn ich gerade etwas Energie parat hatte – wütend. Nachdem ich von verschiedenen Therapeuten und Osteopathen mit dem Hinweis abgewimmelt worden war, dass nur eine Operation mir helfen könne – kam noch Trotz dazu:

„Irgendwo auf der Welt gibt es einen Menschen, der mir ohne Operation helfen kann, den muss und werde ich finden!", nahm ich mir vor.

In der Zwischenzeit machte ich einen Termin mit einer neuen Therapeutin aus, die ins Haus kam. Auf diese Weise würde ich etwas Kraft sparen können, denn die zwei- bis dreimal in der Woche stattfindenden Konsultationen, einschließlich Fahrt und Parkplatzsuche belasteten meinen Zeit- und Kräfteetat zusätzlich erheblich. Zu meiner grenzenlosen Enttäuschung warf aber auch sie nach einigen Wochen das Handtuch, mit den Worten: „Ich komme bei Ihnen einfach nicht weiter!"

War es wirklich Überzeugung oder vielmehr mein Gesicht, das augenblicklich einen Ausdruck wie sieben Tage Regen-

wetter angenommen hatte, das sie dazu veranlasste eilig hinzuzufügen:

„Ich habe da neulich einen Vortrag von einem Professor gehört, der seine eigene Methode für dieses Schulterleiden entwickelt hat ... vielleicht kann der ihnen helfen." Sie gab mir
seine Adresse, lächelte mich aufmunternd an und verabschiedete sich, nicht ohne mir vorher noch viel Erfolg gewünscht
zu haben.

„Der Herr Professor, bestimmt ein Mann mit Allüren und ein
verbissener Verfechter *seiner* Methode, der sich für alles
Mögliche, nur nicht für meine Gusseisen-Schulter interessiert", dachte ich verbittert und erlaubte mir eine saftige Portion Voreingenommenheit, während ich schmollend in
Selbstmitleid badete. Es scheint eine Lebensregel zu sein:
Wer Schlechtes erwartet, bekommt das auch serviert. Aber
freundlicherweise ist das Leben nicht so kleinlich und drückt
manchmal ein Auge zu, und so erwartete mich jetzt eine
rühmliche Ausnahme.

Herr Z., ein schnörkelloser Pragmatiker mit einnehmendem
Lächeln, machte sich ohne Umschweife an meiner Schulter zu
schaffen. Er hätte mir gar nicht mitteilen müssen, dass die
Schulter, ein höchst kompliziertes Gelenk, von vielen Therapeuten gefürchtet oder doch zumindest ein am liebsten ge-
miedener Körperteil ist. Er jedoch gehe die Sache gerade deshalb als eine Herausforderung an und habe sich aus Liebe zur
Schulter auf ihre Behandlung spezialisiert.

Nun, dessen war ich unmittelbar nach den ersten von ihm mit
meinem Arm ausgeführten Bewegungen, mit denen er ohne
unnützes Gerede sofort begonnen hatte, gewahr geworden.
Eigentlich hatte er „nichts" gemacht, „nur" den Arm auf und
nieder und hin und her bewegt. Aber ich merkte sofort, dass
meine Schulter mit Erleichterung auf die Überraschung, endlich einen ebenbürtigen Partner gefunden zu haben, reagierte

und freiwillig ihre starre Klemmhaltung erstmals etwas, wenn auch minimal, lockerte.

„Das wird eine Weile dauern, bis ich die wieder beweglich bekomme", verkündete Herr Z. und blickte mich gutmütig lächelnd an. Mir war es egal, wie lange es dauern würde, wenn mir nur die Operation erspart bliebe.

Es dauerte wirklich sehr lang, jahrelang, und als die Schulter endlich wieder auf Vordermann war, d. h. etwa 95 % der vollen Beweglichkeit wieder erlangt hatte, begann die andere Schulter sich in Gusseisen zu verwandeln. Meine Begeisterung hielt sich in Grenzen, nun wiederum so viel Zeit für Therapiemaßnahmen aufzuwenden, obwohl angesichts der Tatsache, dass man sie quasi in flagranti erwischt hatte, Hoffnung bestand, dass die Behandlung bedeutend kürzer ausfallen würde. Mit der ersten Schulter hatte ich nämlich recht lange gewartet, trotz Schmerzen und Bewegungseinschränkung, denn: „Ich kann doch nicht mit jeder Kleinigkeit zum Arzt rennen. Mal abwarten, ob es sich von alleine wieder gibt." Nun, das tat es wie gesagt nicht.

Meine Krebsdiagnose fiel zeitlich mit dem Beginn der Behandlung meiner rechten Schulter zusammen. So lag ich nun in meinem Bett und nicht nur mein riesiger Bauchschnitt machte es mir unmöglich, mich in einer Vierteldrehung dem Nachttisch zuzuwenden. Auch meine eingeklemmte Schulter und mein demzufolge sehr in seiner Bewegung eingeschränkter Arm hinderten mich daran, einen auf dem Nachttisch liegenden Gegenstand von dort herunterzufischen. So waren also die Startbedingungen für mein neues Wirken und Werken etwas erschwert, doch das hielt mich nicht davon ab, aus dem Vollen zu schöpfen.

„Hier sieht es ja aus wie in einem Büro", sagte meine Bettnachbarin verwundert mit Blick auf die auf meiner Bettdecke angeordneten Notizen. „Woher nehmen Sie die Kraft dazu?

Ich bewundere Sie." Ich blickte erstaunt auf. Wie verschieden unsere Sichtweisen dieser Situation doch waren. Als bewundernswert hatte ich mein Vorgehen, das ja durchaus auch einer gehörigen Portion Angst und Verunsicherung entsprang, überhaupt nicht gesehen. So fiel das Urteil meiner Bettnachbarin nach dem Sichtbaren aus, das meine nach dem Erlebten. Ihr sichtbar bot sich das Äußere: eine tatkräftige Patientin, die wusste, was sie wollte – mir erfahrbar war mein Inneres: ein verstörtes, um sein Leben kämpfendes Menschenkind.

Ich telefonierte noch mehrere Male mit dem KID, um die Details der Chemotherapie zu klären, die man mir empfohlen hatte, und ich notierte alles eifrig in mein schönes Ringbuch.
Dann waren da noch die Telefonate mit meinem Mann und den Kindern, meinen Eltern, meiner Schwester Uschi, Cousine Renate, meinen Freundinnen und Freunden – und mein Freundes- und Bekanntenkreis ist groß. Ich glaube, soviel Umtrieb entsprach nicht den Vorstellungen, die Anthroposophen von den Umständen eines optimalen Heilungsprozesses haben, und vielleicht ein bisschen zu Recht.
„Immer, wenn wir ins Zimmer kommen, sind Sie am Telefon", musste ich mir mehr als einmal anhören. Aber meine Familie und Freunde waren nun einmal alle weit weg – und dann war da ja auch noch der KID. Es mutete wohl auch seltsam an, dass ich ständig in einer anderen Sprache telefonierte.
In meinem Brüsseler Umfeld ist das Alltag und Normalität; ich spreche Englisch mit meinem Mann, Deutsch mit meinen Kindern und Französisch oder Niederländisch mit Nachbarn und Freunden, und je nach Situation und Anwesenden durchaus auch im ständigen Wechsel.
Auch am Arbeitsplatz wechselten wir ständig die Sprache. Man arbeitet etwa an einem Dokument in französischer Sprache, dann kommt ein Anruf aus Deutschland, und eine englische Kollegin betritt das Büro für eine Auskunft. Sprachen-

vielfalt ist für viele Menschen in Brüssel so gewohnt und alltäglich, dass sie es gar nicht mehr zur Kenntnis nehmen, und wenn wir durch die vielen internationalen Fernsehkanäle zappen dringt das multilinguale Geplapper an unsere Ohren, ohne dass wir noch aktiv wahrnehmen, welcher Sprache wir da im Einzelnen lauschen.

Ist man aber aus dieser Umgebung herausgenommen, fühlt man sich manchmal befangen und wie der Fisch auf dem Trockenen. In meinem deutschen Krankenzimmer kam ich mir fremd und seltsam vor, und das, worüber ich sonst nicht nachdachte, hatte plötzlich einen etwas unangenehmen Beigeschmack angenommen. Irgendwie passte ich nicht ins Umfeld, gehörte nicht richtig dazu, war Mini-Minderheit und Sonderling.

Es kam aber auch vor, dass unser Babel zur Lachnummer wurde, wie damals, während unserer Ferien in Holland bei einem Streifzug durch die zahlreichen Alkmaarer Boutiquen. Daniel probierte Hemden an.

„Wie findest du dieses?", wollte er von mir wissen, und wie immer sprachen wir Deutsch. Mike konnte sich meiner Meinung zu dem Hemd nicht anschließen und tat dies kund, und wie immer sprachen wir Englisch. Daniels damalige Freundin hatte auch einen Kommentar zum Hemdenkauf, und wie immer sprachen wir Französisch.

Ich hatte nicht registriert, dass der Verkäufer, der in ziemlicher Entfernung stand, uns beobachtet und vor allem uns zugehört hatte. „Kannst du mal fragen, ob es das Hemd eine Nummer größer gibt?", bat mich Daniel. Als ich nun den Verkäufer in der niederländischen Landessprache ansprach, schaute er mich schief von der Seite an und fragte misstrauisch: „Welche Sprache sprechen Sie eigentlich?" Ich prustete los, denn erst jetzt wurde ich mir der Komik bewusst. Aber ein Deut Peinlichkeit war auch dabei, denn er hielt uns sicher für meschugge und darauf kapriziert, innerhalb unserer eigenen Familie mit jedem eine andere Sprache zu sprechen.

Die Tage im Krankenhaus vergingen, und ich tat was ich konnte, um möglichst schnell wieder auf die Beine zu kommen. Schon kurz nach der Operation bat ich die Schwester, mir beim Aufsetzen im Bett behilflich zu sein, um so Kräfte und Kreislauf in Gang zu bringen. In Anbetracht meines dürftigen Allgemeinzustandes stellte das aber bereits eine zu große Herausforderung für meinen Körper dar und ich fiel sofort in eine tiefe Ohnmacht.

Das Seltsame war, dass mich die Ohnmacht ohne Vorankündigung übermannt hatte. Schließlich hatte ich einige Erfahrung mit Ohnmachtszuständen und im Allgemeinen kündeten untrügliche Zeichen von ihrem Kommen. In diesem Fall hatte ich aber gar nichts bemerkt – und wüsste bis heute nichts davon, hätte nicht meine Zimmergenossin mir kurz vor meiner Entlassung davon erzählt.

Ich sei gar nicht mehr zu mir gekommen, im Nu sei mein Bett umringt gewesen von Schwestern und Ärzten. Ich hatte mich in Gefahr befunden und das alles verschlafen. Auch an den Moment, in dem ich das Bewusstsein wiedererlangte, habe ich keine Erinnerung, nur meine arme Zimmergenossin hatte deshalb eine Aufregung mehr durchzustehen.

Eines Tages schlug die Schwester vor, es wäre doch an der Zeit, einen kleinen Spaziergang zu machen. Ich war erstaunt, denn ich dachte, es sei gar nicht erlaubt, das Krankenhaus zu verlassen. Ich folgte ihrem Rat und erlebte zum ersten Mal wieder „die Welt da draußen", denn, so merkte ich erst jetzt, das Krankenzimmer hatte mir eine gewisse Schonung vor der Welt geboten, in dem nur zuweilen und vorübergehend Boten aus der anderen Wirklichkeit ihre Erscheinung in Gestalt von Besuchern machten.

„Nach der inneren Stimmung der Seele wird die Natur der Dinge bemessen."[17] (Niketas Stethatos). Nun hatte ich Gelegenheit, die Behauptung, jeder mache sich seine eigene Welt, auf ihren Wahrheitsgehalt zu prüfen, denn die Welt, wie ich sie verlassen hatte, um mich im Krankenhaus aufnehmen zu lassen, existierte nicht mehr. Sie hatte sich komplett verändert, denn ich sah jetzt alles mit den Augen einer Krebspatientin.

Ein junger Mann mit Gipsbein humpelte zur Eingangstür, und ich beneidete ihn um die verbriefte Tatsache, dass die Heilung nur eine Frage der Zeit war. Eine Großfamilie kam mir lachend entgegen, und ich hätte am liebsten geschrien: „Ich habe eine Krebsoperation hinter mir. Krebs. Ich weiß nicht, wie es weitergeht, wie es ausgeht."

Heute ist mir klar, dass nicht wenige, die ich um ihr „Normalsein" beneidete, ihre eigenen Wunden und Schicksale im Verborgenen trugen, nicht zuletzt auch Krebs. Es steht ja niemandem auf die Stirn geschrieben, woran er vor Kurzem oder vor Längerem erkrankt ist oder war, ganz zu schweigen von anderen möglichen Schicksalsschlägen.

Wie abrupt und grundsätzlich sich meine Lebenssituation geändert hatte, konnte ich auch am Sinnbild meines Autos erkennen, mit dem ich ganz unabhängig, stark und frei – zumindest sah es von außen so aus – allein zu meiner Operation ins Krankenhaus gefahren war und das ich auf dem geräumigen Parkplatz abgestellt hatte.

Als ich zum ersten Mal in meinem Zimmer ans Fenster trat, stand zu meinem Erstaunen dort unten, in direkter Blickrichtung, wie ein Überbleibsel aus längst vergangenen Tagen, dieses Relikt, das mir schmerzhaft bewusst machte, was mir widerfahren war. Ebenso nah wie unerreichbar war mir dieses Auto und legte Zeugnis davon ab, dass im Moment ein ganz anderer Wind als der von Freiheit und Unabhängigkeit wehte.

Ich war schon rein körperlich momentan nicht in der Lage, ein Auto zu steuern, und, wie sich später herausstellen sollte, auch lange Zeit psychisch nicht gefestigt genug. Eine gute Fee namens Annika, meine Nichte, erledigte das für mich am Tage meiner Entlassung.

Den Entlassungstag hatte ich aus familiären Gründen etwas vorverlegt – Daniel würde aus England anreisen – obgleich ich körperlich noch in einem desolaten Zustand war. Ich verabschiedete mich von meiner Bettnachbarin und Schicksalsgenossin.

„Melden Sie sich doch mal", bat sie, gab mir jedoch weder Adresse noch Telefonnummer, und warum ich nicht danach fragte, weiß ich bis heute nicht so recht. Vielleicht spürten wir beide, dass durch das starke Band einer Seelenverwandtschaft für immer eine Verbindung bestehen bleiben würde, auch ohne Riten und Rituale.

Dr. D. gab mir ein Rezept mit auf den Weg für die im Krankenhaus begonnenen Mistelinjektionen, die ich mir ab jetzt selbst geben und einige Zeit später wegen Unverträglichkeit absetzen musste. Dann verabschiedeten wir uns mit einem „Auf Wiedersehen", denn bald sollte ich zur Verabreichung der ersten Chemotherapie wieder zurückkommen.

Den Rückweg nach Brüssel habe ich nur als Balanceakt zwischen dem Versuch, eine möglichst schmerzfreie Sitzposition einzunehmen und dem ständigen Einnicken in den Erschöpfungsschlaf in Erinnerung, denn die lange Fahrt machte mir ganz schön zu schaffen. Mike warf des Öfteren einen prüfenden Seitenblick auf mich, aber dann waren wir endlich dort angelangt, wo seit langem mein Zuhause ist: Brüssel. Unsere Katze Maunzer, die mich seit jeher zu ihrer Hauptbezugsperson erkoren hatte, blickte mich ungläubig an und hielt erst einmal Abstand. So lange hatte sie mich noch nie entbehren müssen.

Nach den ersten zaghaften Versuchen, wieder eine Art Alltag zu schaffen – nun beneidete ich andere Leuten um ihre tägliche Monotonie, in der solche Sachen wie Operation und Chemotherapie nur in Fernsehserien vorkamen – und weiteren Telefonaten, auf deren Inhalt ich später noch zu sprechen kommen werde, war es im Handumdrehen Zeit, uns wieder Richtung Eckenstadt auf den Weg zu machen.

Ich schauderte bei dem Gedanken an den Giftcocktail, der Tropfen für Tropfen in meinen ansonsten größtenteils mit sanfter Medizin behandelten Körper fließen würde, korrigierte diese negative Einstellung jedoch sogleich. Stattdessen konzentrierte ich mich auf die Überzeugung, dass die Chemotherapie, nun, da ich mich für sie entschieden hatte, mein Freund und Helfer, mein Verbündeter sei in meinem Bestreben, wieder gesund zu werden, so wie ich es im Buch von Greg Anderson gelesen hatte.

Sein Buch „Diagnose Krebs: 50 Erste Hilfen" enthält neben der kostbaren KID-Telefonnummer noch eine Menge anderen interessanten und informativen Lesestoff. Noch im Krankenhaus hatte ich begonnen, die in dem Buch beschriebene Visualisierung zur Optimierung der Resultate und Minimierung der Nebenwirkungen einer Chemotherapie zu üben. In abgewandelter Form werden Visualisierungsübungen auch von Sportlern angewendet, und hier wie da geht es schließlich um Sieg. Schon als Teenager hatte ich das Autogene Training erlernt und später zahlreiche Seminare und Veranstaltungen über alternative Heilweisen, Entspannung und Meditation besucht und viele Bücher zu diesen Themen gelesen. So war die Visualisierungsübung für mich nichts Neues und leicht auszuführen.

Ich sah also vor meinem geistigen Auge, wie die chemische Flüssigkeit alle schwachen Krebszellen mühelos unschädlich machte und diese aus meinem Körper auf natürlichem Wege ausgeschieden wurden. Die schwachen und verwirrten Krebszellen saugten sich mit der Flüssigkeit voll, während die starken, gesunden, intelligenten Zellen das Mittel nicht aufnahmen. Ich sah im Geiste, wie es an den gesunden Zellen und ganz besonders an meinen Haarzellen abperlte.

Dann stellte ich mir, wie im Buch empfohlen, das gewünschte Ergebnis vor: Wie ich nach der Chemotherapie auf dem Nachhauseweg bei meinen Eltern Halt machen und dort die legendären Kochkünste meiner Mutter genießen würde, anstatt von Übelkeit und Erbrechen geplagt zu sein. Ich schaffte es zwar nicht ganz, die empfohlenen 100 Visualisierungsübungen vor Beginn der Therapie zu machen, aber indem ich jede Gelegenheit nutzte und meistens dreimal täglich übte, kam ich doch ziemlich nahe dran. Sogar während der Autobahnfahrt nach Eckenstadt schloss ich die Augen, um am Anfang und gegen Ende der Fahrt noch zwei Übungseinheiten unterzubringen.

Dann kam der Moment, in dem ich im Bett lag und mich wunderte, wie unschuldig doch die Flüssigkeit in dem Tropf aussah. Ich fragte nicht nach Einzelheiten, sondern rief mir immer wieder in Erinnerung, die ganze Sache als mir dienlich und förderlich zu sehen. Eine freundliche Schwester verhalf mir mit Heileurythmie (therapeutische Bewegungsübungen aus der Anthroposophie) zu einem besseren Befinden, und die liebevolle Zuwendung war eine dringend benötigte seelische Streicheleinheit.

Darüber hinaus hätte ich mir auch gern die Errungenschaften der Musiktherapie – in diesem Fall zur Begleitung der Chemotherapie – zunutze gemacht, aber leider fand ich weder in Eckenstadt noch sonst wo jemanden, der sich damit auskannte. Diesen Reichtum konnte ich erst einige Jahre später auftun. „Wenn der Schüler bereit ist, erscheint der Lehrer"[18], lautet eine buddhistische Weisheit. Demnach haperte es damals wohl noch an meiner inneren Bereitschaft.

Ich vertrug die Behandlung so gut, wie ich mir das in meinen Visualisierungen vorgestellt hatte, aber auf der Fahrt nach Hause überfiel mich immer wieder ein unwiderstehlicher Schlafdrang, und nur mein Gurt verhinderte, dass ich aus dem Autositz rutschte. Tapfer wiederholte ich immer wieder meine positive Affirmation: „Die Chemotherapie ist mein Freund und hilft mir, wieder ganz gesund zu werden", wenn das Pendel wieder einmal in die Gegenrichtung ausschlagen wollte und dunkle Gedanken meine positive Einstellung und Ausrichtung, die viel besser und gesünder für mich waren, wegzuschwemmen drohten.

Um die Reaktion meines Körpers auf die Chemotherapie zu überwachen, hatte Dr. D. einen wöchentlichen Bluttest angeordnet, den ich mit Widerwillen absolvierte. Ich erinnere mich noch, welche Wehmut und Trauer ich im Wartesaal des Labors empfand, wenn mir bewusst wurde, aus welchem Grund ich diesen Test machen musste: nein, nicht ein vermuteter Eisenmangel oder ein präventiver Cholesterintest, an dessen Ende wie früher immer „alles bestens" das Ergebnis sein würde.

Hier ging es darum zu überwachen, ob der Wert meiner Blutkörperchen als Reaktion auf die Therapie nicht in bedrohliche Tiefen abfallen würde. Neidisch beäugte ich die anderen Wartenden, und wie immer vermutete ich – natürlich auch diesmal zu Unrecht – dass alle außer mir für Routinetests anwesend waren, so wie ich früher. Spätestens da hatte ich die Idee, unbedingt einer Selbsthilfegruppe beizutreten, um mich nicht so allein in meiner Lage zu fühlen.

In der Zwischenzeit machte ich weiterhin fleißig meine Visualisierungsübungen, und ich führe die guten Ergebnisse meiner Bluttests zum größten Teil darauf zurück. Natürlich hinterließ die Therapie Spuren in meinem Blutbild, aber der Schaden hielt sich in erstaunlichen Grenzen. Schon bald durfte ich die Abstände zwischen den Tests verlängern, später musste ich dann nur noch am Tag der Chemotherapie zur Sicherheit einen Bluttest machen, immer mit gutem Ergebnis.

Kurz nach der ersten Chemo rief mich meine Freundin Ursula an. Sie hatte davon gehört, dass die Überlebenschancen mit einem anderen Mittel als dem, das ich bekam, höher seien. Ich informierte mich ausführlich und fand diese Auskunft bestätigt. Ich sprach mit Dr. D. darüber:

„Ich habe allenthalben gehört …".

„Was heißt allenthalben?", unterbrach er mich genervt, da ich schon wieder die von ihm vorgeschlagene Behandlung in Frage stellte. Nun, um es kurz zu machen: Die Verabreichung dieses Stoffes bei Ovarienkrebs im frühen Stadium war in Deutschland bisher nur in Studien erfolgt und die Abgabe daran gebunden (während er für spätere, metastasierte Stadien bereits verwendet werden durfte). In Eckenstadt konnte mir dieses Präparat darum nicht verabreicht werden.

„Außerdem liegen die Ergebnisse dieser Studien ja noch gar nicht vor", sagte Dr. D.

„Das stimmt", räumte ich ein. „Sie sind noch nicht veröffentlicht, ich kenne aber das Ergebnis schon."

Ich hatte den Eindruck, dass Dr. D. drauf und dran war, die Fassung zu verlieren und endgültig die Nase voll hatte von mir und meinen naseweisen Behauptungen. Meine Aussage entsprach aber der Wahrheit. Wie zuvor erwähnt, hatte ich auch in Brüssel meine telefonischen Recherchen fortgesetzt. Ich wollte ja meine Behandlung mitbestimmen und an meiner Heilung mitarbeiten und mich nicht blindlings ausliefern. Denn:

> Wer nichts weiß, muss alles glauben.[19]
> (Marie von Ebner-Eschenbach)

Im Gegensatz zu manchen Ärzten finde ich es normal und wünschenswert, dass Betroffene bei Entscheidungen, die ihre

Gesundheit und ihr Leben so weitreichend beeinflussen, Verantwortung übernehmen. Ich interpretiere es durchaus nicht als Misstrauen gegenüber meinen Ärzten.

Bei den erwähnten Telefonaten hatte ich auch noch einmal den KID konsultiert. Ein Gespräch ergab das andere, bis ich schließlich per Zufall eine Oberärztin an der Strippe hatte, die mir eben das gesagt hatte: Die Studienergebnisse seien zwar noch nicht veröffentlicht, lägen aber bereits vor. Ich war und bin ihr überaus dankbar, dass sie mir diese Ergebnisse dann auch mitteilte, wusste sie doch von meiner Lage und der Qual der Wahl hinsichtlich der richtigen Therapie. Ich glaube, dass dieser Zufall besser Fügung oder Führung genannt werden sollte – oder, in den Worten Albert Schweitzers:

> Der Zufall ist das Pseudonym, das Gott wählt,
> wenn er inkognito bleiben will.[20]

Denn wie immer hatte ich auch vor diesen wichtigen Gesprächen, in einem gen Himmel geschickten Stoßgebet um das Geschenk gebeten, den Menschen an die Leitung zu bekommen, der mir bei der Entscheidung helfen könnte, wie ich meinen Weg weitergehen sollte. Ich war dankbar für den „Zufall", der eine Oberärztin das Telefon beantworten ließ – genau die Person, die die entscheidende Antwort kannte.

In der Zeit zwischen Operation und erster Chemotherapie hatte ich auch in Brüssel einen Onkologen, Dr. A., aufgesucht. Die mir von ihm erteilte Auskunft hatte ich längst vergessen. Glücklicherweise hatte ich bei meinen weiteren Telefonaten und Recherchen nach der Rückkehr nach Brüssel immer alles Wichtige weiterhin notiert, und anschließend in meinem bewährten Ringbuch abgeheftet. Ich staunte nicht schlecht, als ich darin den von Dr. A. gemachten Vorschlag für meine Chemotherapie wiederfand: In Brüssel war man bereits einen

Schritt weiter und ich würde das Medikament erhalten, das in Deutschland noch an Studien gebunden war.

Ich überlegte nur kurz und bei einem ebenso kurzfristig zugeteilten Termin, zu dem mich mein Sohn Daniel begleitete, bestätigte mir Dr. A. die Richtigkeit meiner Ringbuch-Eintragung. Die Entscheidung zugunsten der größeren Erfolg versprechenden Therapie in Brüssel fiel dann auch sehr schnell. Ich war erleichtert, dass sich alles so ergeben, so gefügt hatte, denn die lange Autobahnfahrt vor und nach der Chemo war mir ein Gräuel und machte mir Angst hinsichtlich meiner Kraftreserven. Nun konnte ich alles an Ort und Stelle machen und mich anschließend in meine eigenen vier Wände zurückziehen.

Wahrscheinlich war Dr. D. froh, seine lästige Patientin mit den ständigen neunmalklugen Kommentaren los zu sein. Für mich hieß es jetzt aber Eckenstadt endgültig zu verlassen.

Nicht vorenthalten möchte ich Ihnen die Worte eines Aushangs an den Scheiben des Schwesternzimmers im Gang der gynäkologischen Station des Krankenhauses Eckenstadt. Meine Bettnachbarin und ich empfanden Bewunderung für die Schwestern, Pfleger und Ärzte, die sich der Großen Kraft, aus denen ihre Heilkunst fließt und gespeist wird, bewusst waren. Anstatt sich selbst eitel aufzuplustern, besaßen sie die Größe und Bescheidenheit, diese Erkenntnis mit den Patienten zu teilen. Wir fühlten uns bei ihnen bestens aufgehoben.

Es ist nicht der Arzt,
der die Menschen heilt,
sondern Gott,
der sie durch die Natur heilt
und der Arzt ist bloß das Instrument,
durch welches Gott auf die Natur des Menschen einwirkt.

4. Stell dir vor, du bist gesund

> Du siehst, ich will viel.
> Vielleicht will ich Alles:
> das Dunkel jedes unendlichen Falles
> und jedes Steigens lichtzitterndes Spiel.[21]
> (Rainer Maria Rilke)

Yeah, yeah, yeah – ausgelassen singen wir unsere Freude heraus und übertönen dabei noch das Autoradio! Mal wieder auf der Autobahn gen Deutschland, aber diesmal nicht mit gefürchtetem, sondern mit heiß ersehntem Ziel: Wir sind unterwegs zu einem 5-Tage-Patientenseminar des Pioniers und wohl berühmtesten Vertreters der Psycho-Neuro-Immunologie (untersucht die Wechselwirkungen zwischen psychischen Faktoren, Nerven- und Immunsystem) – Dr. O. Carl Simonton, seines Zeichens Facharzt für Radiologie und Onkologie.

Schon Anfang der 1980er Jahre hatte ich sein faszinierendes Buch „Wieder gesund werden" voller Begeisterung gelesen. Zwar ahnte ich zu der Zeit noch nicht, dass auch mich der Krebs eines Tages ereilen würde und mir dieses Buch über reines Interesse hinaus ein wertvoller Begleiter in schweren Zeiten werden sollte. Was ich dort las, stimmte aber schon damals so sehr mit meinen eigenen Ansichten über Krankheit und Heilung überein, dass ich fortan das Buch im Laufe der Jahre immer einmal wieder aus dem Regal holte.

Ich hatte mich eigentlich seit ich denken kann für das Thema Heilen interessiert und alle Bücher dazu gelesen, derer ich habhaft werden konnte. Ich hatte meine so und in zahlreichen Seminaren erworbenen Kenntnisse auch gelegentlich bei kleineren Wehwehchen und Unstimmigkeiten zum Einsatz gebracht und war immer wieder erstaunt, wie erfolgreich die in dem Buch beschriebene Visualisierungsübung, die ja nicht nur bei Krebserkrankungen wirksam ist, den Verlauf einer Krankheit bzw. deren Bewältigung beeinflussen kann.

Ich war seit Kurzem aus dem Krankenhaus entlassen und auf der Suche nach etwas, das ich neben der schulmedizinischen Behandlung selbst zu meiner Genesung beitragen konnte. Von daher war es verständlich, dass ich mich nun für eine noch intensivere Auseinandersetzung mit der Simonton-Methode zur Stärkung der Selbstheilungskräfte und Überwindung von Krebs entschied. Und es sollte niemand anderes als Dr. Simonton selbst sein, von dem ich darin unterwiesen werden wollte.

Wie aber sollte das gehen, da er in Kalifornien lebte und ich in Brüssel? Dazwischen lag neben einem großen Ozean auch meine unüberwindliche Flugangst.

„Vielleicht hält er ja auch anderswo Seminare ab", sagte Mike beim Abendessen. Er zerbrach sich den Kopf darüber, wie er mir meinen Wunsch erfüllen könne.

„Nein, ganz bestimmt nicht, davon hätte ich sicher schon gehört."

Doch Mike ließ nicht locker. „Ich sehe mal im Internet nach." Und dann ertönte ein Freudenschrei – nicht von Mike, denn Engländer stoßen selten Schreie aus – sondern von mir, als Mike mir mitteilte, dass mein momentan größter Wunsch dabei war, in Erfüllung zu gehen. Ich konnte es kaum glauben, aber nur wenige Monate zuvor hatte Dr. Simonton – seinerseits offensichtlich bar jeder Flugangst – damit begonnen, auch in Deutschland Seminare und sogenannte Patientenwochen abzuhalten.

Voller Vorfreude – aber auch mit leisen Zweifeln, ob die Interneteintragung denn auch korrekt und aktuell sei, und wenn ja, ob ich noch einen freien Platz ergattern würde – gingen wir schlafen und warteten mit Ungeduld auf den nächsten Morgen. Nach dem Frühstück wählte ich sofort die im Internet angegebene Kontaktnummer.

Eine freundliche Stimme antwortete am anderen Ende der Leitung und stellte sich als Brunhilde Sauer-Baur vor, Mitglied im Therapeutenteam von Dr. Simonton. Sie bestätigte, dass Dr. Simonton tatsächlich begonnen hatte, auch in Deutschland zu arbeiten. Das Glück wollte es, dass noch ein Platz frei war, und ohne zu zögern meldete ich mich sofort verbindlich für die Patientenwoche vom 15. bis 20. März 1998 an. Die Vorfreude ließ sofort die ganze Krebsproblematik, Chemotherapie und alles damit Verbundene verblassen. Ich spürte instinktiv, dass mir das Seminar Durchhaltekraft für die vor mir liegende schwere Zeit und die erwartete Hilfe im Umgang mit der Krebserkrankung geben würde.

„Es ist erwünscht, dass der Partner oder die Hauptbezugsperson ebenfalls an dieser Woche teilnimmt", hatte mich Brunhilde am Telefon aufgeklärt, und Mike hatte sofort zugestimmt. Auch er versprach sich Rat und Hilfe davon, denn meine Diagnose hatte auch ihn in den Grundfesten erschüttert.

Nun waren wir also wieder unterwegs auf Deutschlands Autobahnen. Das Seminar sollte im zentral gelegenen Bad Zwesten, nahe Kassel, stattfinden. Die Seminarunterlagen waren uns schon vorab samt Anfahrtsbeschreibung zugeschickt worden, so dass wir ohne Schwierigkeiten nach einigen Stunden vor der schönen Villa standen.

Wir waren trotzdem die Letzten, und Begrüßung und Einführungsgespräch hatten schon stattgefunden als wir eintrafen. Bevor wir uns aber unwohl fühlen konnten, ob der Verspätung und des unbekannten Terrains, auf dem wir uns bewegten, kam eine zierliche Dame mit dunklen Haaren auf uns zu und begrüßte uns herzlich. Es war die Person, die zu der freundlichen Telefonstimme gehörte, Brunhilde Sauer-Baur.

Wie wir später feststellen konnten, war alles in dieser Patientenwoche darauf abgestimmt, den Patienten zur Seite zu stehen und ihnen Geborgenheit zu vermitteln, und das gelang Brunhilde auch auf Anhieb. In angenehm leiser und ruhiger Tonlage erklärte sie kurz, was die anderen schon gehört hatten hinsichtlich des weiteren Ablaufs des Abends, denn nach dem Abendbrot sollte es gleich losgehen. Wir nahmen also erst einmal Platz an dem einzigen Tisch, der noch frei war.

Erwartungsvoll hielt ich Ausschau nach Dr. Simonton. Ich konnte aber niemanden ausmachen mit dem, wie ich vermutete, elitären Gehabe eines weltbekannten Arztes und Autors, dessen Buch über Krebsentstehung und -behandlung nunmehr seit Jahrzehnten auf der Bestsellerliste stand. „Der Mann am Kopfende des reservierten Tisches muss es sein", resümierte ich schließlich, denn die anderen um den Tisch Versammelten waren alle Frauen. Er war es wirklich, und zum Glück strafte sein natürliches Auftreten meine Vorurteile Lügen.

Ich befand mich in jenem Zustand von erwartungsvoller Haltung, dem man Heilungsträchtigkeit nachsagt. Ja, „das Dunkel jedes unendlichen Falles" hatte ich erlitten und durchschritten, jetzt wartete ich auf des „Steigens lichtzitternden Spiels" (Rilke).

Korrekt gesehen nicht ganz, denn ich steckte ja noch mittendrin in der Chemotherapie, hatte die Patientenwoche sozusagen zwischen zwei Therapietermine geschoben. Ich hatte sogar meinem Onkologen zwei Tage Therapieverschiebung abringen müssen, um dabei sein zu können. Aber die Hoffnung, die ich in diese Woche setzte, war so stark, ich fühlte mich so sehr von Dr. Simontons Thesen angesprochen, dass ich einen Hoffnungs- und Heilungsvorschuss allein schon aus der Tatsache der Teilnahme schöpfte.

Nun nahm ein anderes Paar an unserem Tisch Platz. Die beiden waren schon früher angekommen und hatten sich nach den Begrüßungsworten auf ihrem Zimmer ausgeruht. Wir stellten uns vor und staunten nicht schlecht, dass wir alle „Brüsseler" waren und beruflich schon miteinander kommuniziert hatten, denn das Paar war erst kürzlich von Brüssel zurück nach Deutschland gezogen.

Mike und ich waren sehr beeindruckt von diesem Ehepaar. Wie bei uns war die Frau – oder besser gesagt, die Dame, denn sie war eine echte Dame mit vornehmem Benehmen, in täglich wechselnde elegante Kleidung aus edlen Stoffen gehüllt – die Betroffene. Sie war tiefgläubig und schien einen direkten Draht zum lieben Gott zu haben, und diese vertrauensvolle Beziehung hatten auch zahlreich erlittene gesundheitliche Rückschläge nicht erschüttert, sondern sie im Gegenteil immer mehr gefestigt. Ihr Esprit und die von ihr ausgehende Ruhe waren beeindruckend, und wir freuten uns, dass uns das Schicksal mit diesen interessanten Menschen zusammengebracht hatte. Ich denke gern zurück an die vielen herzlichen, wohltuenden Gespräche zu viert, bei denen der Humor meist als fünfter Gast am Tische saß.

Wir versorgten uns am Buffet mit allerhand Leckerem, und nach Beendigung des Abendessens verließen wir alle das Hauptgebäude, das neben dem Speisesaal auch unsere Zimmer beherbergte. Nach ein paar Schritten durch den parkähnlichen Garten mit alten Bäumen erreichten wir einen Bungalow, das eigentliche Seminargebäude. Das Flachdach war ökologisch bepflanzt und lieferte so eine Art natürlicher Klimaanlage.

Alles stimmte. Die gesamte Atmosphäre des Anwesens, der achtsame Umgang mit der Umwelt, die soeben gekostete schmackhafte (auf Wunsch) vegetarische Verpflegung, gemischt mit der Freude, an diesem Seminar teilnehmen zu können, all das löste ein intensives Wohlgefühl in mir aus und die Überzeugung, endlich zur richtigen Zeit am richtigen Ort zu sein. Ich war glücklich.

Durch eine kleine Eingangshalle (die sich in der Folge als heißgeliebter Pausenort zum Austausch von Gesprächen und Auftanken mit leiblichen Genüssen wie Kaffee und Kuchen entpuppte) gingen wir in den Seminarraum, der reichlich Platz für alle bot. Die Patienten und Patientinnen verteilten sich mit ihren Partnern auf die ersten zwei Reihen, dahinter nahmen die Teilnehmer der Fortbildungsmaßnahmen für Ärzte und Therapeuten Platz. Neben den speziell für sie vorgesehenen Lehrstunden nahmen sie auch an unserem Programm teil.

Nun bekamen wir ein Mikrofon in die Hand gedrückt und jeder durfte sich vorstellen. Als die Reihe an mich kam, sagte ich meinen Namen, meine Diagnose und fügte hinzu: „Die Art und Weise, wie mir das mitgeteilt wurde, war schlimmer als die Diagnose selbst", und an dem zustimmenden Kopfnicken zur Linken und zur Rechten sah ich, dass andere wohl Ähnliches erlebt haben mussten.

Nachdem alle im Saal sich bekannt gemacht hatten, gab Carl Simonton – so hatte er sich selbst vorgestellt – einen Überblick darüber, wie unser Arbeitsprogramm aussehen würde. Dann war auch gleich die erste Unterweisung fällig und diese sowie die folgenden lehnten sich eng an die in seinem Buch vorgestellte Methode an. Danach erreichten wir auf kurzem Gang durch die frische Luft das Hauptgebäude wieder und gingen auf unsere Zimmer.

Die quirlige Mischung aus seelischer und körperlicher Erschöpfung durch Operation und Chemotherapie, stundenlanger Autobahnfahrt, Angekommensein, freudiger Erwartung, Eindrücken über Eindrücken, tat ihre umwerfende Wirkung und so fiel ich nach kurzer Katzenwäsche in sofortigen Tiefschlaf, dem erst der Wecker am nächsten Morgen ein Ende bereitete.

Ja, der Wecker, denn wir waren hier doch nicht im Urlaub. „It's hard work to get better", um wieder gesund zu werden, war harte Arbeit vonnöten, hatte Carl gesagt – nach amerikanischer Sitte, die ja inzwischen auch in deutschen Seminaren und selbst in Seminaren, die ich in Klöstern besuchte, Einzug gehalten hat, sprachen wir uns alle beim Vornamen an, und Dr. O. Carl Simonton war ab jetzt zu „Carl" für uns geworden – und damit zwar nicht das tagesfüllende Programm gemeint, sondern die Übungen, die wir dann zu Hause machen würden. Ich muss aber gestehen, dass das stramme Programm, das viele Teilnehmer bei den nicht gerade geringen Seminargebühren auch erwarteten, mich bis an meine körperlichen Grenzen und des Öfteren auch darüber hinaus führte. Carl hatte zwar bereits am Einführungsabend als Erstes darauf hingewiesen, dass unser Wohlbefinden Vorrang habe und dass, wer lieber im Bett bleiben möchte oder müsse, dies natürlich ungehindert tun solle. Ich wollte aber nicht im Bett bleiben, schlafen würde ich zu Hause können. Ich wollte keine Minute und kein Wort verpassen.

Die Tage waren strukturiert wie das Buch „Wieder gesund werden", und es wurde vorausgesetzt, dass jeder das Buch gelesen hatte, damit der Grundtenor dessen, was uns in den nächsten Tagen erwartete, bekannt war und wir nicht bei Null anfangen mussten. Darüber hinaus bekam jeder ein Arbeitsheft an die Hand, das die Schwerpunktthemen und Übungen dazu übersichtlich zusammenfasste.

Wir hörten, dass es nicht die Ereignisse sind, die uns krank machen, sondern unsere emotionale Reaktion darauf. Ähnlich formulierte der griechische Philosoph Epiktet bereits vor fast 2000 Jahren diese Erkenntnis: „Die Menschen werden nicht durch die Dinge, die passieren, beunruhigt, sondern durch die Gedanken darüber."[22] Stress ist unvermeidbar, aber wie wir darauf reagieren, hat großen Einfluss auf die Krebsentstehung und den Verlauf der Erkrankung. Wenn man sich durch schädliche Denkstrukturen und Glaubenssätze in eine ausweglos erscheinende Situation manövriert hat und Hoffnungs- und Hilflosigkeit das Erleben prägen, scheinen manchmal bewusst oder unbewusst Krankheit und sogar Tod eine akzeptable Lösung oder die einzige Lösung zu sein.

Im Buch „Wieder gesund werden" werden die biochemischen Reaktionen, die mit dieser Haltung einhergehen, beschrieben und wie die Auswirkungen über das limbische System und den Hypothalamus auf das Immun- und das endokrine System (Drüsen) zu einem Ungleichgewicht im Hormonhaushalt führen können. Dabei kommt es zu einer erhöhten Produktion von kranken Zellen bei gleichzeitiger Schwächung des Immunsystems.

Dr. Simonton ließ keinen Zweifel daran, dass dieser in einer Abwärtsspirale verlaufende Prozess in die Krankheit auch wieder den umgekehrten Verlauf in Richtung Gesundheit nehmen kann.

Wenn wir unserem Leben Sinn und Zweck verleihen, unsere Bedürfnisse erkennen und ihnen auch in Konfliktsituationen Raum geben und dadurch mehr Freude in unser Leben bringen, können wir dem negativen Einfluss von lang andauerndem Stress auf unsere endokrinen Funktionen mit der beschriebenen Kaskade von Folgereaktionen und letztendlicher Überforderung und Erschöpfung unseres Immunsystems entgegenwirken. Und selbst wenn wir schon krank geworden sind, können wir durch das vorgenannte Verhalten eine positive chemische Veränderung in unserem Körper bewirken. Mit der Wiederherstellung des harmonischen hormonalen Zusammenspiels geht eine Verminderung der Bildung kranker Zellen im Körper einher und das Immunsystem kann seine Arbeit wieder effektiver verrichten.

Dr. Simonton erklärte uns, wie wichtig unsere inneren Einstellungen und Überzeugungen sind, denn unsere Emotionen sind eng daran gekoppelt. Es sind nicht die Ereignisse, die die entsprechenden Emotionen steuern, sondern unsere Einstellungen zu den Ereignissen. Und es sind die Emotionen, die das Heilungssystem des Körpers steuern. Er hob hervor, dass unsere kulturellen Einstellungen im Zusammenhang mit Krebs extrem ungesund und extrem inakkurat sind.

Wir alle können ja regelmäßig beobachten, wie Krebs und Tod immer noch in einem Atemzug genannt werden, auch wenn die Wirklichkeit ganz anders aussieht. Unbemerkt und unbeachtet verschaffen sich diese, sich durch alle Ebenen unserer Gesellschaft ziehenden negativen Glaubenshaltungen in unserem Inneren Gehör und münden in eine Konditionierung, die wir nicht mehr in Frage stellen können, weil wir sie gar nicht mehr wahrnehmen.

In welchem Film hat ein Krebskranker jemals überlebt? Unweigerlich endet jede dieser Geschichten mit dem grausamen, zuweilen auch romantisch verklärten Tod, aber erst, nachdem der Kranke erfolglos alles versucht hat, wieder gesund zu werden. „Egal was du auch unternimmst, es ist vergebens, also lass es doch gleich", lautet die unausgesprochene Botschaft. Denn während sich der arme, dumme, uneinsichtige Kranke noch „falschen Hoffnungen" hingibt, weiß der kluge Zuschauer mit Durchblick ja schon im Voraus, wie der Film enden wird. Als Erfolg am Ende des Films wird darum nicht die Überwindung der Krankheit gefeiert, sondern dass der Krebskranke endlich zermürbt aufgibt, die Worte „ja, ihr habt alle Recht, Krebs ist tödlich, jetzt sehe auch ich es ein" anstimmt und stirbt. Dann haben alle Tränen der Rührung in den Augen, und zum Weinen ist es allemal.

Der Dramaturgie wegen scheint es lohnender, den Krebskranken stets als unumstößlich todgeweiht darzustellen, dabei fällt die Tatsache, dass das nicht die Wirklichkeit widerspiegelt, unter den Tisch. Aber wer denkt schon jedes Mal darüber nach und distanziert sich von dieser Aussage? Die negative

Energie und die schädliche Glaubenshaltung haben währenddessen auf leisen Sohlen in uns Einzug gehalten und prägen unsere unbewussten Überzeugungen.

Darum ist es wichtig, sich diese Überzeugungen bewusst zu machen, und wir lernten dies. Die gute Nachricht ist, dass man sich seine Gedanken und Glaubenssätze nicht nur aussuchen kann, sondern dass das, was ich heute denke und glaube sich auch in dem niederschlägt, was ich morgen erlebe.

Die Erwartungen, die ein Patient hinsichtlich seines Krankheitsverlaufes hat, beeinflussen diesen mehr als dahin gehende Wünsche; das heißt, wenn das, was man erwartet dem widerspricht, was man sich wünscht, werden immer die Vorgaben der Erwartungen die Oberhand gewinnen – übrigens eine von Emile Coué, von dem später noch die Rede sein wird, bereits im 19. Jahrhundert gemachte Feststellung.[23] Diese Erwartungen, die wir zum Beispiel den Verlauf unserer Erkrankung betreffend haben, sind geprägt von der gesellschaftlichen Konditionierung und werden oft noch negativ verstärkt durch ärztliche Prognosen zur vermeintlich verbleibenden Überlebenszeit. So geschieht es nicht selten, dass Patienten, die als Antwort auf ihre Frage: „Wie viel Zeit bleibt mir noch, Herr Doktor?", die auf rein statistischen Daten beruhende mittlere Überlebenszeit mitgeteilt bekommen haben, genau nach Ablauf dieser Zeitspanne auch sterben. Der Patient hat nicht mehr die Kraft, sich von diesen übermächtigen, vermeintlichen Orakelsprüchen zu befreien. Es gibt eben nicht nur die Droge Arzt, der, wie Studien beweisen, beim Heilungsverlauf eine wichtige Rolle zufällt, sondern auch das ärztliche Gift.

Aus diesem Grunde habe ich mir Prognosen über meine gesundheitliche Zukunft in Eckenstadt und anderswo auch verbeten, bevor sie ausgesprochen werden konnten, denn über Leben und Tod wird, Gott sei's gedankt, immer noch an höherer Stelle entschieden. Ich weiß von weniger bedeutsamen Situationen, in denen es mich eine Menge Energie gekostet hat, das in meinem Inneren zurückzudrängen, was mancher Arzt an unbedachten negativen Kommentaren abgegeben hat, bis ich mich endlich davon befreien konnte.

Falls Sie, liebe Leserin, lieber Leser, schon ein solches ärztliches Urteil bekommen haben, könnten Sie sich den Rat von Dr. Simonton zunutze machen: Akzeptieren Sie die Diagnose, aber nicht die Prognose. Auch Ärzte können irren, wenn sie auf statistischen Daten beruhende Prognosen abgeben, und sie irren ständig, weil ihre Tabellen nicht berücksichtigen, dass jeder Mensch einzigartig ist, und ebenso seine Krankheit und wie er darauf reagiert.

Glücklicherweise gilt das auch für andere Lebewesen, und unsere Familie hatte das Privileg, Zeuge eines solchen Prognoseirrtums zu werden. Als unsere Katze Maunzer im Alter von zwei Jahren eine schwere Epilepsie entwickelte, erzählte man mir schlimme, deprimierende Geschichten von anderen an Epilepsie erkrankten Katzen und Hunden, und alle endeten tragisch. Der Tierarzt gab die Prognose ab, dass sich die anfallsfreie Zeit in der Zukunft jeweils halbieren werde, die Anfälle also immer häufiger auftreten würden. Ich hoffte, dass Maunzers Epilepsie genauso wie sie gekommen war, auch wieder gehen könne, doch dem räumte der Tierarzt keine Chance ein.

Nun, Maunzer lebte uns das angeblich Unmögliche vor, ist jetzt 16 Jahre alt und seit über 5 Jahren ist uns der Schreck ganz erspart geblieben, einen epileptischen Anfall miterleben zu müssen. Anti-Epileptika kamen bei insgesamt zehn Anfällen im Zeitraum von 1994 bis 2003 nie zum Einsatz. Welchen Wert hat also eine Prognose? Sie kann zutreffen – oder auch nicht.

Zum Thema Prognose habe ich noch die aufbauenden Worte von Dr. Simonton im Ohr: „Wer Ihnen sagt: ‚Sie können nicht gesund werden.', ist schlecht informiert und eine Gefahr für Ihre Gesundheit." Damit meinte er wohl, dass unsere Ärzte zwar Statistiken zitieren können, sie aber keine hellseherischen Fähigkeiten besitzen, um den Krankheitsverlauf der Person, die gerade vor ihnen steht, vorauszusagen. Darum fuhr er fort: „Sie können gesund werden, egal wie krank sie jetzt sind." – Dass es für diese Behauptung genug Beweisfälle gibt, wird später noch zur Sprache kommen. Wenn Sie sich diese kraftvollen Einstellungen zu eigen machen, wird Ihr Körper es Ihnen danken und Ihre Lebensqualität wird sich schlagartig verbessern.

Im Umgang mit den Gedanken lernten wir, dass es nicht darum ging, positiv, sondern gesund zu denken, um so im Einklang mit der Realität zu sein.

ungesund: Egal was ich mache, es ist alles vergeblich und ich werde die Krankheit nicht überleben.

positiv: Ich werde die Krankheit bestimmt überleben.

gesund: Vielleicht überlebe ich die Krankheit. Alles was ich denke und tue ist wichtig dabei und beeinflusst deren Verlauf.

Jeder Tag hat 86.400 Sekunden, und man schätzt, dass uns in dieser Zeit um die 50.000 Gedanken durch den Kopf schießen. Das sind 50.000 Fallstricke, um uns selbst fertig zu machen oder aber 50.000 Chancen, die wir für uns nutzen können. „Es ist der Gesundheit förderlich, also beschließe ich, glücklich zu sein"[24], sagte der französische Schriftsteller Voltaire, und obwohl diese Worte aus dem 18. Jahrhundert stammen, sind sie weiterhin aktuell und auch wir können diesen Beschluss heute fassen. Der Weg führt über die Gedanken, denn wie die Gedanken so die Gefühle, und wie die Gefühle, so die Gesundheit und unsere Lebensqualität.

Die meisten Gedanken verlaufen unbemerkt von ihrem Eigentümer und führen ein regelrechtes Eigenleben. Sie sind ziemlich zäh und oft negativ, setzen sich immer wieder durch und behaupten manchmal Dinge, die aus der dunklen Vergangenheit auftauchen und längst nicht mehr zu uns gehören oder die unsere Gegenwart durch Lug und Trug destabilisieren: Das kann ich nicht, das werde ich nie können – ich bin zu jung, zu alt, zu dick, zu dünn, alle Menschen sind gegen mich, das Leben ist ein Kampf, ich muss den anderen immer einen Schritt voraus sein.
Nach der Krebsdiagnose legen sie noch einmal rasant zu: Ich sterbe bestimmt, mir droht ein elendes Ende, die Therapie ist unerträglich und bringt nichts, mein Leben ist wertlos, ich bin ein hilfloses Opfer.

Mir kam es zuerst wie ein alberner Selbstbetrug vor, so als würde ich mir in die eigene Tasche lügen, als ich hörte, dass man negative Glaubenssätze loslassen und dafür solche wählen kann, die der Gesundheit förderlich sind. Ich sollte meinen Standpunkt A verlassen und nun plötzlich B denken? Das empfand ich als falsch, denn wie die meisten Menschen hielt ich meinen Standpunkt und die Glaubenssätze, die dahinter stehen, für die einzig richtigen. Tatsächlich sagen unsere Überzeugungen und Einstellungen aber mehr über uns und unsere Erfahrungen und Beschränkungen aus, als über die absolute, unantastbare Wahrheit, für die wir sie halten. Charles Baron de Montesquieu hat es auf den Punkt gebracht: „Wenn die Dreiecke sich einen Gott machen würden, würden sie ihm drei Seiten geben."[25]

Mir wurde klar, dass in der Regel A genauso wenig bewiesen und „wahr" ist, wie B. Ein Beispiel dazu aus unserem Seminar war die Frage nach dem Jenseits.

Dabei ist der schädlichste Glaubenssatz: Es gibt ein Leben im Jenseits und es wird schrecklich sein.

Neutraler wäre: Es gibt kein Leben nach dem Tod.

Und die der Gesundheit und dem Wohlbefinden zuträglichste Einstellung: Es gibt ein Leben nach dem Tod, und es wird mir dort gut gehen.

Da noch niemand aus dem Jenseits zurückgekommen ist, gibt es letztendlich keine Beweise für oder gegen die einzelnen Thesen. Und so ist es mit den meisten Gedanken, auf die das Beispiel übertragbar ist – etwa, was den Ausgang der Krebserkrankung betrifft. Also warum dann nicht die Variante wählen, die uns gut tut?

Jede Zelle weiß zu jeder Zeit, was ich denke und empfinde und ein kompliziertes Zusammenspiel von Regelkreisen macht daraus ein Ganzes, das der Gesundheit zu- oder abträglich ist. Jede Zelle weiß auch, wenn sie krank ist. Die Weisheit des inneren Arztes ist auf Heilung ausgerichtet und strebt stets ein Gleichgewicht der Körperfunktionen, die Homöostase, an. Bevor der Körper früher oder später zu diesem harmonischen Zusammenspiel zurückfindet – unterstützt oder behindert durch die Art unserer Gedanken – greift man im Krankheitsfall gewohnheitsmäßig zu Medikamenten und schreibt diesen dann die Heilung zu, obwohl die Trophäe in der Überzahl der Fälle an die Selbstheilungskräfte des Körpers gehen müsste.

Schon im 2. Jahrhundert formulierte Marc Aurel: „Das Leben eines Menschen ist das, was seine Gedanken daraus machen."[26] Und dabei sollten wir nicht vergessen, dass Gesundheit und Krankheitsbewältigung ein wichtiger Teil dieses Lebens sind. Man glaubt nicht, was man sieht, sondern man sieht, was man glaubt, denn unsere tiefsten inneren Überzeugungen gestalten unsere Zukunft und werden uns im Äußeren gespiegelt. Ein plausibler Grund, sich für gesunde Einstellungen zu entscheiden.

Hierher passt auch die Technik der positiven Affirmationen, obwohl sie nur in abgewandelter Form ein Bestandteil der Patientenwoche war. Wir sind ständig mit uns selbst im Dialog – Ihren eigenen Worten lauschen Sie mehr als denen jedes anderen Menschen – und diese inneren, oft gar nicht wahrgenommenen Kommentare sind meistens negativ. Mit bewusst gewählten kurzen Sätzen, Formeln oder einzelnen Wörtern, positiven Affirmationen eben, gibt man dem inneren Geplapper eine positive Richtung und kann schnell eine veränderte Geisteshaltung bewirken, die uns hilft, wieder Mut zu schöpfen und ein angestrebtes Resultat, wie Gesundheit, Kreativität und Selbstvertrauen zu erreichen. Positive Affirmationen führen zu einer positiven Lebenseinstellung.

Eine seit über 100 Jahren bewährte autosuggestive Formel geht auf den französischen Apotheker und Psychotherapeuten Emile Coué zurück und ist in ihrer Bandbreite quasi universell anwendbar:
„Es geht mir mit jedem Tag in jeder Hinsicht immer besser und besser."[27]
Coué hatte seinen Patienten aufgetragen, diesen Satz morgens und abends jeweils zwanzigmal wie eine Litanei zu wiederholen und bereits damals auf die höhere Wirksamkeit im Entspannungszustand verwiesen.
Zwei weitere wirksame Klassiker stammen aus dem Autogenen Training – dort „formelhafte Vorsätze" genannt:
„Ich bleibe geborgen."[28]

Beobachten Sie aufmerksam, was Sie denken, und wenn es in Richtung „Ich schaffe das nie, ich kann nicht mehr." geht, nehmen Sie es zunächst zur Kenntnis, denn den Gedanken ungeschehen zu machen, geht nicht und ihn zu unterdrücken kostet nur Energie. Sagen Sie sich stattdessen jedes Mal im Anschluss an diesen Gedanken:
„Ich schaffe es."[29]
Der Effekt wird nicht ausbleiben.
Diese Affirmationen kann man tagsüber immer und immer wiederholen, zumindest aber jedes Mal im Anschluss an den niederdrückenden Gedanken. Und, wie erwähnt, der Zugang zum Unterbewusstsein ist im Entspannungszustand erleichtert und erhöht damit die Effizienz der positiven Affirmationen. Probieren Sie es, und Sie werden erstaunt sein, wie viel Sie an Lebensqualität mit geringem Einsatz gewinnen können. Negative Gedanken lassen den Serotoninspiegel absinken und haben einen direkten Einfluss auf das Wohlbefinden, mit positiven Affirmationen können Sie dem entgegenwirken.

Zwei Affirmationen, die ich besonders liebe (deren Autor ich leider nicht kenne), lauten:
„Ich heile unabhängig von äußeren Gegebenheiten. Ich habe alles, was ich zur Heilung brauche, in mir." Und:
„Ich lasse meine Krankheitsbereitschaft los."[30]
Letztere hilft, die meist tief im Unterbewusstsein verborgene Überzeugung loszulassen, dass man Gesundheit eigentlich gar nicht verdient und es einem im Grunde recht geschieht, krank geworden zu sein.
In den Büchern von Louise Hay findet man eine große Anzahl von Affirmationen für jeden Anlass.
Im Folgenden eine Auswahl von Vorschlägen aus dem Buch „Diagnose Krebs" von Greg Anderson:
Ich fühle mich wohl in meiner Haut.
Ich bin offen für grenzenloses Wohlbefinden.

Ich bin dankbar für den heutigen Tag.
Ich fühle mich wohl, jetzt, in diesem Augenblick.
Mein Körper kann Wunder vollbringen. (Wobei ich der Formulierung „Mein Körper vollbringt Wunder" den Vorzug geben würde.)

Positive Affirmationen kann man den eigenen Bedürfnissen
angepasst in jeder Lebenslage selbst formulieren, denn sie
sind für jeden Menschen und in jeder Situation wirksam. Zwei
Dinge sind dabei zu beachten:

Das gewünschte Ergebnis in der Gegenwart formulieren, als
wäre es bereits erreicht.
„Ich bin gesund und glücklich."
(nicht: „Ich werde gesund und glücklich sein.")

Das gewünschte Ergebnis nicht verneinend formulieren.
„Ich bin mutig."
(nicht: „Ich lasse mich nicht entmutigen.")

„Mein Immunsystem arbeitet kompetent."
(nicht: „Mein Immunsystem hat keine Probleme.")

In unserem Seminar richteten wir unser Augenmerk auch auf
den so genannten „sekundären Krankheitsgewinn". Jede
Krankheit, und Krebs umso mehr, bringt neben Leid auch
gewisse Vorteile mit sich. Man hat mehr Zeit für sich und erlaubt sich endlich, wonach man früher zwar das Verlangen,
aber nicht den Mut hatte. Die Worte „Ich bin krank", öffnen
Tür und Tor zum Verständnis der Umwelt und machen den
Weg frei, sich von ungeliebten Verpflichtungen zu befreien.
Sie transportieren stellvertretend für mich mein „Nein", das
ich sonst nicht über die Lippen gebracht hätte. Einem Kranken nimmt auch niemand sein in gesunden Tagen verschwie-

genes Bedürfnis nach Hilfe und Zuwendung übel, und er selbst findet es leichter, dieses Bedürfnis anzumelden. Es ist wichtig herauszufinden, worin dieser Krankheitsgewinn besteht und sich dann klar zu machen, dass es nicht nur im Krankheitsfalle, sondern immer richtig und wichtig ist, seine Bedürfnisse zu respektieren; dass man ein Recht darauf hat, sein Leben mit dem zu füllen, was ihm Sinn gibt und Freude bereitet. Wenn wir die Krankheit als Entschuldigung brauchen, weil wir glauben, dass wir uns dieses Verhalten ansonsten nicht erlauben können und wir das alles nicht verdienen, werden wir ein unbewusstes Interesse daran haben, weiterhin krank zu bleiben.

In den Zweijahres-Gesundheitsplan in unserem Handbuch trugen wir ein, was wir zum Erhalt oder zur Wiedererlangung unserer Gesundheit beitragen wollten: Sport, Meditation, Visualisierungsübungen, Entspannungstechniken und alles, was unser Leben sinnerfüllt und froh macht. Der Plan sollte uns dabei helfen, diese Dinge nicht aus den Augen zu verlieren und uns darüber hinaus das beruhigende Gefühl vermitteln, „etwas zu tun" für unsere Gesundung. Unsere Eintragungen dazu, was wir praktizieren wollen und wie oft, sollten wir ganz bescheiden und mit Blick auf die Realität am unteren Ende der Skala des Machbaren ansiedeln, um Erfolgserlebnisse zu erzielen und Überforderung und Misslingen keine Chance zu geben.

Trotz größtem Interesse an den Vorträgen wartete ich auf die immer wieder eingelegten Pausen, in denen man bei einer Tasse Kaffee oder Tee, auf Wunsch mit Kuchen, Gelegenheit zum Meinungsaustausch über das Vorgetragene hatte. Regelmäßig setzten wir uns auch in kleinen Arbeitsgruppen zusammen, in denen Theorie und Praxis sich begegneten und sich jeder mit seinen Gedanken einbringen konnte.

Ich wusste es zu schätzen, dass man sich auch einen Termin für ein persönliches Gespräch mit Dr. Simonton geben lassen und ihm alle Fragen stellen konnte, die bis dahin noch keine Beantwortung gefunden hatten. Ich machte ausgiebig Gebrauch davon, um meiner Visualisierungsübung den letzten Schliff zu geben. Dabei hatte ich meine vielen Fragen in einer Liste vorher als Gedächtnisstütze notiert, und Dr. Simontons weise Antworten sind mir heute noch Richtschnur für mein Leben.

Ich war fasziniert von diesem hellwachen, intensive Ruhe ausstrahlenden Mann, der sich ganz auf seine Gesprächspartner einstellte und dem doch gleichzeitig nichts zu entgehen schien, was währenddessen um ihn herum vor sich ging.

Nach der Erwähnung von Kaffee und Kuchen bietet es sich an, das Thema Ernährung bei Krebs anzuschneiden. Sind viele Krebspatienten schon von widersprüchlichen Ratschlägen ihre Krankheit betreffend verunsichert, so scheint sich bei der Frage der Ernährung gar kein gemeinsamer Nenner mehr zu finden. Dieses Thema fand bei der Patientenwoche wahrscheinlich aus diesem Grund auch kaum Vertiefung.

Alle sind sich einig, dass gesunde Ernährung wichtig ist, aber sobald es daran geht, zu definieren was „gesund" bedeutet, laufen die Theorien aus dem Ruder und weichen nicht nur teilweise erheblich voneinander ab, sondern propagieren mitunter das genaue Gegenteil. So findet man Bücher und Berichte, in denen Menschen ihr Gesundwerden darauf zurückführen, dass sie nur Rohkost zu sich nahmen, während andere behaupten, nur weil sie nie Rohkost gegessen haben, gesund geworden zu sein.

Natürlich spielt auch hier das Glaubenssystem eine Rolle, und darum ist es in der Ernährung wie auch sonst wichtig, das für sich selbst als richtig erkannte in die Tat umzusetzen. Ängstliches Kontrollieren jedes Bissens einer rigiden Diät, gefolgt von Schuldgefühlen bei Zuwiderhandlung und Essen ohne Genuss und Freude sind aber in keinem Fall bekömmlich. Weder Krebserkrankung noch Genesung davon sind ein monokausales Geschehen und die Sichtweise, man müsse nur bestimmte Lebensmittel essen bzw. meiden und schon wird man krank bzw. wieder gesund, wird der Wahrheit nicht gerecht und erhöht den Druck auf den Patienten. Der dabei entstehende Stress schadet mit Gewissheit.

Mit Interesse lauschte ich Dr. Simontons Ausführungen, dass in jedem Menschen als Teil seiner Natur ein Schatz an Weisheit steckt, der uns auf dem Weg der Heilung hilfreich sein kann. Im Anschluss an eine Entspannungsübung versuchten wir dann, mit dieser von manchen Autoren (kollektives) Unterbewusstsein, von anderen Schutzengel oder Intuition, genannten inneren Weisheit in Verbindung zu kommen. Man formuliert eine Frage zu einem Thema, auf das man eine Antwort sucht. Über das in Bildern kommunizierende Stammhirn, dem ältesten Teil unseres Gehirns, steigen spontan oder auch zu einem späteren Zeitpunkt Ideen und Impulse auf, zu denen man über den Intellekt (in einem erst viel später entwickelten Teil des Gehirns angesiedelt) keinen Zugang hat. Ein Gradmesser dafür, ob die Antworten wirklich die benötigte Hilfe widerspiegeln, sind unsere Gefühle, die uns „Das ist zweifelsfrei das Richtige für mich", signalisieren. Dann ist es wichtig, auch danach zu handeln.
Die Erfahrung, dass wir immer auf Hilfe aus unserem Inneren als auch von außen kommend zählen können, ist bedeutsam, denn sie nährt das wichtige Konzept der Hoffnung.

Ich beschloss bereits während des Seminars, mir mein Leben in Zukunft zu erleichtern und jede Art von Hilfe anzunehmen. In Klammern sei bemerkt, dass ich, als ich das später auch in die Tat umsetzte, im Nachhinein verstand, warum ich so oft resigniert und eben nicht um Hilfe gebeten hatte. Nicht jeder Angesprochene war nämlich begeistert, diese auch zu leisten. Nach der erneuten Auseinandersetzung mit diesem Thema während der Patientenwoche versuchte ich es noch einmal. Dr. Simonton hatte uns ja erklärt wie wichtig es ist, Hilfe anzunehmen und sich nicht alle Mühsal selbst aufzuladen.

„Du musst nicht immer gleich einen Rückzieher machen. Wann haust du endlich einmal auf die Pauke?", hatte meine Freundin Gisela mein sofortiges Zurückweichen kommentiert, immer wenn ich spürte, dass ich nicht erwünscht war mit meinem Hilfeansinnen.

Jetzt konnte ich erfreut feststellen, dass ich etwas dazugelernt und an Selbstbewusstsein gewonnen hatte. Wenn ich bei meinem neuen Anlauf auf Ablehnung stieß, gelang es mir nun immer öfter, mit mehr Nachdruck um die benötigte Hilfe zu bitten. Das Resultat war so manches Mal, dass ich nicht nur die Unterstützung, die ich brauchte doch noch erhielt, sondern darüber hinaus ein Prozess in Gang kam: Mein Gegenüber begann seine nicht selten zur Gewohnheit erstarrte, ablehnende Haltung aufzugeben. So waren wir letzten Endes gleichzeitig Gebende und Empfangende, und unser beider Leben kam wieder in Fluss.

Früher verstand ich nie, warum so viel Aufhebens vom Tod gemacht wurde. Für mich war es etwas ganz Natürliches, dass andere starben, doch mich selbst hielt ich irgendwie für unsterblich. Wahrscheinlich, weil ich es auch bin, weil wir alle es sind. Wenn man sich aber mit einer schweren Krankheit auseinandersetzt, kann man der Konfrontation mit der körperlichen Endlichkeit, der Begrenztheit unseres Erdenlebens, nicht mehr ausweichen. Diese Auseinandersetzung beinhaltet ein schweres Lernen, Schritt für Schritt. Meinen schlimmsten Moment erlebte ich, als mir plötzlich mit ziemlicher Brutalität klar wurde: Auch wenn der Krebs mich nicht dahinrafft, so ist mir alle Zeit doch nur gestundet. Diese unausweichliche Vergänglichkeit wurde mir ganz krass bewusst und es lebt sich nicht immer leicht, mit diesem „todsicheren" Wissen.

„Es ist in Ordnung, Pläne zu machen als sei das Leben endlos, solange man bereit ist, noch heute zu sterben", sagte Carl als Einleitung zu unserer nächsten Übung. „Na ja", dachte ich, „man kann ja dran arbeiten". So weit war ich noch lange nicht, zumindest was den zweiten Teil betraf.

Wir stellten uns in dieser Übung unseren eigenen Tod so realistisch wie möglich vor, und dabei sollten wir der Frage nachgehen, was wir im Angesicht des nahen Todes noch tun oder mit wem wir noch sprechen wollten. Ich kannte diese Übung, deren Sinn es ist, die in der Angst vor dem Tod gebundene Energie für die Heilung zu gewinnen aus dem Buch „Wieder gesund werden" und freute mich gar nicht darauf, sie zu machen. Aber unser aller Vorstellungskraft war gnädig mit uns, wir alle hatten unsere Begegnung mit unserem eigenen Tod, wie wir nachher im Austausch feststellten, im reifen Alter – ganz weit weg vom Jetzt. Der danach zu spürenden Heiterkeit nach zu urteilen, hatte die Übung aber ihre Wirkung getan und einiges in uns entkrampft.

Ein Kapitel von großer Wichtigkeit auf dem Weg zur Gesundung ist die Vergebung, und dieses Thema stand jetzt auf unserem Stundenplan.

Wohl jeder Mensch hat schmerzhafte Erinnerungen an viele kleine und große Verletzungen tief in sich begraben. Wir alle sind schon alten Menschen begegnet, die noch immer unter in der Kindheit erlittenen Ungerechtigkeiten leiden und bei passender Gelegenheit davon erzählen, als wäre alles eben erst passiert.

Das Loslassen von Groll ist aber für Gesundheit und Wohlbefinden sehr wichtig, das haben viele Studien gezeigt. „Es muss einer den Frieden beginnen, wie einer den Krieg"[31], sagt

Stefan Zweig, und dieser eine kann ich sein und können Sie sein.

Wenn Sie glauben, Sie können nicht verzeihen, dann fangen Sie doch einfach einmal damit an, sich zu wünschen, dass Sie es können und dann so zu tun, als ob Sie es könnten. Wünschen Sie den Menschen, die Sie beleidigt und verletzt haben, innerlich alles Gute. Wünschen Sie ihnen das, was diese sich selbst am meisten wünschen.

Sie finden, das haben diese Menschen nicht verdient? Machen Sie sich klar, dass Sie selbst es sind, der mit Hass im Herzen Tag für Tag sein Leben vergiftet – haben Sie das verdient – während der andere vielleicht nicht einmal weiß, wie sehr er Sie verletzt hat? Machen Sie sich aber auch klar, dass Sie Glück und Frieden in sich verspüren werden, wenn Sie die Hassgefühle losgelassen haben. Also, es ist schon im Interesse unserer eigenen Gesundheit, dass wir diese alten Schinken begraben, denn sie haben längst ihr Haltbarkeitsdatum überschritten.

Wir wissen, dass das nicht von heute auf morgen geht, aber steter Tropfen höhlt den Stein. Und eines Tages sind wir dann von dieser Last erleichtert und schleppen sie nicht mehr mit uns herum.

Nicht nur wir tun uns schwer damit, auf die zuzugehen, die uns verletzt haben. In der Bibel wird im Kapitel „Von der Pflicht zur Vergebung"[32] (Mt 18,21-22) von Petrus berichtet, und wir können uns fast das Stöhnen in seiner Stimme vorstellen, als er die Frage an Jesus richtet: „Wie oft muss ich meinem Bruder vergeben, wenn er sich gegen mich versündigt? Sieben Mal?" Und seinen erstaunten Blick auch, nachdem er die Antwort bekam: „Nicht sieben Mal, sondern siebenundsiebzig Mal." Das heißt: wieder und wieder, immer wieder, immer.

Es kann hilfreich sein, wenn wir uns vergegenwärtigen, dass auch wir Vergebung von unseren Mitmenschen nötig haben.

Jeder trägt seine Wunden innen, und so wissen wir nicht, wie oft und wie tief wir andere verletzt haben, denn viele Menschen lassen sich ja nichts anmerken und setzen, wenn sie dazu noch in der Lage sind, eine unbekümmerte Miene auf.

Sie glauben, Sie hätten niemandem Anlass gegeben, tief verletzt zu sein? Da könnten Sie schief liegen, weil Sie dabei nämlich davon ausgehen, dass das, was Sie selbst verletzt, auch andere verletzt. Es kann aber ein Wort oder eine Tat gewesen sein, die Sie selbst locker weggesteckt hätten, die dem anderen Menschen jedoch sehr weh getan hat, weil er ganz andere Wertvorstellungen hat.

Wir können ja auch die Gefühle tiefer Angst oder Verzweiflung eines anderen Menschen, der gerade eine Krebsdiagnose gestellt bekommen hat, nicht authentisch nachempfinden. Diese Aussage trifft sogar dann zu, wenn wir selbst durch diese Erfahrung gegangen sind.

Jeder Mensch ist einzigartig, und darum ist das, was wir empfinden und artikulieren, wenn ein anderer beispielsweise über seine Krebsdiagnose spricht, nicht unbedingt identisch mit dem Empfinden unseres Gegenübers. Es spiegelt vielmehr das wider, was wir selbst zu diesem Thema denken und empfinden. Es ist immer unsere eigene Angst, der wir da begegnen.

Die Gefühle, die wir bei unserem Gegenüber vermuten, das selbst alles im Lichte seiner von unzähligen individuellen Erfahrungen geprägten Existenz sieht – und die Antwort, die wir dementsprechend geben – werden immer stark von unserem eigenen Empfinden verfälscht sein. Verfälscht insoweit, als unsere Antwort ganz anders ausfallen kann, als es dem anderen Menschen lieb ist, zumindest aber so, dass sie seine Befindlichkeit verkennt. Weil unsere Reaktion aber im Einklang mit dem war, was in unserem Weltbild stimmig und angemessen ist, haben wir auch automatisch das Gefühl, dass wir das „Richtige" gesagt haben.

Von Paganini wird berichtet, dass er nichts zu essen bekam, bevor er nicht acht Stunden Geige geübt hatte. Als er selbst ein Kind hatte, verbot er ihm, eine Geige auch nur in die Hand zu nehmen. Automatisch übertrug er seine Gefühle auf sein Kind und unterstellte ihm, dass es so denken und fühlen müsse wie er selbst.

Ein alltäglicheres Beispiel lieferte eine Frau, die als Kind darunter gelitten hatte, dass ihre Mutter ihr nie bei den Schulaufgaben geholfen hatte. Ihrerseits legte sie nun größten Wert darauf, ihrem eigenen Sohn diese Betreuung angedeihen zu lassen. Dieses Kind könnte vielleicht ganz gegensätzlich denken und eine derartige Hilfe als lästige Zumutung empfinden, aber wir gehen davon aus: Was uns gut tut, tut auch anderen gut; was wir uns wünschen, wünschen sich andere auch; was uns verletzt, verletzt auch andere. In diese Falle tappen wir unentwegt.

Ein Problem wird daraus, wenn wir uns dessen nicht bewusst sind, weil wir uns in diesem Fall ständig auf die Schulter klopfen und davon ausgehen, immer alles „richtig" zu machen, während wir anderen dick ankreiden, wenn sie uns gegenüber alles „falsch" zu machen scheinen. Letztendlich ist die Wirklichkeit aber so, dass ich eigentlich immer etwas über mich selbst, mein Empfinden und mein Weltbild aussage, während ich glaube, mich in den anderen hineinversetzt zu haben.

Wenn wir bereit sind, unseren Blickwinkel zu verlagern, wird uns klar, dass sehr viele Verletzungen aus Missverständnissen aufgrund mangelhafter Kommunikation entstehen, und dass auch wir daran einen Anteil haben. „Wo die Kommunikation aufhört, fängt die Gewalt an."[33] (Mahatma Gandhi), und diese Gewalt kann viele Formen annehmen. Wenn es uns gelingt, uns und unsere Beziehungen aus einer veränderten Perspektive wahrzunehmen, kann uns das den für unsere Gesundheit so wichtigen Weg in Richtung Vergebung ebnen, denn es befreit uns aus der Ohnmacht der Opferrolle. Dabei ist Vergebung ein innerer Zustand. Man muss die Sache nicht von Angesicht zu Angesicht mit dem anderen bereinigen. Es bedeutet auch nicht, schädliche Beziehungen weiter aufrecht zu halten.

Vielleicht gehören Sie zu den Menschen, die immer nur für andere da waren, in der Hoffnung, eines Tages dafür Anerkennung zu finden. Da aber alles, was Sie ernteten, Undank und Schmäh waren, glauben Sie nun, ein Recht auf Groll zu haben. Wenn Sie unterstellen, dass nur Ihnen so etwas passiert, finden Sie vielleicht Trost in der folgenden Geschichte: Im Kapitel über den dankbaren Samariter[34] (Lk 17,11-19) wird erzählt, wie Jesus zehn Aussätzige heilt, aber nur einer von ihnen kommt zurück, um Jesus für seine Heilung zu danken. Nur einer von zehn hält ein Dankeschön für das ja nicht alltägliche Geschehen einer Heilung für notwendig. Auch Jesus fand, dass da etwas im Argen lag, denn er fragte: „Wo sind die übrigen neun?" An keiner Stelle in der Bibel findet sich aber ein Hinweis, dass das für Jesus Anlass war, Groll gegen diese Menschen zu hegen. Wenn wir daran denken, dass uns zwei Jahrtausende von den beiden vorgenannten Ausflügen in die biblische Geschichte trennen, bekommen wir eine Ahnung davon, dass die menschlichen Probleme ziemlich gleich geblieben sind, und was den Menschen damals schwer fiel, fällt uns heute immer noch nicht leichter.

Das Thema Vergebung beginnt aber letztendlich bei uns selbst und um uns den Weg der Heilung zu erschließen ist es von Bedeutung, uns selbst zu vergeben. Uns selbst vergeben, dass wir uns nicht so lieben und annehmen wie wir sind und das Leid und den Schmerz, den wir dadurch auf uns laden; wenn uns das gelingt, wird es uns im Übrigen auch die Tür öffnen, die Mitmenschen in ihrem Anderssein – Anderssein als wir es wünschen – anzunehmen.

Wenn wir zurückdenken und unsere in der Vergangenheit vermeintlich oder wirklich gemachten Fehler vom heutigen Standpunkt aus be- und verurteilen, vergleichen wir Kreise mit Dreiecken und tun uns damit ein großes Unrecht an, denn damals lebten wir in anderen Gefühls- und Erkenntniswelten und hatten nicht das heutige, sondern ein dieser Lebensphase entsprechendes Verhaltensrepertoire und Wissen zur Verfügung. Anders zu handeln war somit unmöglich. Wir werfen uns ja heute auch nicht vor, dass wir im Kindergarten nicht eins und eins zusammenzählen konnten.

Schuldgefühle lassen uns ständig um uns selbst kreisen und ziehen uns in einer Abwärtsspirale ins Dunkel. Sie entziehen der Gegenwart den Sauerstoff und ersticken das Leben im Hier und Jetzt, wobei unser ständiges, vergebliches Bemühen, das Vergangene ungeschehen zu machen, uns die Kraft abzieht, die unserer Heilung hätte zugute kommen können.

Wir lauschten Dr. Simontons Vorträgen, die soviel Mut machten, und das war es ja, was ich hier suchte: Die Inspiration und Kraft für den holprigen Weg in Richtung Genesung, die ich in der Schulmedizin nicht nur nicht fand, sondern die von ihr nur allzu oft geradezu niedergetrampelt wurde.

Ich habe den von Vertretern der Schulmedizin immer wieder gemachten Vorwurf gegen Dr. Simonton und seine Methode nie verstanden, wonach die mutmaßliche Rückverfolgung, wie der Krebs entstehen konnte – unter Einbeziehung des Parts, den der Patient dabei innehatte – dem Patienten die „Schuld" an seiner Krebserkrankung in die Schuhe schieben soll. Das ist die Verdrehung eines positiven Faktums ins Negative. Denn in Wirklichkeit haben wir es hier mit der hoffnungsvollen Botschaft zu tun, dass der Patient, ebenso wie er an der Krebsentstehung mitgewirkt hat – Mitwirkung im Sinne von schädlichen Denk- und Verhaltensmustern – auch tatkräftig am Heilungsprozess mitwirken kann. Das hat etwas mit Eigenverantwortung zu tun anstatt alles den Ärzten aufzubürden. Am viel kritisierten „Halbgott in Weiß"-Image hat so mancher Patient mit seiner „Nun machen Sie mich mal wieder gesund, Herr Doktor"-Haltung fleißig mitgemeißelt. Dieser Überhöhung der gar nicht in der Vollmacht des Arztes liegenden Erfüllung von Wünschen und Ansprüchen folgt unter Umständen der tiefe Fall – desto tiefer, je höher der Halbgott-Sockel war, auf den man den Arzt gestellt und ihn mit einer vermeintlichen Omnipotenz überfordert hat. So kommen letztlich Verantwortung übernehmen und Erwachsenwerden des Patienten beiden Seiten zugute.

Zu Beginn seiner Arbeit auf Grundlage psycho-neuro-immunologischer Erkenntnisse arbeitete Dr. Simonton ausschließlich mit Patienten, die von der Schulmedizin aufgegeben worden waren und sich von ihr nichts mehr erhoffen konnten. Die dabei erzielten Ergebnisse können sich sehen lassen und sind in seinem Buch nachzulesen.

Zwischen den Vorträgen standen Meditationen auf dem Programm und wir machten Visualisierungsübungen – ein wichtiger Teil der Simonton-Methode – wobei man sich das gewünschte Ergebnis, die Wiedererlangung der Gesundheit, als bereits geschehen vorstellt. Das gibt dem Körper sozusagen die Marschroute vor, in die er sich bewegen soll.

Man beginnt mit einer Entspannungsübung, denn in der Entspannung ist der Körper aufnahmebereiter. Die Art, wie Sie diese Entspannung erlangen, ist dabei nicht von Bedeutung. In deutschen Breitengraden bietet sich zum Beispiel das auf einen Deutschen, Dr. J. H. Schultz, zurückgehende, äußerst wirksame Autogene Training an, das man an Volkshochschulen mühelos und relativ schnell erlernen kann.

Wenn Sie das Glück haben, die in Deutschland nach einer Krebsbehandlung angebotenen Kuren wahrzunehmen, wird auch dort meistens der Einstieg in das Autogene Training möglich sein. Autogenes Training stellt eine exzellente Entspannungsübung dar, die bei regelmäßigem Praktizieren nicht mehr als ein paar Minuten in Anspruch nimmt, bei beeindruckenden Ergebnissen. Diese zu tiefer körperlicher und seelischer Entspannung führende Technik ist natürlich nicht an die Visualisierung gebunden, sondern lässt sich unabhängig davon fast überall mit minimalem Zeitaufwand zum Stressabbau praktizieren. Sie hat daher schon einen Wert an sich bei der Krankheitsbewältigung.

Hat man den Entspannungszustand erreicht, sieht man sich an einem Ort, real oder imaginär, an dem man sich sicher und beschützt fühlt.

Dann stellt man sich den Krebs bildlich vor und wie die Therapie ihre erwünschte Wirkung entfaltet. Die schwachen, verwirrten Krebszellen werden unschädlich gemacht, während die gesunden Zellen stark und intelligent sind. Sie nehmen die Chemotherapie nicht so bereitwillig auf und sind in der Lage, entstandene Schäden wieder zu reparieren.

Die in Scharen an den Ort des Geschehens eilenden weißen Blutkörperchen erkennen und zerstören die Krebszellen und diese werden auf natürlichem Wege ausgeschieden. Die Krebsgeschwulst schrumpft und verschwindet schließlich ganz. Zum Abschluss der Visualisierung erweckt man durch entsprechende Bilder das Gefühl in sich, wieder ganz gesund in einem sinnvollen Leben zu stehen.

Das alles kann man sich anatomisch korrekt vorstellen oder aber seine Phantasie benutzen. Es ist nur wichtig, die Krebszellen als schwach und verwirrt und das Immunsystem als stark zu visualisieren, das dem Krebsgeschehen ohne Zweifel überlegen ist.

Wenn Sie dem gar nichts abgewinnen können oder Sie sich fragen, wie so etwas funktionieren kann, stellen Sie sich einfach vor – und dabei sind Sie schon mittendrin im Visualisieren – Sie würden in eine Zitrone beißen. Schließen sie die Augen und schneiden Sie im Geiste eine dicke Scheibe ab, halbieren Sie diese und beißen Sie beherzt hinein. Fühlen Sie, wie Ihre Mundschleimhaut reagiert? Der Körper merkt nicht, dass dies nur in Ihrer Vorstellung passiert, da das Gehirn nicht zwischen Illusion und Wahrheit unterscheiden kann, er reagiert so, als ob Sie tatsächlich in die Zitrone beißen.
Es ist ja so, dass wir ständig visualisieren, dazu braucht man gar keinen Kursus zu besuchen. Wenn wir eingeladen sind und uns schon bei Kaffee und Kuchen um den Tisch sitzen sehen, wenn wir eine Reise machen und den Strandspaziergang oder ein Gespräch schon im Geiste vorwegnehmen, ist das nichts anderes als Visualisieren. Allerdings scheint der mühelose Weg des geringsten Widerstandes uns oft in die Negativität zu entführen, und dann ist Schwarzsehen die Folge: Wenn wir einen Nachsorgetermin haben und gleichsam hören, dass der Arzt uns nicht nur Gutes mitteilen wird, wenn wir ein Vorstellungsgespräch haben und unseren vermeintlichen Misserfolg in inneren Bildern schon vorwegnehmen oder wenn wir einen Parkplatz suchen und schon lange vorher „sicher" sind, dass ihn uns jemand vor der Nase wegschnappen wird. Oder wenn wir uns im Geiste ausmalen, welchen schlimmen Ausgang unsere Erkrankung nehmen wird, obwohl das doch niemand voraussagen kann. Da bringt uns die Übung mit bewusstem, gelenktem Visualisieren wieder auf den richtigen Weg.

Übrigens sollte uns das Vorgesagte veranlassen, öfter in unseren Köpfen nachzuforschen, welchen Gedanken wir so den lieben langen Tag nachhängen, denn wenn wir Stresssituationen gedanklich immer wiederholen, werden entsprechende

Stresshormone in unserem Körper ausgeschüttet, so als ob wir diese Situation real erlebten. Das heißt natürlich nicht, dass man nicht auch solche Erlebnisse gedanklich klären sollte, wenn Sie aufsteigen, aber das ständige Verharren dabei sollten wir uns selbst zuliebe unterlassen.

Schauen wir immer einmal wieder nach, welcher Film gerade in unserem Kopf läuft. Falls es „Ich sterbe bestimmt an dieser Krankheit" ist oder „Ich bin dieser Krankheit hilflos ausgeliefert" oder „Ich habe kein Recht darauf, so zu sein wie ich bin und so zu leben, wie es mir entspricht, ich muss immer andere an erste Stelle setzen und meine eigenen Wünsche und Bedürfnisse zurückstellen, sonst bin ich ein schlechter Mensch und niemand wird mich lieben", dann beenden wir die Vorstellung und werfen diesen Film ein für allemal dorthin, wo er hingehört: auf den „Schuttabladeplatz der Zeit". Und dann ist der Projektor frei für neue Filme, die gut tun. Die Entscheidungsfreiheit, welchen Gedanken wir in unserem Kopf Platz einräumen wollen, liegt bei uns.

Wie weitreichend die Auswirkungen von Visualisierungsübungen sind und die ungeheure Kraft, die in ihnen steckt, zeigt ein Beispiel aus meiner eigenen Geschichte.

Vor Beginn der Chemotherapie hatte mich der Onkologe auf meine Frage hin, was ich tun könne, um meine Haarpracht zu retten, darüber aufgeklärt, dass es Therapien gibt, bei denen die Haare gar nicht ausfallen. Bei anderen Medikamentencocktails ist die Reaktion individuell verschieden, einige Patienten reagieren mit Haarausfall, andere nicht. Und dann gab es die auf meinem Behandlungsplan stehende Gruppe von Antizystatika, bei der alle Patienten die Haare verlieren. „Egal, was Sie dagegen unternehmen", so Dr. A. Daraufhin kaufte ich mir eine tolle Wuschelkopf-Perücke, die ich zunächst einmal in der Schublade verstaute, obwohl ich damit besser aussah als ohne.

Infolge meines belehrungsresistenten Naturells machte ich aber nichtsdestotrotz und voller Enthusiasmus weiter meine Visualisierungsübungen, auch wenn mir die Zeit davonlief und ich die von Greg Anderson im Vorfeld der Behandlung empfohlenen hundertmal nicht erreichte. An der Stelle der Visualisierungsübung, an der es heißt „wie die Therapie ihre erwünschte Wirkung entfaltet" stellte ich mir vor, dass die Flüssigkeit zwar den Krebs zerstört, an meinen Haarzellen aber abperlt wie Wasser an den Federn einer Ente. Am Ende der Visualisierung sah ich mich vor meinem inneren Auge frohen Mutes und mit von allen bewundertem, vollem Haarschopf durch die Welt gehen.

Der Lohn für das viele Üben und die investierte Zeit war außer verbessertem Allgemeinbefinden und drastischer Einschränkung von Nebenwirkungen auch der Erhalt meiner Haare. Einige Ausreißer, die das Weite gesucht hatten, gab es zwar, und die Schönheit meiner langen Haare, auf die mich dann und wann sogar Fremde angesprochen hatten, war erst einmal dahin. Das Gesamtbild war aber hinreichend akzeptabel, so dass meine attraktive Perücke gar nicht zum Einsatz kam.

Gerade wegen meiner schönen, langen Haare versuchte man mir von mehreren Seiten im Vorfeld der Chemo die angeblich weniger deprimierende Variante „kurzer Prozess" schmackhaft zu machen; ich sollte mich freiwillig von meinen Haaren trennen, bevor die Therapie ihnen den Garaus machte. Das widerstrebte mir aber, und lange hielt ich dagegen, bis ich schließlich doch einwilligte.

Es ergab sich, dass wir alle vier – Mike, Daniel, Christopher und ich – zur gleichen Zeit beschlossen, zum Frisör zu gehen. Als der Frisör uns zu viert ankommen sah, blickte er auf die Uhr und meinte, auf diesen Massenandrang sei er personalmäßig so kurz vor Geschäftsschluss nicht mehr vorbereitet, so dass wir unverrichteter Dinge wieder den Rückweg antraten.

Zu einem nochmaligen Versuch konnte ich mich aber nicht aufraffen, und so blieben die Haare dran. Erst einige Monate nach Beendigung der Chemotherapie entschied ich mich dann für einen flotten Kurzhaarschnitt.

Mein Onkologe freute sich nicht mit mir. Er hielt sich bedeckt und schwieg mir gegenüber zu diesem ganz und gar ungewöhnlichen Verlauf, geschweige denn stellte er mir Fragen, ob oder was ich unternommen hatte. In seinem medizinischen Bericht fand er es aber anscheinend wichtig genug und erwähnte ausdrücklich die Tatsache, dass ich meine Haare nicht verloren hatte.

Zur Erhebung der Anamnese (Krankheitsvorgeschichte) bei Antritt meiner Kur fragte mich der Arzt auch nach der Chemotherapie, die ich erhalten hatte. Ich reichte ihm meinen Zettel mit der genauen Bezeichnung, worauf er entgegnete: „Das kann nicht sein, Sie haben ja Ihre Haare noch." Und als ich meine Behauptung bekräftigte, meinte er, ich sei für ihn der erste Fall, bei dem die Haare nicht ausgefallen seien.

Ich finde es schade, dass man den gewaltigen, uns zur Verfügung stehenden Geisteskräften, wie sie beispielsweise in der Visualisierungstechnik zur Anwendung kommen, nicht die Anerkennung zollt, die ihnen zusteht. „Noch nicht mal ignorieren" scheint dazu die Devise bei Diskussionen in den Medien zum Thema Krebs zu sein; stattdessen wird gebetsmühlenartig immer dasselbe wiederholt. Es ist offensichtlich, dass nicht sein kann, was nicht sein darf. Anders lässt es sich nicht erklären, dass ein Arzt nicht einmal nachfragt – dass kein Arzt nachfragte – worauf ich dieses Phänomen des Haarerhalts selbst zurückführte.

Wenn ein Buchhalter das Konto nicht ausgleichen kann, wird er nach einer Erklärung suchen. Wenn ein Bauer eine unerwartet hohe Ernte einfährt, stellt er sich Fragen, wie es dazu kam, um seinen Erfahrungsschatz zu vergrößern und ihn in seine künftigen Überlegungen einzubeziehen. Wie ist es möglich, dass ich bei allem ungewöhnlich Verlaufenem, das in diesem Buch Erwähnung findet, nicht ein einziges Mal von einem Arzt gefragt wurde, ob ich Weiteres neben der schulmedizinischen Behandlung unternommen habe? Dass hieße ja noch lange nicht, dass der Arzt meinen Theorien Glauben schenken oder sie sich gar zu eigen machen müsste. Aber bei jedem, der seinen Beruf ernst nimmt, erwartet man ein forschendes, waches Interesse an allen Ausnahmen von der Regel, zwecks Erweiterung von Erfahrung und Verständnis. Von einem Arzt erwarte ich das umso mehr, und wenn ihm selbst daran nicht gelegen ist, sollten ihm seine anderen Patienten immerhin so sehr am Herzen liegen, dass er ihre Anliegen stellvertretend für sie wahrnimmt. An Zeitmangel kann es nicht gelegen haben. Eine Frage wäre in zwei Sekunden gestellt, und auch eine sich auf die angewandte Methode beschränkende Kurzantwort wäre in diesem Zeitraum möglich gewesen. Auch als ich die Initiative ergriff und selbst dieses Thema anschnitt, zeigte der Onkologe kein Interesse, wie später noch zu lesen sein wird.

Unser lehrreiches Seminar nahm seinen Lauf. Auf dem Stundenplan stand jetzt das Thema Sport und die wichtige Rolle, die ihm beim Erhalt oder Wiedererlangen unserer Gesundheit zukommt. Sport übt einen positiven Einfluss auf das Immunsystem aus und vermindert das Risiko eines Rückfalls. Er fördert das Selbstbewusstsein und ist ein echter Stimmungsaufheller.
Selbst bei Bettlägerigkeit ist Sport möglich, indem man zum Beispiel Arm- und Beinmuskeln an- und entspannt und Hände und Füße bewegt. So lässt sich nach und nach ein Kraftzuwachs aufbauen, der Mut macht und Körper und Seele zugute

kommt. Sprechen Sie mit Ihrem Arzt darüber, was Sie tun können und was Sie besser lassen.

Untersuchungen haben bestätigt, dass selbst Sport, der nur im Kopf stattfindet – also visualisiert wird – messbare Veränderungen im Körper hinterlässt. Wenn Menschen mit gebrochenem Bein und Gipsverband täglich visualisieren, wie sie einer sportlichen Betätigung nachgehen, reagieren ihre Muskeln darauf und die normalerweise nach Entfernen des Gipses festzustellende Muskelatrophie bleibt aus. Noch ein beeindruckendes Beispiel für die Wirksamkeit des Visualisierens.

Mit jedem Tag blühten die Teilnehmer, in deren Gesichtern bei der Ankunft oft Mutlosigkeit und Ängstlichkeit zu lesen war, zusehends auf und das unterstützende Verhalten von Dr. Simonton und seinen Mitarbeitern gab auch mir ein Gefühl von Hoffnung und Zuversicht. Mir wuchs Kraft zu und langsam baute sich mein durch die Erkrankung ramponiertes Selbstbewusstsein wieder auf. Das Wissen, dass Dr. Simonton nicht etwa ein esoterischer Springinsfeld, sondern ein Radioonkologe mit jahrzehntelanger Erfahrung war, gab mir Gewissheit, dass seine Ansichten und seine Methode den Test der Zeit und Realität längst bestanden hatten.

Der Abschied nach fünf gemeinsam verbrachten Tagen fiel schwer, denn nicht zuletzt aufgrund unserer mit großer Offenheit geführten Gespräche waren wir uns in dieser relativ kurzen Zeit erstaunlich nahegekommen. Da sei ein gewisser Abschiedsschmerz normal, beruhigte uns Carl. Der Rat, den er uns mit auf den Weg gab, ist mir nicht nur im Gedächtnis geblieben, ich habe ihn zur Vorbeugung von Überforderung und zur Vermeidung von Ausbeutung meiner selbst auch in meinem täglichen Leben umgesetzt: „Erwarten Sie auf dem Nachhauseweg weniger von sich, als Sie es auf dem Hinweg taten."

Wenn Sie Interesse am Simonton-Gesundheitsprogramm haben, finden Sie die deutsche Kontaktadresse im *Anhang II*. Leider wurde Dr. Simonton im Juni 2009 durch einen Unfall aus dem Leben gerissen. Aber seine visionäre Arbeit wird von seinem Team fortgeführt. Sie können diese Methode auch bei durch Dr. Simonton ausgebildeten Therapeuten erlernen – Sie wissen schon: die, die ab der dritten Reihe hinter den Patientinnen und Patienten im Seminargebäude Platz genommen hatten *(Namensliste ebenfalls im Anhang II)*.

5. Schweizer Glücksklee

Das Schönste im Leben ist
der Umgang mit Menschen.[35]
(Antoine de Saint-Exupéry)

Nach Abschluss der sechs Zyklen der Chemotherapie stand
nun eine Kur zur Wiedererlangung von Vitalität und Gesundheit auf meinem Plan. Das Leben ist bunt, und nach den dunklen Tönen der vergangenen Monate war mir nach ein paar
kräftigen Farbklecksen von seiner Palette zumute.
Nach meinen guten Erfahrungen, wie einfühlsam und re-
spektvoll anthroposophische Ärzte und Schwestern (aber natürlich nicht ausschließlich sie) mit Patienten umgehen, schien
es nur logisch, dass ich mich für die anthroposophische Lukas
Klinik in Arlesheim in der deutschsprachigen Schweiz entschied. Ich hatte schon viel und nur Gutes über diese Klinik
gehört und fühlte mich dort hingezogen. So saß ich einige Tage nach der letzten Chemotherapie im Zug nach Basel.
Als freie Tochter Europas hatte ich nicht damit gerechnet, nun
auf Probleme bei der Einreise in die Schweiz zu stoßen. Zugegeben, ein Pass muss bei Grenzübertritt normalerweise
noch mindestens sechs Monate gültig sein, und meiner war es
nicht. Es war mir aber schon schwer genug gefallen, meine
Siebensachen zu packen, denn mein Geist hatte den Stotter-
gang eingelegt und hinkte den Ereignissen immer noch mar-
kant hinterher und vorausschauend über den Tag hinaus zu
planen und zu organisieren verlangte mir so viel ab, als müsste ich das Rad neu erfinden.
Aus demselben Grund hatte ich auch, nachdem ich alle Formalitäten mit der Krankenkasse vor der Abreise geklärt zu
haben glaubte, eine Kleinigkeit übersehen, was unseren Ab-
stieg in die finanzielle Krise mit einem abrupten Schubs ein-
läutete. Denn, so sollte sich bald herausstellen, ich musste fast

die gesamte (beträchtliche) Summe für meinen Aufenthalt in der Lukas Klinik selbst auf den Tisch legen. Zum Glück konnte ich mich damals noch auf meine Eltern verlassen, die mir das sofort fällige Geld auch sofort überwiesen.

Da stand ich jetzt an der Grenze zu Helvetia, und mein Kuraufenthalt, in den ich einiges an Hoffnung investiert hatte, lief Gefahr zu enden, bevor er begonnen hatte, denn man wollte mir die Einreise nicht gestatten. Nach vielem Hin und Her, bitteren Tränen und kurz bevor mich der Nervenzusammenbruch ereilte, hatte man endlich ein Einsehen und kaufte mir die Dringlichkeit meines Anliegens, das ich als Einreisegrund angegeben hatte, ab, Passverfallsdatum hin oder her. Ich war dankbar und erleichtert, an einen Schweizer Grenzbeamten mit Herz und Verstand statt an einen Bürokraten und Paragraphenreiter geraten zu sein, und so war mein erster Eindruck bei endlich vollzogenem Grenzübertritt auch dementsprechend positiv.

Damit war ein Hindernis auf dem Weg in die Lukas Klinik aus dem Weg geräumt, doch das zweite harrte schon seiner Bewältigung.

„Sie brauchen kein Taxi zu nehmen, die Klinik ist von Basel aus ganz unproblematisch mit der Straßenbahn zu erreichen", hatte mir eine Ärztin in Brüssel versichert, und ohne weiter nachzudenken folgte ich dieser Empfehlung. Bis ich endlich die richtige Haltestelle für die angeblich so unproblematische Straßenbahnfahrt gefunden hatte, waren mir schon massive Zweifel gekommen. Offensichtlich war dieser Rat nur für vor Gesundheit und Kraft Strotzende angebracht, die außer einer Rolle Drops kein Gepäck mit sich führten. Da ich noch nicht Besitzerin meines schönen Rollenkoffers war (mehr davon im 10. Kapitel), schleppte ich mich mit meinen Gepäckstücken, in die allerlei für einen immerhin dreiwöchigen Aufenthalt

gequetscht worden war, sehr mühsam und mit Schnappat-
mung durch die Gegend.

Ganz darauf konzentriert, die Herausforderung des Moments
zu meistern, hatte ich mir noch nicht vorgestellt, was mich am
anderen Ende erwarten könnte. Als ich mich beim Aussteigen
mit meinem Gepäck durch die enge Tramtür gequetscht hatte,
lagen nämlich noch einige Hundert Meter Fußmarsch vor mir.
Zwei kräftige junge Männer stiegen mit mir zusammen aus,
und ich schaute ihnen sehnsüchtig hinterher, war aber zu
stolz, sie um Hilfe zu bitten. (Meinen im Simonton-Seminar
dahingehend gefassten Vorsatz hatte ich offensichtlich noch
nicht verlässlich verinnerlicht.) Für sie wäre es ein Leichtes
gewesen, was für mich nun zum ultimativen Ringkampf mit
meinem Gepäck wurde. Zum Glück ging ich als Siegerin hervor und ich erreichte mein Ziel, wenn auch erschöpft und zer-
zaust.

Ich bekam alsbald ein schönes, helles Einzelzimmer mit Bad
und Balkon und Blick auf den Garten zugewiesen, und nachdem ich zufrieden festgestellt hatte, dass ich mich hier sehr
wohl fühlen würde, ließ ich mich mit einem tiefen Seufzer der
Erleichterung aufs Bett fallen. Als ich wieder etwas zu Kräften gekommen war, machte ich mich auf in den Speisesaal,
dem in der Luft liegenden Kaffeeduft folgend.

„Um diese Tageszeit herrscht hier Selbstbedienung", klärte
mich eine Patientin, deren Haut ebenso dunkel wie der Kaffee
war, mit strahlendem Lächeln in französischer Sprache auf.
Sie stellte sich als Babette vor, sie sei französische Staatsan-
gehörige, wohne aber schon lange in der Schweiz.

Ich war sofort von ihrem gewinnenden Lächeln und ihrem
fröhlichen Charme eingenommen, und es sollte sich herausstellen, dass sie, die erste Patientin mit der ich Kontakt in der
Lukas Klinik hatte, auch das erste Blatt an unserem vierblättrigen Kleeblatt sein sollte. So nannte ich später nämlich unse-

re kleine Gruppe, die sich bereits in der ersten Stunde meiner Ankunft zusammenzufinden begonnen hatte.

Beim Abendessen fiel mir auf, dass es eine feste Sitzordnung im Speisesaal gab und jeder seinen Platz zugewiesen bekam. Das hatte seinen Sinn, wie sich später herausstellte. Denn die Sitzordnung wurde dadurch bestimmt, welche Patienten aus den verschiedensten Gründen wahrscheinlich am besten miteinander harmonierten.

Nach meinen Beobachtungen kamen die meisten Patienten aus dem Gebiet der deutschsprachigen Schweiz, in dem auch die Klinik lag, und da gab es keine Sprachprobleme mit den Deutschen, der zweitgrößten Gruppe. Babette und ich, stellte ich mit Freude fest, fanden uns als Nachbarinnen an einem Tisch wieder, wo es gewissermaßen international zuging: Man sprach Französisch und Englisch. Und so kam es, dass sich unser Freundschafts-Kleeblatt schon am Abend meines Ankunftstages komplett um diesen Tisch herum formieren konnte. Denise, eine Schweizerin, und Barbara Ann, eine Musikerin aus Übersee, bildeten die zwei noch fehlenden Blätter.

Es gibt oft eine Verbundenheit zwischen Menschen, die Krebs am eigenen Leib erfahren haben, die die übliche Aufwärmphase beim Kennenlernen überflüssig macht. Lance Armstrong hat es anschaulich in seinen Büchern beschrieben und spricht sogar von Familienbanden (cancer kinship[36]). Dass wir vier aus Sprachgründen nicht nur am selben Tisch gelandet waren, sondern darüber hinaus noch auf derselben Wellenlänge funkten, war natürlich eine wunderbare Dreingabe des Schicksals, und sehr schnell wurden wir unzertrennlich. Meistens waren wir die letzten im Speisesaal, und unser schallendes Lachen hallte bis in den angrenzenden Garten. Vereinzelte Gäste sahen uns dann mitunter streng an, denn wenn man selbst gerade traurig ist, schmerzt die Fröhlichkeit der anderen oft und macht die eigene Misere bewusster und unerträglicher.

Das köstliche vegetarische Essen verdient ein besonderes Lob. Fleisch konnte man bestellen, dann aber bitte auf dem Zimmer verspeisen. Soweit ich feststellen konnte, vermisste hier aber niemand Fleisch. Die These, dass vegetarisches Essen ja mitnichten bedeutet, einfach das Fleisch wegzulassen, wurde hier aufs Überzeugendste durch Gerichte, die an Vielseitigkeit kaum zu überbieten waren, bestätigt. Allein schon, um in den Genuss dieser wunderbar wohlschmeckenden und gesunden Küche zu kommen, würde ich sofort (Liquidität vorausgesetzt, aber nicht vorhanden) die Reise dorthin wieder antreten.

Und wenn ich keine andere Motivation gehabt hätte, morgens aufzustehen, so wäre das himmlisch leckere Müsli – immer frisch und vitaminschonend mit Liebe zubereitet, wie wir in einem der zu verschiedenen Themen regelmäßig angebotenen Vorträge erfuhren – durchaus ausreichend gewesen, mich aus dem Bett zu locken.

Während meines dreiwöchigen Aufenthalts in der Lukas Klinik kam mir von niemandem ein Wort der Kritik zu Ohren, nicht nur was das Essen, sondern was die ganze Klinik angeht. Das ist ja nun rekordverdächtig, gibt es doch ansonsten immer Leute, die ein Haar in der Suppe finden. Das einzige Murren kam schließlich aus meinem eigenen Munde.

„Mir kommt es vor, als ob die ganze Welt nur aus Krebskranken besteht", klagte ich während der Arzt-Visite. Es hatte ja jeder dort Krebs gehabt und litt noch mehr oder weniger an den Folgen, und auch wenn die Klinikleitung in einem Informationsblatt alle Patienten deutlich aufforderte, Gespräche, die die eigene Krankheitsgeschichte betrafen, zu unterlassen, so hielt sich doch nicht jeder daran. Babette allen voraus. In detaillierten Einzelheiten erzählte sie uns ihre Leidensgeschichte von A bis Z und ließ sich nicht davon abbringen, so dass Denise des Öfteren stöhnend das Weite suchte.

Es war wie auf Bestellung. Mein Zimmer lag genau zwischen denen von Denise und Barbara Ann. Das war sehr praktisch, denn der an allen Zimmern der ersten Etage entlanglaufende Balkon hatte neben den Fenstern nur einen kleinen Sichtschutz, war aber ansonsten durchgehend begehbar. So gab es einen regen Kontakt auf diesem Wege, besonders zwischen Denise und mir und dann und wann fand ich von ihr deponierte Leckereien auf meiner Fensterbank.

Alle neu angekommenen Patienten waren immer sehr ungeduldig und konnten den Beginn der angebotenen anthroposophischen Therapien kaum erwarten. Ich hingegen brauchte und suchte vor allem eines: Ruhe. Ich bat den Arzt, der den Therapieplan aufstellte, außer dem Wochenende noch um einen weiteren Tag in der Woche ohne irgendeine Verpflichtung. Zeitlebens, schon als Kind, war Ruhe mein wertvollster Luxus und seit meinem frühen Erwachsenenalter zog ich mich auf der Suche danach immer wieder eine Zeitlang in Klöster zurück, wo ich aus Stille und Meditation Kraft schöpfte.

Aus diesem Bedürfnis heraus hatte ich mir noch zu Hause vorgenommen, keine näheren Kontakte und Freundschaften in Arlesheim zu knüpfen, sondern die Zeit zu nutzen, nach all den Anforderungen und Aufgaben, die das Leben mir in der letzten Zeit gestellt hatte, wieder zu mir selbst zu finden, und das konnte ich nur in der Stille. Nun hatte aber ein Glücksklee diesen Plan durchkreuzt, und ein solches Geschenk wollte ich natürlich nicht ausschlagen.

Ich fand einen Kompromiss darin, dass ich mich immer wieder in eine nahe Kirche zurückzog. Dort saß ich dann in dämmrigem Licht und kühler Luft, zusammen mit gelegentlich hereinschneienden Einheimischen, die meine Aura von Stille und Schweigen aber nicht berührten.

Von Seiten der Klinik suchte und störte mich auch niemand dort, denn ich hatte keiner Seele von der Existenz meines von Zeit zu Zeit dringend benötigten Refugiums gebeichtet.

Die Misteltherapie, die ich in Eckenstadt begonnen hatte, wurde in der Lukas Klinik nochmals adaptiert, außerdem verschrieb mir der Arzt Maltherapie, Eurythmie, Bäder und Massagebehandlungen. Die auch angebotene Biographiearbeit lehnte ich ab, denn ich wollte nicht mehr endlos in meiner Vergangenheit herumstochern.

Besonders gefiel mir, dass man nach den Massagen wie ein Baby in warme Tücher eingewickelt wurde und so noch eine ganze Weile ruhen konnte. Ich fühlte mich dabei wie in rosarote Zuckerwatte eingehüllt. Nach dem Mittagessen pflegte uns eine Schwester den obligaten, die Entgiftung des Körpers fördernden Leberwickel anzulegen, und die aus der Wärme resultierende tiefe Entspannung ging nahtlos in ein kurzes Schlummern über. Ich fühlte mich geborgen und umsorgt und das ausnahmslos liebevolle Verhalten aller Ärzte, Pflegenden und Therapeuten war Balsam und Labsal für Körper und Seele, denn nach den Schrecken des Krebserlebnisses hatte ich ein großes Bedürfnis danach, bemuttert und in Sicherheit gewiegt zu werden.

Ein Tag ging schnell vorbei, denn es stand ja meistens eine Therapie auf dem Stundenplan; auch Essen, Ruhen, und die schon erwähnten Vorträge beanspruchten Zeit. Und der kleine Ort lockte mit wenigen, aber hübschen Boutiquen oder lud einfach zum Schlendern und Verweilen bei den zahlreichen Springbrunnen ein, deren beruhigendes Plätschern mich jedes Mal aufs Neue in Entspannung versinken und die Zeit vergessen ließ.

Oft fand ich bei meiner Rückkehr einen Zettel von Denise an meiner Tür kleben, auf dem sie Vorschläge für gemeinsame Spaziergänge in der herrlichen Umgebung machte. Ich liebte es, mit ihr die steilen Straßen zu erklimmen und mich dabei mit ihr zu unterhalten, und ihre witzige Schlagfertigkeit brachte mich oft zum Lachen. Sie besaß Häuser an den schönsten Orten in der Schweiz.

„Du musst mich unbedingt besuchen kommen", meinte sie immer wieder.

„Oder du kommst nach Brüssel, Erinnerungen auffrischen", sagte ich, denn sie hatte in jungen Jahren einige Zeit dort gelebt.

Hin und wieder fragte mich Barbara Ann: „Kommst du mit in die Bibliothek?"

Ich wusste schon, warum, denn dort stand ein Klavier. Meistens waren wir nur zu zweit dort, und Barbara Ann, die Musikerin, spielte dann ganz ohne Noten – nur für sich und mich. Das machte mich sehr glücklich und ich folgte ihren Händen, die so klein und zart waren wie die ganze Person, so dass ich mich fragte, wie sie die Tasten und Pedale überhaupt erreichen und ihnen solch mitreißende Melodien entlocken konnte. Des Öfteren improvisierte sie und probierte Neues aus.

„Welche Variante gefällt dir besser?", wollte sie dann von mir wissen.

Leider fiel meine Antwort immer recht einsilbig aus und ich war wohl nicht der rechte Ansprechpartner, denn mir gefielen alle Variationen immer gleich gut.

Einmal, während wir ganz in die Musik versunken waren, sie im Spielen und ich im Lauschen, kam eine Dame aus der Verwaltung in Begleitung einer neuen Patientin, ebenfalls Musikerin.

„Ich würde euch gerne bekannt machen", lächelte sie Barbara Ann an. „Es wäre schön, wenn ihr zusammen musizieren könntet."

„Ich muss erst überlegen, ob ich das will", sagte Barbara Ann nach kurzem Zögern, und ihre Antwort war für mich wie ein Schnellkurs in Verhaltenstherapie. Eine Antwort, die ich mir merken wollte, um sie bei passender Gelegenheit auch zu verwenden, denn ich hatte mich nie gefragt, „ob ich das will".

Wenn jemand etwas von mir verlangte, war mir sein Wunsch immer Befehl gewesen, und ich hätte ein „vernünftiges" Ansinnen nie in Frage gestellt, nur weil es meine eigene Planung durcheinander brachte. Ich glaubte immer, das dem anderen doch nicht antun zu können. Was ich mir damit selbst antat, war damals noch nicht in meinen Fokus getreten. Überhaupt rührte das meiste, was in meinem Leben schief lief, daher, dass ich mich nie zu fragen gewagt hatte, „ob ich das will" und mich immer selbst freiwillig ans Messer lieferte. Ich fand damals den Knackpunkt nicht, woran es lag, aber immer fühlte ich, wie treffend die Worte von Friedrich Rückert für mich und mein ganzes Leben waren:

Am Walde hätte nicht die Axt so leichtes Spiel,
Hätt' ihr der Wald nicht selbst geliefert ihren Stiel.[37]

In Zukunft würde ich weniger willig Handlanger zu meinem eigenen Schaden sein.

Oft klopfte es an meine Zimmertür und Babette trat ein. Die Allüren einer Diva, die sie immer an den Tag legte, zogen mich in ihren Bann, so als würde ich ein interessantes Schauspiel verfolgen. Sie drückte sich gewählt aus, im schönsten Französisch, und wusste auf alles eine artikulierte Antwort zu geben, und das faszinierte mich. Mit ihren bunten, ausgefallenen Kleidern zog sie alle Aufmerksamkeit auf sich und genoss es, wenn ihr dies wieder einmal gelungen war und sie im Mittelpunkt stand.
Gelegentlich, wenn wir zusammen etwas unternehmen wollten und um eine bestimmte Zeit verabredet waren, klopfte ich bei ihr an um sie abzuholen. Eine Diva hat es nie nötig, sich zu beeilen und die Uhrzeit präzise einzuhalten, so hatte sie dann auch ihre Mittagsruhe etwas ausgedehnt und entstieg gerade dem Bett, aber auch hier natürlich mit Klasse. Wo andere

Frauen ein gediegenes Baumwollnachthemd trugen (hallo – ich), kam für sie nur ein Negligé von Dior, natürlich aus reiner Seide und mit passendem Überwurf in Frage, wie es sich für eine Diva eben geziemt.

Die perfekte Organisation des Schicksals hatte dafür gesorgt, dass unser Kleeblatt den weitaus größten Teil seines Aufenthaltes in Arlesheim zusammen verbringen konnte, und unsere Abreise lag dann auch mehr oder weniger im selben Zeitraum. Unsere Freundschaft war groß und haltbar genug, dass wir uns mehrmals bei unseren Folgeterminen in der Lukas Klinik absprachen und so ein Wiedersehen feiern konnten, Barbara Ann auf Grund der großen Entfernung natürlich ausgenommen. In den Zwischenzeiten schrieben wir uns Briefe und E-Mails.

Babette rief des Öfteren an oder schrieb mir lange Briefe, und ihr schriftlicher Ausdruck stand dem mündlichen in nichts nach. Es waren interessante Briefe voll sprudelnder Lebendigkeit, in denen sie mir die Vorkommnisse ihres Lebens in allen Einzelheiten schilderte, und zwischen den Zeilen konnte ich geradezu ihr glucksendes Lachen heraushören. Sie besuchte uns in Brüssel, und ich meinerseits stattete ihr in Genf einen Besuch ab.

Ich bedaure, dass es aus verschiedenen Gründen nie dazu kam, dass ich Denise besuchte. Mit der Zeit schrieb sie auch immer seltener, und ich ahnte gleich, dass der Grund ihr Gesundheitszustand sein musste. Als ich zu Babette nach Genf fuhr, wagte ich in ihrem Beisein endlich den Anruf und wählte Denises Telefonnummer. Ihr Mann überbrachte die traurige Gewissheit: Denise, die schon in der Lukas Klinik an Metastasen gelitten hatte, war in der Zwischenzeit verstorben.

Mit Barbara Ann war der E-Mail Kontakt sporadisch. Auf eine lange Mail, in der sie mir voller Begeisterung davon berichtete, wie gut und erfolgreich ihr Leben auch beruflich verlief, wollte ich immer antworten, aber irgendwie verpasste ich es auch zu tun. Es tut mir so leid, denn es hat sie bestimmt verletzt.

Während meines Besuchs in Genf war plötzlich alle Harmonie mit Babette dahin. Wir bekamen Streit und ein unschönes Wort ergab das andere. Bei meiner Abreise sagten wir uns noch „au revoir – auf Wiedersehen", doch wir wussten beide, dass es dazu nicht mehr kommen würde. Es ist uns nicht gelungen, die durch den Streit entstandene Kluft zu überwinden, gleichwohl betrachte ich Babette noch immer als meine Freundin, denn für mich gilt: Einmal Freundin, immer Freundin, egal, was vorfällt. So besteht unsere Freundschaft zumindest meinerseits fort, und auch wenn wir uns nicht mehr sehen und sprechen, so denke ich doch noch oft und gerne und mit der gleichen Liebe und Bewunderung an sie. Ich kann einfach nicht nachtragend sein.

Ein Foto unseres vierblättrigen Kleeblatts erinnert an die schöne Zeit der Freundschaft, als wir glücklich lächelnd im sonnenbeschienenen Garten der Lukas Klinik unter einem Baum sitzen. Nun ist das Kleeblatt welk und zerfallen durch Tod, Nachlässigkeit und Streit.

6. Leben in der Hauptstadt Europas

Das ganze Leben
ist ein ewiges Wiederanfangen.[38]
(Hugo von Hofmannsthal)

Als ich vor mehr als 30 Jahren nach Brüssel ging, folgte ich nicht etwa einem Lebensplan, den zu erfüllen ich mich aufgemacht hatte. Vielmehr hatte es mich wie ein Blatt im Wind hierher geweht.

„Ich nehme an einem Auswahlverfahren der Europäischen Gemeinschaft *(heute: Europäische Union)* teil. Willst du dich nicht auch einschreiben?", fragte mich eines Tages eine Freundin.

„Was, wo? Warum denn?", stotterte ich, um Zeit zum Nachdenken zu gewinnen. Da mir selbst aber auch nichts Besseres einfiel und ich mich schon des Öfteren impulsiv anderen Menschen mit guten Ideen angeschlossen hatte, fasste ich den Entschluss, mit meiner Freundin zusammen das Glück auf die Probe zu stellen. Zwar war ich inzwischen studierte Diplom-Übersetzerin und das Auswahlverfahren, von dem sie sprach, war für Sekretärinnen ausgerichtet, aber was machte das schon? Es war ja doch alles nur Spaß und der Kick einer neuen Erfahrung. Außerdem kam mir die Sache gerade recht, denn so konnte ich die ernsthafte Arbeitsplatzsuche noch eine Weile aufschieben, weil es mir schwerfiel, mich für eine konkrete Richtung zu entscheiden.

Die Mühlen von Institutionen mahlen bekanntlich langsam, und ich hatte die Sache fast schon vergessen als der Bescheid kam, dass ich das Auswahlverfahren bestanden hatte. Jetzt war eine Entscheidung fällig und da ich noch immer unschlüssig war, was ich mit meinem Diplom anfangen sollte, entschloss ich mich, der Hauptstadt Belgiens einen ausgedehnten, ein- bis zweijährigen Besuch abzustatten. Die Erfahrung eines Auslandsaufenthalts würde sich überdies sicher gut in meinem Lebenslauf machen.

So standen wir eines Novembermorgens in Brüssel auf der Matte. Es war ein 1. November, um genau zu sein, und das war auch hier ein Feiertag. Kein schlechtes Omen, seinen Auslandsaufenthalt und die Karriere mit einem Ferientag zu beginnen, fand ich.

Ich wusste damals nicht viel über Belgien, das kleine Königreich, in dem drei Sprachen gesprochen werden. Die zahlenmäßig bedeutendste Sprachgruppe stellen die niederländischsprachigen Flamen im Norden (Flandern), gefolgt von den Französisch sprechenden Wallonen im Süden (Wallonien). Die dritte offizielle in Ostbelgien gesprochene Landessprache ist Deutsch.

Ein bisschen viel für ein kleines Land. Kein Wunder, dass Verwirrung entsteht, und so meinte einmal eine mir im Zug gegenübersitzende deutsche Studentin, auf deren Frage nach meinem Wohnort ich „Brüssel" geantwortet hatte: „Sprechen Sie denn auch Belgisch?"

Der Ruhm seiner feinen Schokoladen und Pralinen, Klöppel- und Spitzenanfertigungen war mir zwar schon vor meiner Ankunft in Brüssel zu Ohren gekommen, die angeblich über 400 Sorten belgisches Bier und mehrere Museen zum Thema Bierbrauen interessierten mich aber eher peripher.

Bekannt und beliebt ist Belgien auch weit über seine Grenzen hinweg durch Hergé, den Vater des europäischen Comics und Schöpfer von Tim und Struppi, sowie die vielen anderen Künstler, Wissenschaftler und Sportler, die sich internationaler Anerkennung erfreuen und die es in Anbetracht einer Gesamtbevölkerung von etwas über 10 Millionen in stattlicher Anzahl gibt. Stellvertretend für alle seien hier nur der zu den berühmtesten Surrealisten zählende Maler René Magritte, der unvergessene, jung verstorbene Sänger Jacques Brel, der

Schriftsteller Georges Simenon mit seinen überaus erfolgreichen, in mehr als sechzig Sprachen übersetzten Kommissar Maigret Romanen und in jüngerer Zeit die beiden Tennisspielerinnen Justine Henin und Kim Clijsters genannt. Dieses oft erstaunlich avantgardistische Land, in dem die Leute statt Müller, Meier, Schmitz und Schulze Dubois, Dupont, Janssens und Maes heißen – umdenken und Zungenfertigkeitsübungen machen musste ich auch beim Laden an der Ecke, der jetzt „Van Hopplynus" und bei meiner neuen Straßenbahnlinie, die „Houba de Strooper" hieß – hat auf relativ kleinem Raum einiges an Gegensätzen zu bieten, wovon die erwähnte Sprachenvielfalt dem Neuankömmling als Erstes auffällt.

Als Hauptstadt hat Brüssel übrigens Sonderstatus und ist offiziell zweisprachig: Französisch und Niederländisch. Nur hier kann man deshalb die Telefonauskunft nach Wahl in beiden Sprachen konsultieren, und auch die Straßennamen prangen zweisprachig auf ihren Schildern, wobei man aus Platz- und Sparsamkeitsgründen nur die abweichenden Worte angibt – so wird aus Rue Belliard und Belliardstraat ein „Belliard" in der Schildmitte, darüber ein „rue" und darunter ein „straat".

Was mir tagsüber nicht aufgefallen war, stellte ich dann in der ersten Zeit des Abends in Brüssel fest: Offenbar waren halbe Straßenzüge verwaist und viele Häuser unbewohnt, denn sie gähnten im Tiefdunkeln vor sich hin und gaben gar kein einladendes Bild ab. Es dauerte eine Weile, bis ich begriffen hatte, dass diese Häuser nicht leer standen, sondern die Belgier dazu neigen, zwecks Wahrung ihrer Privatsphäre abends die Schotten dicht zu machen. Wenn es dunkel wird, werden nämlich dicht gewebte, gefütterte Übergardinen so zugezogen, dass kein Lichtschein auch nur andeutungsweise durchdringen kann.

Eine andere Sache stieß mir dagegen gleich am Anfang unangenehm auf. Verheiratete Frauen werden nämlich in Belgien zu ihrem emanzipatorischen Glück gezwungen, den Mädchennamen beizubehalten. Mein Auto ist zwingend auf meinen Mädchennamen zugelassen, mein Ausweis darauf ausgestellt, und er prangt auf jeder ärztlichen Karteikarte. Ich habe mich lange dagegen gewehrt, dann musste auch diese Gewohnheit aus Deutschland (wo es mir gar nicht erlaubt ist, meinen Mädchennamen zu benutzen, da ich mich bei meiner Heirat entsprechend entschieden habe) ihren leisen Tod sterben und diese Anpassung geleistet werden.

Ich finde diese Bevormundung nach wie vor unangenehm, auch wenn sie einem unter allen möglichen Etiketten wohlfeil angeboten wird, von Emanzipation bis administrativer Notwendigkeit aufgrund der Tatsache, dass Frauen sich ja immerzu scheiden lassen und ihren Namen ändern, was das Auffinden der Unterlagen schwierig bis unmöglich machen würde. Demnach dürfte in diesem Land ja nie ein Dossier verloren gehen …

Die belgische Küche, überaus edel, ist ein Kapitel für sich, ein sehr schmackhaftes zumal und gerühmt von jedem, der sie kennt. Gern führt man seine Gäste aus Deutschland zur Stärkung und Einstimmung als Erstes in die Brüsseler Altstadt. Während man durch die engen Gassen schlendert, in denen sich Restaurant an Restaurant reiht – noch unentschlossen der Qual der Wahl ausgeliefert, umweht von die Sinne betörenden, köstlichen Aromen und mit einer Vielzahl von prächtigen, farbenfroh auf Bergen von kühlendem Eis aufgetürmten Meeresfrüchten und anderen Köstlichkeiten konfrontiert, die das Restaurant zu bieten hat – bekommt man auch eine Ahnung davon, welche Bedeutung dem Essen in diesen Breitengraden zugemessen wird.

Ich hatte mir in Deutschland den Verzehr der leckeren Miesmuscheln abgewöhnt, da immer wieder auf Nachteile, ja Gefahren, die von ihnen ausgehen sollen, hingewiesen wurde. Auch wenn das nicht alles vom Tisch gewischt werden kann, lassen sich die Belgier enorme Mengen davon schmecken – am liebsten mit Pommes Frites – und ein ganzes Volk hat es bis heute überlebt, staunte ich.

Ich habe den Eindruck, dass man hier überhaupt viel unbefangener mit dem Leben und den Gefahren, die diesem vermeintlich oder wirklich drohen, umgeht. Man wird nicht dauernd mit Warnungen und Katastrophenmeldungen bombardiert, die einem das Leben ganz schön vermiesen können.

Als ich nach Belgien kam, sagte man mir, es sei „das südamerikanischste Land Europas". Ich frage mich noch immer, was damit genau gemeint war. Vielleicht ist es die Nonchalance und die Wendigkeit, mit der man hier dem Leben und seinen Widrigkeiten begegnet. Es scheint das Land von „Geht nicht, gibt's nicht" per se zu sein.

So erzählte mir eine Frau von ihrer Eingabe bei der Gemeinde, um ihren Vorgarten zum Parkplatz umzufunktionieren. Der Entscheid war negativ, aber der freundliche Mensch von der Gemeinde hatte trotzdem eine Lösung parat, wohl eingedenk der biblischen Weisheit „Das Gesetz ist für den Menschen da, nicht der Mensch für das Gesetz."[39] (nach Mk 2,27). „Legen Sie den Parkplatz einfach trotzdem an", riet er. „Allerdings müssen Sie den Nachteil in Kauf nehmen, dass die Polizei Ihnen keinen Abschleppdienst schickt, falls jemand Ihre Ausfahrt blockiert."

So praktisch denkt man hier, und im täglichen Leben kommt man damit weiter und hat es leichter als, am anderen Ende der Skala, mit Paragraphenreiterei in Deutschland.

„Gesetze werden in Belgien gemacht, damit man sie anschließend ignoriert", hörte ich immer wieder und wurde davon auch oft genug Zeugin.

Ein Freund erzählte mir neulich, wie er kurz nach seinem Einzug seinen vermeintlichen Pflichten in Verbindung mit der Wohnungsnutzung nachkommen wollte und von der Eigentümerin aufgeklärt wurde, dass das nicht nötig sei. Auf seinen Einwand, das sei doch so im Vertrag geregelt (ja, es handelt sich hierbei natürlich um einen Deutschen), meinte sie lachend: „Vertrag ist Vertrag, und das Leben ist das Leben." Voilà! In Deutschland wäre wahrscheinlich der Vertrag das Leben.

Auch im Straßenverkehr arrangiert man sich. Die Vorfahrt wird flexibel immer wieder blitzschnell ausgehandelt und daraufhin abgeklopft, ob rechts vor links an dieser Stelle zu dieser Stunde wirklich Sinn macht. Besucher aus Deutschland raufen sich dabei so die Haare, wie ich es bei meiner Ankunft auch tat. Inzwischen ist mir diese kreative Fahrweise aber selbst in Fleisch und Blut übergegangen.

Derart verdorben, bekomme ich in Deutschland regelmäßig die Quittung dafür präsentiert und werde angehupt. In Belgien wird man dagegen selten solcherart gemaßregelt, denn die Toleranz für Individualität in jeder Lage ist hier sehr ausgeprägt. Musikgedröhne bis morgens um drei bei sommerlichen Gartenpartys ficht hier niemanden an, während in Deutschland Nachbarschelte und Polizeieinsatz für ein abruptes Ende der Fröhlichkeit schon weit vor dieser Uhrzeit gesorgt hätten.

Als Christopher noch im Grundschulalter erkrankte, waren wir besorgt und riefen den diensthabenden Notarzt. Bei von ihren Großfamilien isolierten jungen, unerfahrenen Müttern im Ausland soll das manchmal der einzige kompetente Ansprechpartner sein. Als dieser gegen 23 Uhr bei uns klingelte, wies ich ihn höflich darauf hin, dass er seine Autotür sperran-

gelweit offenstehen gelassen hatte. Indem er bereits mit
sprichwörtlich stoischer Gelassenheit die Treppe zum Wohn-
zimmer erklomm, informierte er mich beiläufig, dass ihm daran gelegen sei, die aus seinem Auto dröhnende Sinfonie ohne
Unterbrechung zu Ende zu hören. Während das voll aufge-
drehte Radio mit Pauken- und Trompetenwirbeln die Stille
der Nacht zerfetzte, konnte ich nur auf ähnlich begeisterte
Klassikfans unter den Anwohnern unserer sonst sehr ruhigen
Straße hoffen und nahm mir vor, den ärztlichen Hausbesuch
nicht unnötig in die Länge zu ziehen.

Die meisten hier lebenden Deutschen, die ich kenne, haben
sich recht gut an die belgische Mentalität angepasst, die der
Individualität mehr Raum zugesteht, und empfinden sie als
angenehm. Gegenüber Rechthaberei und Besserwisserei bei
Deutschlandbesuchen ist man empfindlicher geworden und
registriert genau, dann und wann auch mal peinlich berührt,
was einem früher als die normale und einzig mögliche Art erschien, sein Leben zu leben.

Oft haben mich Belgier schon ausgelacht, wenn ich Dinge
sagte wie: „Aber das steht doch hier", und gemeint, man mer-
ke, dass ich Deutsche sei, wohingegen ich diese Bemerkung
bis dato immer normal und angemessen fand. Wie deutsch
man ist, merkt man eben erst in einer Umgebung, in der deutsche Regeln außer Kraft sind und stattdessen ein Kontrastpro-
gramm läuft.

Da ja alles nur „vorübergehend" war, hatten wir eine möblier-
te Wohnung gemietet, in Sichtweite des Kommissionsgebäu-
des Berlaymont. Unsere zukünftige Bleibe befand sich in einem Haus, das alt und schön war, mit Charakter und
interessanter Fassade, wie man sie oft in Brüssel antrifft, wo
zum Glück viele Gebäude von den Zerstörungen des Krieges
verschont geblieben sind (und wo die Bauvorschriften auch
neuerer Gebäude offensichtlich nicht so strangulierend wie in

Deutschland sind, sondern mehr Spielraum für Vielfalt und Individualität erlauben).

Die helle Eingangshalle hatte sich mit weißem Marmor herausgeputzt und Wände und Decke präsentierten vornehm und dezent ihre Stuckverzierung, wie im Bewusstsein, so schien es, dass ihre goldverzierte Schönheit jeden Betrachter in den Bann ziehen musste, was dann auch der Fall war. Wen störte es – derart betört – danach noch, dass man ein paar Schritte weiter durch einen abrupten Szenenwechsel von der Realität wieder eingeholt wurde? Es folgte ein für Brüssel so typisches, sich eng windendes, dunkles Treppenhaus, das mit schummrigem Licht gnädig versuchte, die Tatsache der Renovierungsbedürftigkeit der durch etliche Möbeltransporte lädierten Wände zu verbergen. Jeder Schritt auf dem knarrenden Holz tat sich automatisch allen Bewohnern der angrenzenden Wohnungen kund. Dies hatte den angenehmen Nebeneffekt, dass potentielle Einbrecher dadurch auch ohne Alarmanlage abgeschreckt werden konnten.

Die einen gemütlichen offenen Kamin ihr Eigen nennende Wohnung war von der deutschen Hausherrin erstaunlich geschmackvoll möbliert worden, der Boden mit außergewöhnlich schönen Teppichen bedeckt (bei Versteigerungen günstig erstanden, wie sie mir später flüsternd beichtete, was ihr Gelegenheit gab, ihr ästethisches Feingefühl zu respektieren, ohne dabei ihr Budget über die Massen zu strapazieren).

Am folgenden Tag schon ging das Abenteuer los, am Aufbau Europas mitzuwirken. Meine 27-jährige Tätigkeit in seinen Diensten, sowie die Geschichten um die vielen interessanten und außergewöhnlichen Menschen, denen ich dabei begegnete, sollen hier aber nicht weiter vertieft werden, denn das ist ein Buch an sich wert.

Der Stern, der am hellsten leuchtete, muss aber Erwähnung finden, und das war ganz gewiss Petra K. Kelly. Die Quelle, die ihre Liebe und Solidarität speiste, schien unerschöpflich zu sprudeln und in ihrem großen Herzen hatten alle Schwachen und Geschundenen dieser Welt und alle Menschen guten Willens ihren Platz. Wenn wir damals schon Rilkes Rat verinnerlicht hätten „Sei allem Abschied voran, als wäre er hinter dir"[40], hätten wir heute nicht so viel unwiederbringlich Versäumtes zu betrauern.

Als ich mich nach der Jahrtausendwende in die Invalidität verabschieden musste, war das ein tiefer Einschnitt. Es verschaffte mir zwar die Möglichkeit, mehr Zeit der Erhaltung meiner Gesundheit zu widmen, doch plötzlich nicht mehr aktives Mitglied der europäischen Familie zu sein – in der es natürlich wie in jeder Familie neben Licht auch Schatten gab – und nicht mehr dazuzugehören, schmerzte mich ebenso sehr wie der Verlust meiner interessanten Arbeit auf dem Gebiet der Sozialpolitik.

Doch zunächst war ja meine Ankunft zu feiern, und mein Leben fand fortan in drei Welten statt. Die erste, die Arbeitswelt der Europäischen Gemeinschaften bzw. Union, war geprägt vom täglichen Miteinander (gelegentliches Gegeneinander inbegriffen) von Menschen aus teilweise sehr unterschiedlichen Kulturen mit entsprechendem Mentalitätsgefälle und Sprachkauderwelsch.
Auch das tägliche Leben in der Hauptstadt Europas, meine zweite Welt, war international geprägt durch die vielen Menschen – es sollen um die 100.000 sein – aus aller Herren Länder, die im Dunstkreis der EU, etwa in den Ständigen Vertretungen und Interessenverbänden, arbeiteten sowie die Nato-Beamten, internationalen Pressevertreter und Angehörigen der

verschiedenen Botschaften und internationalen Firmenniederlassungen und natürlich die EU-Beamten selbst.

Europäische Schulen, Deutsche und andere nationale und internationale Schulen geben Zeugnis davon ab, dass nicht nur das Leben der Beamten durch ihren Exodus ins Ausland auf den Kopf gestellt wird, sondern auch Partner und Kinder auf mehr oder weniger große Sprachprobleme und andere Hindernisse stoßen und sich daran gewöhnen müssen, dass hier einiges anders läuft. Anpassung und Flexibilität sind gefragt.

Als Daniel noch sehr klein war, gab er ein Beispiel dafür, wie Leben im Ausland bildet und zum Denken anregt. Bei einem Deutschland-Besuch verfiel er mit einem Blick zum Himmel ins Grübeln und fragte nachdenklich: „Ist das derselbe Mond wie in Brüssel, nur die andere Seite?", und brachte auf seine Weise die Größe dieses Erdtrabanten und die stattliche Kilometerzahl des zurückgelegten Weges unter einen Hut. Solcherlei Fragen stellt sich eben nur ein Kleinkind mit Migrationshintergrund und regelmäßigem Standortwechsel.

Die dritte Welt in meinem Herzen blieb aber Deutschland, und hier wird schon eine gewisse Zerrissenheit deutlich. Auch heute, nach langen in Belgien verbrachten Jahren meines Lebens, spüre ich noch jedes Mal eine sehnsuchtsvolle Wehmut in mir, wenn ein Auto mit deutschem Nummernschild an mir vorbeifährt, und leises, anhaltendes Heimweh ist definitiv kein Fremdwort für mich.

Das Leben im Ausland regt aber nicht nur Kleinkinder zum Denken an. Hier lernt man schnell – die Ausländerdiskussion in Deutschland im Hinterkopf –, dass jeder Mensch ein Ausländer ist, wenn er nur weit genug fährt. In diesem Fall, von der deutschen Grenze nach Brüssel, nur etwa 150 km. Wir lernten diese Diskussion von der anderen Seite der Medaille her kennen, als die deutsche katholische Gemeinde von einigen ausländerfeindlichen Belgiern zur Unterlassung der Mess-

und Erstkommunionfeier in deutscher Sprache aufgefordert und sogar bedroht wurde, sollte man sich weiterhin weigern, die ortsübliche Sprache zu benutzen.

Auch ich selbst geriet ins Visier wegen angeblich mangelhafter Anpassung, da wir nach wie vor Weihnachten nach deutscher Tradition feierten und belgische Freunde dafür kein Verständnis aufbringen konnten.

Hiermit sind wir aber bei einem Dilemma angelangt. Aus psychologischen Untersuchungen geht hervor, dass die Entwurzelung, die mit einem langen Auslandsaufenthalt einhergeht, zu seelischen und in der Folge körperlichen Schäden führen kann und erfahrungsgemäß auch oft führt. Wer es zu gut meint und seine eigene Kultur aufgibt, um sich ganz in dem neuen Land zu integrieren, ist besonders gefährdet. Das ist durch Studien belegt, auf Verständnis kann man trotzdem nicht hoffen.

„Du bist ja freiwillig hier, dann geh doch nach Hause!" Diesen Spruch musste ich mir auch schon anhören.

Aber wo ist zu Hause für uns? In Deutschland oder in England oder nirgendwo mehr? Die Beantwortung dieser Frage wird nach jahrzehntelangem Auslandsaufenthalt immer schwieriger.

Man liest dann und wann von Hundertjährigen, die ihr Dorf nie verlassen haben und in dem Haus, in dem sie geboren wurden, auch sterben. Die Frage, wo sie ihre Heimat ansiedeln, wird nicht schwer zu beantworten sein. Für manche ist die Heimat ein winziger geographischer Fleck, und die nähere Umgebung schon Fremde. Vor einiger Zeit hörte ich ein Lied aus dem Genre Volksmusik, in dem der schmerzliche Verlust der ebenso ohne Schwierigkeiten klar definierten Heimat besungen wurde. Die junge Dame hatte ihr Dorf verlassen müssen, um ihren Liebsten im Nachbardorf zu ehelichen. Diese

„fremde Erde" war nun Anlass für bittere Tränen und heftigen Verlustschmerz.

Vergleichbares erzählte mir auch eine Belgierin, deren Familie, als sie noch ein Kind war, aus ihrem Dorf fortzog, um sich etwa 20 km entfernt niederzulassen. Da jedes belgische Dorf aber seinen eigenen Dialekt besitzt, sei sie in ihrer neuen Klasse ausgelacht und sofort als nicht dazugehörend erkannt und abgelehnt worden.

Nun, ein langer Auslandsaufenthalt ist ein guter Lehrmeister und hilft, immer mehr Abstriche von dieser Art Lokalpatriotismus zu machen, der Menschen ausgrenzt, anstatt sie einzubeziehen. Mein Heimatbegriff definiert sich am ehesten über die Sprache. Verwundet durch die Brutalität der Krebsdiagnose wollte ich einige Zeit danach nur noch Deutsch sprechen, was sich natürlich nicht realisieren ließ. Vielleicht erhoffte ich mir durch diese Regression Geborgenheit und Überschaubarkeit, wie zu früheren Zeiten.

So gesehen haben es beispielsweise Französinnen und Holländerinnen leichter, sich in Belgien zu Hause zu fühlen, denn für das wichtigste Medium der Kommunikation können sie auf ihre Muttersprache zurückgreifen und bringen damit sozusagen einen gewissen Heimvorteil mit ins Land.

Förderlich für eine gelungene Integration ist es auch, einen belgischen Partner zu haben. Auf diese Weise heiratet man gewissermaßen ein in die neue Kultur, ganz konkret mit neuer Großfamilie und Normalität zumindest auf einer Seite der Partnerschaft. Eine bi-nationale Ehe, wie z. B. in meinem Fall deutsch-englisch, macht hingegen alles noch komplizierter, denn plötzlich sind schon drei Kulturen im Spiel.

Apropos Großfamilie. Dieses Netz der Geborgenheit, das in so manch schwieriger Situation auffangen und Kraft geben kann, hat man im Ausland auch verwirkt. Als ich mich mit einer in Deutschland lebenden Frau darüber unterhielt, wie sehr ich unter diesem Mangel litt, fand sie meine Haltung erstaunlich und stieß aus: „Was? Und ich wünsche mir zu Weihnachten immer, ich wäre ein Waisenkind!"

Die Wahrheit liegt wohl in der Mitte. Vermutlich würde sie in meiner Lage anders denken, und ich meinerseits habe vielleicht die vielen Konflikte golden übermalt, die man mit der Großfamilie bei engem Zusammenleben immer wieder hat. Trotzdem, ich leide unter diesem Manko und finde es nach wie vor nicht normal, diese Beziehungen nicht zu leben, in die man schließlich schicksalhaft hineingeboren wurde.

Nicht zuletzt auch dieser Gedanke hat mich zu zahllosen Deutschlandbesuchen motiviert. Um Familien- und die vielen Freundesbande, die ich in Deutschland geknüpft hatte, nicht gänzlich aufs Spiel zu setzen, habe ich alles Mögliche unternommen, dem entgegenzuwirken. Das kostete viel Kraft. Man kann nicht mal kurz auf eine Tasse Kaffee vorbeischauen, um etwas zu diskutieren, das einem gerade unter den Nägeln brennt. Man bekommt alles oder nichts, sei es in Deutschland oder in Brüssel: Es sind Rund-um-die-Uhr-Besuche, schön, aber anstrengend.

Einen noch konkreteren Geschmack davon, was es heißt, im anderssprachigen Ausland zu wohnen, bekamen wir nach der Geburt unserer Kinder. Ich informierte mich bei Elternberatungsstellen und Wissenschaftlern, die sich mit dem Thema mehrsprachig aufwachsender Kinder intensiv beschäftigt und auseinandergesetzt hatten. Auch die Europäische Schule, eingerichtet für die Kinder der Beamten der Europäischen Union, blickt schließlich auf eine 50-jährige Erfahrung mit Kindern zurück, die verschiedene Sprachen gleichzeitig sprechen (müssen).

Der Rat war im Großen und Ganzen derselbe: so viel Sprachenvielfalt wie nötig und so wenig wie möglich, bis das Kind in seiner Muttersprache gefestigt ist. Wer seinem Kind von Geburt an zwei Sprachen zumutet, sollte tunlichst einen Referenzrahmen schaffen. Bei gleichsprachigen Eltern wäre das das Drinnen-Draußen-Prinzip: zu Hause immer die eine Sprache, außerhalb immer die andere.

In unserem konkreten Fall hieß das: Die Mutter spricht immer Deutsch mit den Kindern, der Vater immer Englisch, also eine personengebundene Orientierung. Ich habe das damals so strikt durchgehalten, dass ich heute noch, wenn wir anderssprachige Gäste zu Besuch haben, Schwierigkeiten damit habe, deren Sprache im Beisein von Daniel und Christopher zu sprechen.

Nicht wenige Leute scheinen zu glauben, dass man in Kinder wie in ein leeres Fass einfach alles hineinschütten kann. Natürlich ist es gerade heutzutage ein Vorteil, wenn Kinder vier Sprachen fließend sprechen und noch Grundkenntnisse in der einen oder anderen Sprache haben, wie es der Fall bei vielen Abgängern der Europäischen Schulen ist. Aber das Konzept dieser Schulen besteht ja nicht darin, alle Sprachen gleichzeitig von frühestem Alter an zu lehren.

Ich kenne zwar manches von Geburt an dreisprachig aufgewachsene Kind, das dies problemlos gemeistert zu haben scheint. Wobei es die Möglichkeit einer Feintarierung, welche Überforderung eventuell auf anderem, nicht gleich ins Auge fallendem Niveau stattfindet, ja kaum gibt. Manche Kinder reagieren jedenfalls verstört auf ein Sprachenüberangebot von klein auf und entwickeln Probleme wie beispielsweise eine Rechtschreibschwäche. Oder die Kinder sprechen und schreiben viele Sprachen ein wenig, aber keine richtig. Man nennt sie hier in Brüssel Euro-Analphabeten. Das ist sehr bedauerlich, denn die Muttersprache hilft ja auch bei der Identitätsbildung, und „Europäer" zu sein bevor man sich einer Nationalität zugehörig fühlt, ist zu wenig griffig, und bleibt darum besser die zweite Instanz.

Die Europäische Schule bietet vom Kindergarten bis zum
Abitur Bildung in verschiedenen Sprachen an, damals noch in
den Sprachen aller Mitgliedstaaten, was heute, nach den vielen Beitritten aber nicht mehr geleistet werden kann. Daniel
und Christopher gingen in den deutschsprachigen Kindergarten und wechselten dann in die deutsche Sektion der Grundschule, die sich übrigens, ebenso wie das Gymnasium, auf
demselben Gelände befindet. So wurde außergewöhnliche
Kontinuität, zumindest im äußeren Rahmen, in unserem sonst
so diskontinuierlichen Brüsseler Alltag gewahrt.
Der Kindergarten war der Muttersprache vorbehalten, im ersten Grundschuljahr wurde der Unterricht dann um eine
Fremdsprache erweitert. Bei unseren Kindern bot sich
Deutsch/Englisch an, weil damals nicht unwiderruflich
feststand, ob wir nicht doch noch nach Deutschland oder England zurückzukehren würden. Auch hielten wir den Kindern
damit die Möglichkeit offen, später in diesen Ländern zu studieren oder zu leben und arbeiten, wovon beide dann auch vorübergehend Gebrauch machten.
Die Auswirkungen dieser Überlegungen hatten aber ihren
Preis: Daniel und Christopher wohnten nun in einem Land,
dessen Sprache – in unserem Wohngebiet Französisch – sie
kaum verstanden, weil wir den Rat der damals konsultierten
Experten befolgten, diese dritte Sprache zunächst einmal nicht
zu fördern. Die für die meisten Kinder alltägliche Erfahrung,
dass sie die Menschen verstanden und von ihnen verstanden
wurden blieb den Deutschlandbesuchen vorbehalten. Andere
Familien trafen andere Entscheidungen, die wiederum andere
Vor- und Nachteile mit sich brachten. So gibt es nicht wenige
Kinder in Brüssel, die einerseits perfekt Französisch oder
Niederländisch sprechen, sich andererseits aber nicht mit ihren Großeltern und anderen Familienmitgliedern in ihren
Herkunftsländern verständigen können.

Eine Frage, die sich jedem, der sein Heimatland verlassen hat, irgendwann einmal stellt und die beantwortet werden will, berührt ein sensibles Thema: Wo wollen wir begraben werden? Tabubrecher Christopher warf sie auf, obwohl er doch der Jüngste in unserer Familie ist, und gab auch gleich die Antwort darauf, er wolle in Deutschland begraben werden. Wir fanden alle, dass Deutschland eine gute Idee sei und einigten uns darauf. Für die hohen Überführungskosten wollte ich schon mal anfangen zu sparen – ganz im Sinne von Carl Simontons allgemeinem Ratschlag: Hope for the best and prepare for the worst – das Beste erhoffen und gleichzeitig für den Ernstfall vorbereitet sein.

Mike hat neuerdings seine Meinung zu diesem Thema geändert. Wenn er stirbt, will er „go home", nach Hause gehen, und das meint er hier nicht metaphorisch sondern geographisch. Ich aber will nicht „auf die Insel". Wiewohl ich England und seinen Bewohnern sehr zugetan bin, möchte ich dort nicht der Ewigkeit entgegenschlummern. Seit ich mich mit den belgischen Friedhöfen beschäftigt habe, hatte das auch eine Revision meiner früheren „Ist mir egal, wo"-Einstellung zur Folge. Als ich die bedrückend dicken Marmorplatten sah, mit denen dort üblicherweise die Gräber abgedeckt sind und die mir schon zu Lebzeiten, wenn ich an ihnen vorbeigehe, die Luft abschneiden und die schöne Grabsteininschrift „Möge die Erde dir leicht sein!" (Sit tibi terra levis![41]) ad absurdum führen, wusste ich: Nein, so will ich nicht verbarrikadiert werden. Die meist parkähnlichen, schönen deutschen Friedhofsanlagen sind mein Ruheplatz der Wahl. Bepflanzt mit Blumen und Stauden.

Was sollen wir also tun? Im Leben vereint, im Tode getrennt? Weil die Entscheidung so schwierig ist, schieben wir sie einfach auf die lange Bank. Was die beste Lösung für unsere Kinder wäre, wenn sie das Grab ihrer Eltern aufsuchen wollen, ist auch nicht leicht zu sagen, denn wer weiß schon, in

welchem Land sich diese Bürger Europas letztendlich nieder-
lassen werden?

7. Heimatlos in Deutschland

> Größer als die Verhältnisse muss unsere Kraft sein,
> unter diesen Verhältnissen ein Mensch zu werden,
> der die Zeit versteht und der Zeit gewachsen ist.[42]
> (Albert Schweitzer)

Nur drei Monate vor dem schrecklichen Dezembertag meiner Krebsdiagnose war meine Mutter an Brustkrebs erkrankt. Zwei Jahre zuvor hatte sie sich während eines Besuchs bei uns in Brüssel bei einem Treppensturz die Hüfte gebrochen. Dieser Sturz hatte eine Krisenzeit auch für mich eingeläutet; eine Krisenzeit, in der sich die Ereignisse so überschlagen sollten, dass ich am Ende die Waffen strecken musste und mich nur noch den Geschehnissen ausliefern konnte.

Ich erinnerte mich an eine Weisheit, die mir ein Holländer am Strand der Nordsee verraten hatte: „Wenn dich eine Strömung erfasst und der Sog dich ins Meer hinauszieht, dann darfst du auf keinen Fall deine Kräfte, in dem zum Scheitern verurteilten Versuch zum Strand zurückzuschwimmen, vergeuden. Leiste keinen Widerstand, lass dich treiben, dann wird dich das Meer ein Stück landabwärts wieder sicher an den Strand tragen." Auch ich sollte jetzt den Boden unter den Füßen wieder verlieren – nun also nicht panisch dagegen ankämpfen und die Lebenskraft aufs Spiel setzen.

Obwohl ich meine Chemotherapie gut vertrug, so hatte sie, wie auch die schwere Operation und die notwendige seelische Anpassungsleistung an die veränderten Verhältnisse, in meinem durch die bekannte Vorgeschichte ohnehin geschwächten Körper Spuren hinterlassen. Die Fahrten nach Deutschland zu meinen Eltern fielen mir während der Chemotherapie von Mal zu Mal schwerer, aber ich wollte meine Mutter bei der Bewältigung ihrer Brustkrebserkrankung nicht allein lassen. Manche

Dinge konnten einfach nicht darauf warten, dass ich meine Gesundheit wieder erlangte.

Zeitlebens hatte ich mich für meine Eltern verantwortlich gefühlt und auch jetzt, in dieser verletzlichen Phase meines eigenen Lebens, machte ich mir immer noch viele Gedanken um sie und hatte Schuldgefühle, weil ich nicht in ihrer Nähe wohnte. Ich wusste, dass sie darunter litten, und ich selbst litt unter der Tatsache, dass mich die Entfernung daran hinderte, mich adäquat um sie zu kümmern. Wir waren zwar ständig in Telefonkontakt – mit damals noch horrend hohen Gebühren für Auslandsgespräche und entsprechenden Telefonrechnungen – aber nur wenn wir sie besuchten, waren meine Eltern wirklich glücklich.

Als Glück im Unglück empfand ich, dass der Treppensturz in Brüssel passierte und ich mich somit um meine Mutter kümmern und ihre Genesung mit ihr zusammen vorantreiben konnte. Mit dem ihr eigenen Mut und Optimismus meisterte sie alles rund um die Operation mit Bravour. Ich ignorierte wegen der Verständigungsprobleme meiner Mutter die offiziellen Besuchszeiten und verbrachte meine ganze Freizeit bei ihr im Krankenhaus, und das mit wohlwollender Duldung eines verständnisvollen Personals. Als ich mich in der ersten Nacht nach der Operation meiner Mutter auf einem Besuchersessel zum Schlafen zusammenrollte, bot mir eine freundliche Krankenschwester sogar eine Wolldecke an.

Trotz ihres hohen Alters – sie war mit Abstand die Älteste im Vierbettzimmer des Krankenhauses – steckte meine Mutter alle in die Tasche, nicht nur was die Geschwindigkeit der Wundheilung anging, sondern auch mit ihrem Enthusiasmus und Optimismus hinsichtlich der Wiedererlangung von Gehfähigkeit und Gesundheit.

Obwohl des Französischen nicht mächtig, mischte sie das Damenquartett ordentlich auf, und ich erinnere mich eines

Vorfalls in den frühen Abendstunden als wir alle so beisammen saßen und meine Mutter in ihrer Lieblingsrolle als Alleinunterhalterin (mittels Dolmetschertätigkeit meinerseits) auftrat, dass die Tür aufging und eine sehr erstaunt, ja streng blickende Schwester hereinkam. Sie hatte nachsehen wollen, ob denn noch alles rechtens war mit ihren Patientinnen, denn das laute Gelächter, das aus diesem Zimmer bis auf den Gang der Station schallte, hatte sie misstrauisch gemacht. Welchen Grund sollten auch vier alte Damen im Krankenhaus haben, allesamt operiert und kränklich, sich über dies alles zu erheben und, ganz undamenhaft, aus vollem Halse schallend zu lachen?

Zwei Jahre später in jenem September, lag meine Mutter wie erwähnt mit Brustkrebsdiagnose wieder im Krankenhaus, diesmal in einem deutschen. Auch hier fiel sie positiv aus der Rolle und zog die Bewunderung des Personals auf sich, weil sie immer fröhlich war und für alle ein nettes Wort hatte. Die Stationsschwester zog meine Schwester und mich zur Seite und sagte: „Alle Achtung! Ich habe noch nie eine Patientin in diesem Alter gesehen, die so gepflegt war und so viel auf sich hielt wie Ihre Mutter." Dabei erzählte sie detailliert und weitschweifig, wie sie zu dieser Meinung gekommen war. Wir freuten uns natürlich über die nette Einschätzung, aber dieser September war für uns trotzdem traurig und wir waren von Zukunftsangst ergriffen.

Nach besagten drei Monaten musste ich mich meiner eigenen Krebsdiagnose stellen, und ich hatte das Gefühl, nun für zwei Krebspatientinnen sorgen zu müssen. Knapp ein halbes Jahr nach Beendigung meiner Chemotherapie brach sich meine Mutter wieder die Hüfte, eine erneute Operation war nötig. Ich steckte noch mitten in dem Versuch, wieder Fuß zu fassen, und musste nun eine erneute Standortbestimmung vornehmen.

Die Abstände zwischen meinen Deutschlandbesuchen verkürzten sich, und voller Beklommenheit gingen wir zur Besuchszeit ins Krankenhaus. Aber meine Mutter saß mit strahlendem Lächeln im Bett, und es war die Patientin, die den Besuchern Sorgen und Angst vertrieb, anstatt umgekehrt. Dank ihrer aktiven Beteiligung schritt der Heilungsprozess auch dieses Mal wieder gut voran, und meine Mutter war bald so gut auf den Beinen, dass sie nach Hause entlassen werden konnte.

Keine zwei Wochen danach, es war der erste Weihnachtstag, stürzte meine Mutter erneut und wieder war ein Hüftbruch die Folge. Zwei schwere Operationen in zwei Wochen, und das mit 87 Jahren.

„Ich weiß nicht, ob ich das überlebe", sagte meine Mutter nachdenklich. Die Angst schnürte mir das Herz ab, denn Zweifel und Bedenken hinsichtlich ihrer Kapazität als Stehaufmännchen hatte ich mein ganzes Leben lang nie von ihr gehört.

Die Operation verlief komplikationslos, meine Mutter sollte aber aufgrund ihres hohen Alters auf der Intensivstation vorübergehend besonders überwacht werden. Wir mussten, wollten wir sie besuchen, klingeln, um Einlass zu erhalten, unsere Mäntel ablegen und uns mit keimfreien Kitteln bedecken. Damit immer jemand bei ihr war, wechselten wir uns ab.

Als uns die Ärztin am Abend des Operationstages nach Hause schicken wollte, versuchte ich sie vorsichtig davon zu überzeugen, dass wir in dieser ersten, kritischen Nacht auf keinen Fall von ihrer Seite weichen würden. Gottlob stimmte die Ärztin nach kurzer Diskussion zu, wohl auch, weil meine Mutter allein auf dem Zimmer lag. Daniel bot mir an, die Nachtschicht zu übernehmen, und ich war sehr dankbar dafür, denn meine Kräfte schwanden rapide.

Als ich sie am nächsten Tag besuchte, unterhielten wir uns, und meine Mutter lachte, wie immer. Plötzlich aber wurde ihr Blick glasig und sie antwortete nicht mehr. Alarmiert lief ich auf den Gang und holte Hilfe. Hatten die Geräte, an die sie angeschlossen war, denn keinen Alarm gegeben? Ärzte und Krankenschwestern eilten zu ihrem Bett, lebensrettende Maßnahmen wurden eingeleitet. Ich nutzte diese Zeit zur telefonischen Unterrichtung aller Familienangehörigen, die daraufhin in kürzester Zeit im Krankenhaus eintrafen.

Meine Mutter erlangte das Bewusstsein wieder, aber der Arzt klärte uns auf, dass sie soeben einen Schlaganfall erlitten hatte.

Dass ihr Leben auf Messers Schneide stehe, am seidenen Faden hing, dass mit ihrem baldigen Ableben zu rechnen sei, sagte man uns. Ihre Intuition, dass ihr Leben gefährdet war, hatte sie nicht getäuscht.

„Jetzt geht jeder einzeln zu Mutti hinein und erzählt kurz von schönen, gemeinsamen Erlebnissen", schlug ich vor, denn ich hatte in verschiedenen Seminaren gelernt, dass diese Art des Abschiednehmens einem Todkranken Trost und Kraft spenden kann (wobei Worte nicht unbedingt nötig sind, denn Menschen, die dem Tod schon nahe sind, erreichen unsere Gedanken genauso gut). Das taten wir dann auch.

„Mutti, es wäre so schön, wenn du bei uns bleibst. Aber wenn es zu schwer ist für dich, lassen wir dich auch gehen", sagte ich, denn die Bereitschaft der Zurückbleibenden, den Sterbenden ziehen zu lassen, wenn seine Stunde gekommen ist, erleichtert es ihm, sich auf den Sterbeprozess einzulassen, hatte uns Dr. Simonton erklärt.

Die Tränen flossen bei allen in Strömen, als wir uns wieder im Gang versammelten, und wir waren darauf taschentüchermäßig nicht vorbereitet.

„Geh mal die Schwester fragen, ob sie uns aushelfen kann",
bat ich Christopher.
Er kam mit einer Küchenrolle zurück. Wir weinten aber so
viel, dass sie bald aufgebraucht war und ich Christopher noch
einmal auf den Botengang schicken musste. Er kam mit einer
neuen Rolle zurück und erzählte, die Schwester hätte ungläubig „Was, noch eine?", gefragt. Da brachen wir alle in schallendes Gelächter aus, wenn auch nur für einen kurzen Moment.

Meine Mutter war immer eine Person gewesen, die gern im
Mittelpunkt stand (was sie selbst allerdings anders sah) und
war sehr empfänglich für Schmeicheleien und Worte der
Wertschätzung. Damit war sie ja jetzt überschüttet worden,
von ihrem Mann, ihren Kindern, Schwiegersöhnen und En-
keln. Alles, was ich ihr schon immer hatte sagen wollen, aber
nicht sagen konnte, fand im Angesicht des nahen Todes mühelos seinen Weg über meine Lippen. Das waren Worte, die
meine Mutter schon ihr Leben lang hatte hören wollen. Jetzt
war es soweit – und dann sollte sie abtreten und sterben?
Sie strafte die Ärzte Lügen und beschloss, statt ins himmli-
sche lieber ins endlich gefundene irdische Paradies einzutre-
ten. Sie entschied sich fürs Leben.
Bald konnte dann auch der Wechsel auf die normale Kran-
kenstation stattfinden. Wir besuchten sie, sooft es ging und
spielten ihr ihre Lieblingsmusik vor, um sie wieder ganz ins
Leben zurückzulocken. Wir halfen ihr bei Übungen mit einem
Gymnastikball, um ihre kraftlose Hand zu stärken, und erstaunlich schnell konnte sie wieder selbstständig essen und
machte weitere Fortschritte.
Etwa zeitgleich mit dem Unfall meiner Mutter erlitt meine
Schwester einen schweren Hörsturz. Immer wenn meine Mutter in einen Schlummer fiel, nutzte ich die Zeit, um eine Etage
höher meiner Schwester, die dort mehrere Tage lang ambulant

versorgt wurde und am Tropf hing, einen Krankenbesuch abzustatten.

Die seelische und durch Hin- und Herpendeln zwischen zwei Ländern auch körperliche Inanspruchnahme so kurz nach meiner Chemotherapie forderte natürlich ihren Tribut, und ich schleppte mich durchs Leben. Es trat einfach keine Ruhe ein. Der Sog zog mich immer weiter ins offene Meer hinaus, und der sichere Strand war unerreichbarer denn je. Ein schicksalhaftes Ereignis folgte dem anderen und ließ mich atemlos hinter sich. Dabei hatte ich schon während meiner Kur geklagt: „Den Krebs allein könnte ich ja bewältigen, wären da nicht noch die vielen anderen Probleme!"
Mein inneres Befinden war mir ins Gesicht geschrieben, und als ich einmal aus dem Krankenzimmer meiner Mutter trat und mit einer Krankenschwester zusammentraf, fragte sie mich besorgt:
„Kann ich etwas für Sie tun, brauchen Sie Hilfe?"
Das war natürlich sehr fürsorglich, aber gleichzeitig versetzte es mich in Angst. Wenn mein Zustand so offensichtlich war, was passierte dann in meinem Körper, mit meinem Immunsystem? Wie sollte es die Gefahr eines Krebsrückfalls in Schach halten, wenn ich so geschwächt war?
Die Antwort darauf wusste ich nicht.

Seit einiger Zeit hatte ich damit begonnen, den Kopf in den Sand zu stecken. Wenn man mit dem täglichen Lernpensum aus der Schule des Lebens nicht nachkommt und zusätzlich immer noch etwas Neues dazukommt, bleibt einem gar nichts anderes übrig. So sprachen wir auch nicht darüber, was nach der Entlassung aus dem Krankenhaus mit meiner Mutter werden würde, denn trotz aller Fortschritte haperte es dieses Mal bedenklich mit dem Gehen. Und ich schob alle Gedanken darüber weit weg, bis meine Mutter eines Nachmittags sagte:

„Wenn ich wieder zu Hause bin, dann ...", und bevor sie den Satz beenden konnte, die burschikose Bettnachbarin antwortete:

„Nach Hause – da gehen Sie wohl nicht mehr hin."
Ich erstarrte, als ob ich plötzlich mit einer fremden Nachricht aus den Fernen des Weltraums konfrontiert worden wäre. Ich sagte nichts und meine Mutter auch nicht. Vielleicht hatte sie es auch nicht gehört.

Unweigerlich kam aber der Moment, in dem man den Tatsachen Rechnung tragen musste. Weder ich noch meine Schwester konnten meine Mutter aufnehmen (ein späterer Versuch, meine Mutter in Brüssel zu pflegen, zeigte mir meine Grenzen überdeutlich auf und musste nach einer Woche als gescheitert aufgegeben werden). Wir würden uns nach einem Pflegeheim umsehen müssen. Alles in mir geriet in Aufruhr bei diesem Wort, diesem Gedanken, doch es gab keine andere Lösung, denn auch mein Vater wäre mit der Pflege überfordert gewesen.

Meine Schwester besuchte mehrere Heime und entschied sich für eines, das nur fünf Minuten von ihrem Haus entfernt lag. Wir besichtigten es zusammen, und ich konnte meine Tränen nicht zurückhalten. Ich schluchzte ununterbrochen, bis die Leiterin, die uns im Haus herumführte, sagte:

„Nun weinen Sie doch nicht dauernd!"
Aber das trocknete meine Tränen natürlich auch nicht. Obwohl das Heim, wie sich später herausstellte, den guten Ersteindruck bestätigte und liebevoll und kompetent geführt wurde, brach es mir fast das Herz. Ganz anders meine Mutter: Nachdem sie dort eingezogen war und ich mich bei meinem ersten Besuch nach ihrem Befinden erkundigte, meinte sie fröhlich:

„Ja, es ist toll. Ich muss nicht kochen und kann mich an den gedeckten Tisch setzen."

Wie immer sah sie nur das Positive, und das erleichterte mein Herz natürlich.

Bei meinen Besuchen fuhr ich mit meiner Mutter immer in den nahen Park. Da sie nur einige Schritte, und das auch nur mit Hilfe, gehen konnte, schob ich sie im Rollstuhl dorthin. Von Zeit zu Zeit riss sie die Arme in die Höhe und schrie triumphierend:

„Ich bin ja sooo glücklich!"

Dabei sprühten und strahlten ihre schwarzen Augen wie eh und je. Die Leute drehten sich unverhohlen nach uns um, denn einer Hochbetagten, die glückstaumelnd im Rollstuhl daherkommt, die Schönheit des Lebens preisend, begegnet man ja wirklich nicht alle Tage. Ich bewunderte meine Mutter für ihre Fähigkeit, in jeder Situation aus allem nur das Beste zu machen und lachend durchs Alter zu gehen, anstatt verbissen und verkniffen und mit allem hadernd.

Wenn meine Mutter mich von Weitem zu Besuch kommen sah, rief sie begeistert: „Jetzt geht die Sonne auf!", und alle im Gemeinschaftssaal vor sich Hindösenden schauten erstaunt und ratlos ob der Bedeutung dieser für sie wie ein Codewort für eine Geheimaktion anmutenden Exklamation auf.

Sie machte es sich auch zur Aufgabe, die ihrer Meinung nach oft muffigen und griesgrämigen Mitbewohnerinnen auf Trab zu bringen und sparte dabei nicht mit Tipps und Belehrungen, wobei sie die ihr angeborene erzieherische Ader voll ausleben konnte.

Wen wundert's, dass meine Mutter bei ihrer Energie und ihrem Charme bis ins hohe Alter von Männern umschwärmt war, und auch im Altersheim interessierte sich bald ein sehr viel jüngerer Mitbewohner für sie. Damit biss er allerdings bei ihr auf Granit, denn mein Vater lebte ja noch, wenn auch nicht unter demselben Dach.

Ich verdoppelte und verdreifachte nun meine Besuche, um meiner Mutter das Einleben im Heim und meinem Vater das plötzliche Alleinsein zu erleichtern. Die Hauptlast lag dabei zwar bei meiner ortsansässigen Schwester, aber mit dieser Logik konnte ich meinem zunehmenden Kräfteverfall natürlich nicht kommen. Es war aber immer noch keine Rede davon, dass ich jetzt in ruhigere Fahrwasser geraten würde. Ein Ende der belastenden Ereignisse – bisher ja schon ausreichend für jedermanns Geschmack – war bei Weitem noch nicht erreicht.

Mein Vater, der sein ganzes Leben nie wirklich krank gewesen war, und der regelmäßig, wenn wir uns zum Frühstück fertig machten, bereits von einer 30 Kilometer langen Radtour zurückzukommen pflegte, verfiel in Folge der veränderten Lebensumstände rapide. Er konnte sich mit der neuen Situation nicht abfinden, und bald war klar, dass ein Leben alleine nicht mehr zu verantworten war. Wir sprachen mit ihm darüber, aber er konnte es schon nicht mehr wirklich nachvollziehen, was ein Umzug ins Heim bedeutete, und so mussten wir diese belastende Entscheidung für ihn treffen. Als der endgültige Abschied von zu Hause kam, und wir zu meinem Auto gingen, sagte er zu mir:
„Ich vertraue dir, du weißt schon, was richtig ist."
Seine Worte lasteten bleischwer auf mir und ich fühlte mich wie eine Verräterin wider Willen.

Mein Vater schickte sich sehr schlecht in das fremde Leben im Heim, obwohl er mit meiner Mutter zusammen ein schönes Zimmer bewohnte. Seine Geisteskraft verließ ihn gänzlich, und er verschloss sich mehr und mehr. Es gelang ihm mehrere Male, das Heim zu verlassen um „nach Hause" zu gehen. Was eigentlich passiert war, weiß wohl niemand so genau, aber bald war dieser bis vor kurzem noch vollkommen gesunde, sportliche Mann auch auf den Rollstuhl angewiesen. Fortan fuhr ich zuerst meine Mutter in den Park, anschließend meinen Vater. Sein Rollstuhl war schwer zu schieben und sperrig, und ich zitterte vor Anstrengung und Erschöpfung. Meistens schwieg er, aber wenn ich seine Aufmerksamkeit auf Pflanzen und Blumen im Park lenkte, blühte auch er auf und lächelte leise, denn er war früher leidenschaftlicher und erfolgreicher Gärtner unseres großen Gartens mit Johannisbeersträuchern, Sauerkirschen, Rhabarber und blühenden Bartnelken gewesen.

Meine Schwester hatte sich von ihrem Hörsturz mit Komplikationen nicht erholt und musste eine sechswöchige Kur antreten. Obwohl durch ihren Mann Georg in ihrer Abwesenheit bestens vertreten, intensivierte ich ein weiteres Mal die Besuche bei meinen Eltern.

Bevor irgendeine Art von Normalisierung oder gar Routine aufkommen konnte, musste mein Vater in ein Krankenhaus in einer anderen Stadt eingewiesen werden, wo er einige Wochen verblieb. Um meinen Eltern diese neuerliche Trennung zu erleichtern, denn auch sie mussten sich ja ständig an veränderte Lebensumstände gewöhnen, fuhr ich regelmäßig mit meiner Mutter dorthin. Das war allerdings leichter gesagt als getan und stellte sich als eine kraftraubende Tortur heraus. Zunächst musste ich meine Mutter im Rollstuhl zum Auto fahren und sie ins Auto hieven. Dann wurde der Rollstuhl zusammengeklappt, und egal wie ich ihn drehte und wendete, er wollte einfach nicht in den Kofferraum meines Autos passen. Wollte nicht, musste aber, so quetschte und bugsierte ich, bis ich den Kampf zu meinen Gunsten entscheiden und den Kofferraum endlich schließen konnte.

Am Ziel angekommen ging alles in umgekehrter Reihenfolge vor sich, nur um nach Beendigung des Besuchs bei meinem Vater wieder den Zaubertrick vom großen Rollstuhl in kleinem Auto – und der Kofferraum geht doch zu – zu praktizieren und meine Mutter ohne blaue Flecken sicher im Auto abzusetzen, denn sie war dabei ganz auf meine immer weniger vorhandenen Kräfte angewiesen. Als sie dann wieder sicher im Rollstuhl saß und ich sie unbeschadet im Heim absetzte, atmete ich auf.

Erschlagen und deprimiert verabschiedete ich mich.

„Wie, du willst schon gehen? Du hast doch noch Zeit!"

Ich seufzte nur.

Jeder, der Ähnliches erlebt hat, weiß, wie traurig und deprimiert, ja verzweifelt, man sein kann, auf dem Weg aus dem Heim, in dem man die Eltern zurückgelassen hat. Dann weiß man bei der Rückkehr nach Hause den Trost von Familie und Freunden – und Haustieren, denn es ist ja bekannt, dass liebevoll schnurrende Katzen (und ich denke dabei natürlich an Maunzer) bestens imstande sind, aufgewühlte Seelenlandschaften sachverständig glätten zu helfen – ebenso zu schätzen, wie das Aufgefangenwerden durch die eigenen vier Wände mit den liebgewonnenen Büchern und anderen vertrauten Gegenständen bei einer Tasse Tee.

Zwischen mir und meinem Zuhause lagen aber einige hundert Kilometer, und so machte ich mich nach jedem Besuch bei meinen Eltern auf den Weg in ein fremdes, tageweise zu mietendes möbliertes Appartement, das meine Schwester für mich organisiert hatte und das preislich sehr günstig war. Ich war froh, diese für mich erschwingliche Unterkunft zur Verfügung zu haben, und doch habe ich mich nie im Leben so einsam und deprimiert gefühlt wie damals, allein mit dem Leid und dem Schmerz um meine Eltern, abgeschnitten von Familie und Freundinnen, von meiner vertrauten Umgebung, und der Angst im Nacken, wie und ob mein Körper mit diesen Belastungen ohne Rückfall fertig werden würde. Die damals dort verbrachten Stunden der Einsamkeit gehören dann auch zu den dunkelsten meines Lebens.

Nachdem der Haushalt meiner Eltern, einige Monate nach dem Umzug meines Vaters ins Heim, aufgelöst worden war, hatte ich sozusagen ein Standbein verloren. Ich war nun heimatlos in Deutschland, und es kam mir vor, als hätte ich Deutschland erst jetzt wirklich verlassen. Auch das machte mir zusätzlich zu schaffen. Das Leben hatte mir ein radikales Loslassen auf ganzer Linie auferlegt. Das fiel mir aber gerade jetzt besonders schwer.
Seit meiner Krebsoperation hatte sich nämlich in mir eine kuriose Wandlung vollzogen. War ich früher an jedem Ort sofort heimisch und vergaß Brüssel während dieser Zeit gänzlich, so hatten seit meiner Operation meine eigenen vier Wände eine ganz neue Bedeutung für mich gewonnen. Nur dort konnte ich mich jetzt wirklich geborgen fühlen und Zuflucht nehmen vor den Kümmernissen des Lebens. Ein nie vorher gekanntes Heimweh nach der Geborgenheit meiner Wohnung hatte sich eingestellt, und es hat mich bis heute nicht mehr verlassen.

Nachdem mein Vater zusehends verfiel, hatte der Tod leichtes Spiel mit ihm. Ich war auf dem Weg nach Süddeutschland, um dort an einem Seminar teilzunehmen und hatte einen Zwischenstopp eingelegt, um meine Eltern zu besuchen. Mitten im Gespräch wurde mein Vater plötzlich sehr blass. Seine Haut fühlte sich kalt an und sein seltsamer Blick machte mir Angst. Ich rief die Schwester, die meinen Vater schnell in die Kissen bettete. Nach einer Weile erholte er sich und es ging ihm wieder besser. Ich fragte die Schwester nach der Bedeutung dieses Zwischenfalls. Ich erhoffte mir von ihrer Erfahrung im Umgang mit alten, kranken und sterbenden Menschen eine Entscheidungshilfe dahingehend, ob ich meine Reise annulliere solle.

„Ihr Vater kann heute sterben oder in ein paar Wochen oder Monaten", meinte sie, „das weiß niemand."
Also hatte sich an der Situation im Prinzip nichts geändert. Ich erklärte meinem Vater, dass ich ihn in drei Tagen auf der Rückreise wieder besuchen würde und setzte meine Reise fort. Das Seminar zum Thema „Heilen" wollte ich nicht unnötig verpassen, denn ich erhoffte mir davon einiges an Anregungen, und es war ja wahrscheinlich, dass nicht nur ich, sondern auch meine Eltern davon würden profitieren können.
Mein Vater verstarb einige Stunden bevor ich wieder im Heim eintraf. Er hatte nicht auf mich gewartet, aber meine Mutter war bei ihm gewesen. Ehrlich gesagt, hätte ich auch etwas Angst gehabt, sein Sterben zu begleiten, zu viel an Unaufgearbeitetem lag noch zwischen uns und hätte mich überfordert.
Etwas Seltsames war hingegen genau in den Stunden passiert, als mein Vater diese Welt verließ. Ich saß im Zug auf der Rückreise, als sich ein jüngerer Mann neben mich setzte. Ich war beeindruckt davon, wie er mich sofort regelrecht unter seine Fittiche nahm, alles für mich zurechtrückte, meinen Pappbecher für mich entsorgte und Ähnliches.
Das war aber nicht das einzig Ungewöhnliche. Ich erinnere mich nicht mehr, was den Anstoß gab, aber unvermittelt und übergangslos rezitierten wir plötzlich im Wechsel wunderschöne Gedichte, die ich damals noch in großer Zahl auswendig konnte, und er nicht minder. Es lag eine ungewöhnliche Tiefe in diesem Austausch, eine Andacht, etwas Feierliches, dem Beten nicht unähnlich, und es nahm mich innerlich gefangen und ließ mich meine Umgebung kaum noch wahrnehmen. Noch heute spüre ich die Dichte, die uns umgab, und ich frage mich, ob er vielleicht ein Engel in Menschengestalt war, denn etwas sehr Ungewöhnliches ging von ihm aus. Und es passiert ja auch nicht alle Tage, dass zwei Reisende im Zug

aus dem Nichts heraus wechselseitig tiefsinnige Gedichte aus-
tauschen.

Ich bin überzeugt, dass das Aufsagen der Dichterkunst – wie
jede wahre Kunst durch Inspiration aus himmlischen Gefilden
geboren – meinem Vater in seiner Todesstunde Raum gab,
wie eine luftige Kathedrale aus Ernsthaftigkeit, Würde und
Sinn.

Noch in Brüssel, vor Reiseantritt, hatte ich einen Traum gehabt. Es war eigentlich kein Bild, eher ein Gefühl, dass da eine Person, ein Wesen war. Ich hörte im Traum die Worte:
„Am Wochenende wird etwas passieren."
„Ich will es nicht wissen", antwortete ich ohne Zögern. Offensichtlich hatte ich mein Tagesbewusstsein mit der Angewohnheit, den Kopf in den Sand zu stecken, mit in die
Traumwelt genommen.

Auf meine Antwort hin sah ich den Zipfel eines Gewandes,
das sich schwungvoll wegdrehte und entfernte.

„Ich hätte besser fragen sollen, was passieren wird, dann hätte
ich mich vorbereiten können", dachte ich noch im Traum.

Das so angekündete Geschehnis an jenem Wochenende war
aber der Tod meines Vaters.

Nicht nur Träume, auch symbolträchtige Lebensumstände geben ständig Kunde von dem, was uns beschäftigt oder dem-
nächst beschäftigen wird. Das hatte ich vor einiger Zeit selbst
erfahren.

In der Straße, die in etwa 300 Metern Entfernung parallel zu
unserer verläuft, hat ein Gynäkologe seine Praxis. Beide Häuser tragen die gleiche Hausnummer. Als ich den Krebs schon
ohne es zu wissen in mir trug, klingelten innerhalb kurzer Zeit
drei verschiedene Frauen bei uns mit dem Anliegen, den Gynäkologen aufsuchen zu wollen, obwohl natürlich an unserem
Haus kein derartiges Arztschild angebracht ist. Ich verwies sie
darauf, dass sie sich in der Straße geirrt hätten, war aber viel

zu beschäftigt, um weiter darüber nachzudenken. So entging mir dieser frühe Wink des Schicksals, die Symbolik, dass ich in unserem Haus es war, die einen Termin bei einem Gynäkologen dringend brauchte.

Meine Mutter reagierte äußerlich gefasst auf den Tod meines Vaters, aber nach über 55 gemeinsam gelebten Ehejahren trat wohl eine Leere ein, die zu groß war. Meine Mutter wurde leiser und noch dünner.
„Untergewicht allein kann eine Todesursache sein, man kann daran sterben", mahnte ich.
Ich wollte, dass ihr bewusst war, welches Risiko sie einging. Aber anders als nach dem Schlaganfall, als sie begeistert die Kraftpäckchen-Nahrung, die ich ihr aus Brüssel mitgebracht hatte, zu sich nahm, lehnte sie jetzt dankend ab. Zwingen wollte ich sie natürlich nicht, auch nicht geschickt überreden, denn nur sie konnte wissen, was für sie richtig war.
Es folgten mehrere Einweisungen ins Krankenhaus, und auch Silvester der Jahrtausendwende verbrachte ich, ihren Schlaf bewachend, an ihrem Krankenbett. Ich hatte mir Sorgen gemacht, dass das Jahrtausendfeuerwerk sie aus ihrer nun still gewordenen Welt reißen und sie ängstigen würde, denn diese Feierlichkeiten waren weit weg für jemanden, der schon auf der Reise in die andere Wirklichkeit war. Sie verschlief aber den Augenblick und verpasste das Umblättern der „neuen Seite, auf der noch Alles werden kann"[43] (Rilke).
Knapp sechs Monate nach dem Tod meines Vaters schloss auch meine Mutter für immer die Augen.

„Nun kann ich nie mehr sagen: ‚Meine Eltern sind …' nur noch ‚Meine Eltern waren …'", schoss es mir durch den Kopf. „Ich bin jetzt Vollwaise."
Beim Tode meines Vaters betrauerte ich vor allem das, was hätte sein können, aber nie war; meine Mutter und ich hinge-

gen hatten im letzten gemeinsamen Jahr unserer Beziehung eine reichhaltige Ernte einfahren können.

„Wenn meine Mutter stirbt, verliere ich den Verstand", hatte ich früher oft gesagt und befürchtet, dass die Schuldgefühle aus unserer komplizierten Liebe-Hass-Beziehung mit missglückter Ablösung mich nach ihrem Tod in die Tiefe reißen könnten. Aber das Schockerlebnis des anberaumten und in letzter Minute abgesagten Stelldicheins mit dem Tod auf der Intensivstation hatte einen allumfassenden Heilungsprozess unserer Mutter-Tochter-Beziehung in Gang gesetzt, in dem alles Verworrene, Verwirrte und Verirrte, das ja oft auf unerklärliche Weise und wider Willen aller Beteiligten wie Pech an ihnen klebt und eine Beziehung aufs Schädlichste unterwandern kann, wie in einem reinigenden Feuer geklärt und der neurotischen Zwietracht ein Ende bereitet wurde.

Von der Zeit, die dem Tod meiner Mutter vorausging, möchte ich aber noch ein wenig mehr erzählen:
Ich hatte die Besuche bei meiner Mutter in den Monaten nach dem Tod meines Vaters wieder intensiviert, galt es doch erneut, ihr über eine Krise hinwegzuhelfen. So war ich auch jetzt wieder auf dem Weg nach Deutschland unterwegs. Allerdings spürte ich diesmal einen starken Widerwillen in mir und wäre am liebsten in Belgien geblieben. „Sicher, weil ich mir die Fahrt kräftemäßig überhaupt nicht zutraue", versuchte ich eine Erklärung dafür zu finden.
Als ich im Krankenhaus ankam – es war einer jener stickigen Juli-Tage – und in das Zimmer meiner Mutter trat, lag sie im Bett wie eine Puppe, bar jeglichen Tonus, und in ihrem Gesicht waren die Strapazen zu lesen, die Hitze und Herzschwäche, die sich in den letzten Wochen eingestellt hatte, ihr auferlegten. Ich bereute sofort, dass ich in Brüssel noch gebummelt hatte, um mich vor der Fahrt zu drücken.

Die Vorrichtung für die Sauerstoffzufuhr, die ihr Atmen unterstützen sollte, hatte meine Mutter zur Seite gelegt, aber
nach einiger Zeit konnte ich sie davon überzeugen, dass es ihr
Erleichterung verschaffen würde, sie wieder anzulegen. Dann
lief ich Sturm beim medizinischen Personal. Meine Mutter
war aus dem einzigen Grund ins Krankenhaus eingeliefert
worden, dass die erforderliche differenzierte Behandlung, um
ihre Herzschwäche in den Griff zu bekommen, die Pflegenden
im Heim überforderte. Warum tat man also nichts? Warum
gab man ihr kein entsprechendes Medikament, deshalb war
sie schließlich eingewiesen worden. Nach einigem Hin und
Her und Diskussionen bekam sie eine Spritze, und ihr Zustand
verbesserte sich etwas.
Ich wich nun nicht mehr von ihrer Seite. Am Abend nach dem
Schichtwechsel traf ich im Gang auf die Ärztin, die soeben ihren Dienst angetreten hatte. Sie machte einen Schritt auf mich
zu und sagte:
"Ich glaube, Ihre Mutter wird heute Nacht sterben."

Der mit Schrecken so viele Male antizipierte Moment war da,
aber statt in Angst, verfiel ich in eine tiefe Ruhe. Ich hatte
schon seit Jahren die Bitte in mein Nachtgebet eingeschlossen, trotz Wohnsitzes im Ausland im Moment des Sterbens
bei meiner Mutter sein zu können. Diese Bitte war offensichtlich erhört worden, und ich war dem Himmel und dieser wun-
dervollen Ärztin dankbar, dass mir ihr Hinweis die Klarheit
gegeben hatte, die ich brauchte, um mich jetzt ganz auf meine
Mutter und ihre Bedürfnisse einzustellen.
Ich kannte den Wunsch meiner Mutter, wenn ihr Leben zu
Ende gehen würde, das Sakrament der Krankensalbung zu
empfangen, und da ich jetzt wusste, dass diese Zeit gekommen war, rief ich als Erstes einen Priester. In der Zwischenzeit war auch meine Schwester eingetroffen, und wir begrüß-

ten den herbeigeeilten Priester, der alsbald anfing, seine Vorbereitungen zu treffen.

„Wollen Sie, dass ich Kerzen anzünde?", fragte er uns.

„Ja!", klang es vom Bett her laut und vernehmlich aus dem Mund meiner Mutter, noch bevor meine Schwester und ich Gelegenheit gehabt hatten zu antworten. Diese Frau hatte vielleicht nie Luthers Worte „Auch wenn ich wüsste, dass morgen die Welt untergeht, würde ich heute noch ein Apfelbäumchen pflanzen"[44], gehört, aber sie lebte ihr Leben intensiv bis zu jener letzten Minute, in der sie es würde loslassen müssen, ganz im Sinne dieser Worte. Es ging um sie, warum fragte der Priester also uns und nicht sie? Das konnte sie ihm nicht durchgehen lassen.

Ich finde es bewundernswert, dass meine Mutter sich weigerte, ihr Leben aus der Hand zu geben und sie betreffende Entscheidungen an andere zu delegieren, bevor die Zeit dafür gekommen war. Der Priester schaute ziemlich verdutzt drein, Derartiges erlebte er vielleicht nicht oft.

Meine Mutter würde mich in den Stunden, die vor ihr lagen, brauchen, und ich war bereit und fühlte mich fähig, sie zu begleiten. Meine Schwester beschloss nach Hause zu fahren und später wiederzukommen. Ich wandte mich meiner Mutter zu. Wir waren zwar nicht allein im Zimmer – ein Krankenhauszimmer noch dazu – aber wir sprachen leise und fühlten uns ganz ungestört, zumal die anderen Patientinnen mittlerweile zu schlafen schienen.

Nun zahlte sich aus, was ich im Heilungsseminar in Süddeutschland gelernt hatte, und ich möchte es an Sie, liebe Leserinnen und Leser, weitergeben. Dort hatte ich nämlich erfahren, dass man, anstatt die Hand eines Kranken oder Sterbenden zu halten, vielmehr die eigene Hand unter die seine oder ihre legen sollte, um somit ihm selbst die Entscheidung zu überlassen, den Kontakt aufrecht zu erhalten oder seine Hand wegzunehmen, ganz nach seinem Befinden und augenblicklichen Bedürfnissen.

Meine Mutter machte davon auch ständig Gebrauch, je nach Gefühlslage und Erleben des Augenblicks, und ich war dankbar für diese im Seminar gelernte Geste, die Nähe anbietet aber nicht aufdrängt.

Seien Sie nicht traurig, wenn Sie diese und andere Chancen in ähnlicher Situation mit einem Ihnen nahe stehenden Menschen nicht gehabt oder verpasst haben. Wie jeder Mensch sein ihm eigenes Leben hat, so hat er auch seinen ihm eigenen Tod, und vieles, was dabei geschieht, liegt außerhalb unserer Einflussnahme.

Ich kannte aus meiner Kindheit noch die alten Marienlieder, die meine Mutter sehr mochte. Instinktiv stimmte ich sie an, und bald sangen wir zusammen.

„Maria, breit den Mantel aus, mach Schirm und Schild für uns daraus ..."[45]

Es war so, dass ich sehr langsam sang, und ab und zu eine Lücke ließ, und dieses Wort übernahm dann meine Mutter.

„Meerstern, ich dich grüße, oh, Maria hilf!"[46]

Meine Mutter war im tiefsten Frieden. Die Lieder spendeten ihr Trost und halfen ihr, das Leben loszulassen in der Zuversicht, dass der Weg, auf den sich zu machen sie jetzt aufgerufen war, ein guter war.

Ihre schwarzen Augen blickten dabei ruhig, aber so ernst, wie ich sie nie zuvor gesehen hatte, und mir wurde zum ersten Mal bewusst, woher das so gedankenlos im täglichen Leben verwendete „todernst" rührt.

Sie hatte sich die ganze Zeit kaum bewegt, bewegen können, aber nun erhob sie sich einige Male, setzte sich auf und blickte mit großem Ernst und größter Aufmerksamkeit zum Fenster. Ich weiß nicht, was sie dort sah. Ich hätte es gerne gewusst, aber ich wagte nicht, den feierlichen und friedlichen

Schleier, der über allem lag, durch neugierige Fragen zu zerreißen. Diese Erfahrung gehörte ihr, und wenn sie gewollt hätte, hätte sie sie ja mit mir geteilt.

Ich legte meine Hand unter die ihre, und die Majestät und Heiligkeit dieser Stunde, in der meine Mutter diese Welt verlassen sollte, teilte sich uns beiden mit. Durch den Trost der alten Kirchenweisen und ihre eigene innere Weisheit begegnete meine Mutter dem Moment des letzten großen Loslassens in vollkommenem Frieden und ohne jeden Kampf. Sie schloss die Augen, ihr Atem wurde leiser und unregelmäßiger, bis er ganz verstummte. Nach einer Weile tat sie noch einmal einen tiefen Atemzug, ihren letzten. Ich blieb an ihrem Bett sitzen, ein unglaublicher Frieden, eine unglaubliche Kraft erfüllte mich, und ich sollte diese innere Energie noch wochenlang in mir spüren.

Inzwischen war meine Schwester zurückgekehrt, und wir warteten noch eine Weile, bevor wir die Nachtschwester riefen. Ich wollte ganz sicher sein, dass niemand zu schnell diesen Frieden störte. Ich hätte noch länger warten sollen, denn als die Schwester kam, verfiel sie in oberflächliche Plaudereien, nach denen mir nicht zumute war. Auf meine Bitte stellte man aber das Bett in einen leeren Raum, und so konnte ich noch einige Stunden bei meiner Mutter verweilen.

Es war ein Privileg, dieses Sterben begleiten zu können und es hat mich auf immer verändert. Ich war dankbar, dass meine Mutter diese Erde so friedlich verlassen konnte, denn obwohl man es wegen ihrer Fröhlichkeit nie vermutet hätte, hatte ihr das Leben doch so manche schwere Bürde auferlegt.

Die Zeit der Trauer wurde mir in den folgenden Wochen und Monaten durch diese Erfahrung erleichtert, aber es dauerte lange, jahrelang, bis diese Wunde zur Narbe geworden war.

Mit jedem Menschen verschwindet
ein Geheimnis aus der Welt,
das vermöge seiner besonderen Konstruktion
nur er entdecken konnte,
und das nach ihm niemand wieder entdecken wird.[47]

(Friedrich Hebbel)

8. Nach-Sorge

> Sag ja zu den Überraschungen,
> die deine Pläne durchkreuzen,
> deine Träume zunichte machen,
> deinem Tag eine ganz andere Richtung
> geben – ja vielleicht deinem Leben.
> Sie sind nicht Zufall.
> ...[48]
>
> (Helder Camara)

Die Zeit ging ins Land nach der Schicksalsstunde Null der Krebsdiagnose, und aus den Tagen wurden Wochen, aus den Wochen Monate, und die Monate wurden zu Jahren. Der Schmerz, an Krebs erkrankt zu sein, wurde schwächer, und mit jedem „exzellent" aus dem Munde meines Onkologen als Zusammenfassung meines Nachsorgeergebnisses wuchs die Hoffnung auf ein halbwegs normales Leben nach dem Krebs ein wenig mehr.

Freilich musste dieses Bonbon sauer verdient werden, denn vor jedem Nachsorgetermin schnellt der Angstpegel bei den meisten Krebserkrankten noch einmal rapide in die Höhe. Schlaflose Nächte, endloses Grübeln und wilde Phantasien und Ängste gehen ihm voraus. Die emotionalen Achterbahnfahrten, die fast jeder Krebspatient kennt, nehmen rasant an Geschwindigkeit zu und verstärken den Eindruck des Ausgeliefertseins.

Die Überzeugung „Alles ist in Ordnung", wird in Sekundenschnelle abgelöst von: „Was mache ich bloß, wenn mir mitgeteilt wird, ich habe nur noch ein paar Wochen zu leben?" Nach einer Weile gelingt es einem wieder, Fuß zu fassen: „Ich habe das Gefühl, alles ist in Ordnung", lautet nun wieder die hoffnungsvolle Devise, nur um dann wieder abrupt umzuschlagen in: „Was mache ich bloß, wenn ...". Ein zermürbender Kreislauf, der meist länger andauert als der Glückzustand, wenn man das „exzellente" Resultat erfährt. Denn die Zweifel kommen schnell zurück. Wohl dem, dessen Kraftquellen in diesen turbulenten Zeiten von Belastung noch verlässlich sprudeln.

Nach jedem „exzellent" feierte ich erst einmal solo. Ich hatte das große Glück, dass „mein" Krankenhaus im Zentrum von Brüssel liegt, und diesen Umstand machte ich mir nach jeder onkologischen Konsultation zunutze. Auf den Treppen hinaus rief ich zuerst Mike an und berichtete, dass mein Resultat schon wieder „exzellent" sei. Der Arzt sei sehr zufrieden mit mir gewesen (und vielleicht auch mit sich selbst). Dann stürzte ich mich genussvoll ins Stadtleben.
Wie gewohnt bog ich links ab und begab mich in die großzügige Einkaufsgalerie. Außer der guten Nachricht machte auch die Tatsache, dass ich ansonsten nicht oft in die City ging, dies zu einem prickelnden und besonderen Unternehmen mit Seltenheitswert. Ich fühlte mich euphorisch und leicht überdreht vor Freude nach Vernehmen der guten Kunde. Das übliche Ritual, zunächst in einer Frühstücksbar einem Kaffee und einem – besser zwei, gelegentlich auch drei – Croissants zu frönen musste jetzt zwangsläufig folgen, denn es bedeutete mir sehr viel.
Da saß ich nun, sehr glücklich und sehr erleichtert, strahlte vor mich hin und genoss die Situation grenzenlos, mal ganz in mich versunken – das „exzellent" des Onkologen ließ ich mir dabei im Gleichschritt mit dem schwarzen, heißen Kaffee und den Croissants noch einmal genüsslich auf der Zunge zergehen – mal mich lächelnd der ganzen Welt zuwendend. Dabei fragte ich mich verwundert, warum denn nicht alle ihrerseits zurücklächelten. Überhaupt, wie konnte man bloß so griesgrämig in diese schöne Welt blicken?

Anschließend folgte der Streifzug durch die Boutiquen. Nein, nicht dieses langweilige Beige. Und Schwarz? Ich bin doch nicht in Trauer! So mussten mehrere Geschäfte abgearbeitet werden, bis ich endlich etwas fand, das meiner gehobenen Stimmung Ausdruck verleihen konnte. Ein rotes Stretch-Minikleid hatte es mir angetan. Eigentlich war es viel zu eng, aber der Stretch-Stoff machte bei der Anprobe – das knallige, ins Orange gehende Rot war doch einfach zu schön – seinem Namen alle Ehre. Mit einer Qualitätsleistung, die ich bei seinem Preis gar nicht vermutet hatte, quetschte und glättete dieses Etwas von Kleid alles das nieder, was sozusagen „überstand", und das ohne verdächtiges Knacken der Nähte. Nach kurzem Kampf zeigte auch der Reißverschluss Einsicht und ließ sich schließen. Damit war die Entscheidung gefallen: „Packen Sie mir das bitte ein?"

Es stimmt zwar, dass ich dieses Kleid noch nie getragen habe (außer an heißen Sommertagen im Schutze der eigenen vier Wände), doch hängt es noch in meinem Kleiderschrank und erinnert mich, wann immer mein Blick liebevoll darauf fällt, an einen sehr glücklichen Tag und zaubert auch heute noch ein Lächeln auf mein Gesicht.

Mit der Zeit lockerte der Onkologe den Nachsorgerhythmus und verlängerte die Abstände zwischen den Untersuchungen. Und die freudetrunkene Tour durch die City nach jedem „exzellent" war zu einer selbstverständlichen, festen Gewohnheit geworden, so als handele es sich dabei um einen unabtrennbaren „Teil 2" meines Arzttermins.

Der routinierte, feste Ablauf der vielen Nachsorgebesprechungen im Laufe von fast fünf Jahren ließ kaum Raum für Abweichungen. Allerdings war mir nicht verborgen geblieben, dass mein Onkologe während der vergangenen Termine wortkarger geworden war. Er begrüßte mich weniger enthusiastisch, lächelte müde und melancholisch und ließ seine übliche Dynamik vermissen.

„Alles in Ordnung", hieß es ab jetzt nur noch lapidar, und dabei blätterte er, Konzentration vortäuschend, in irgendwelchen Papieren und vermied es, mich anzusehen. Ich nahm es ihm nicht übel, schließlich sind Ärzte ja auch Menschen mit Privatleben. Vielleicht war ein ihm nahe stehender Mensch krank, war gestorben oder es gab Zwist am Arbeitsplatz. War er am Ende gar selbst erkrankt? Auch ein Arzt kann schließlich von Krankheiten und Depressionen geplagt werden.

Weil ich nicht ahnte, dass sich ein schweres Unwetter über mir zusammenbraute, ging ich auch nicht in Deckung. Und so trafen mich seine Worte eines Tages völlig unvorbereitet und mit ganzer Wucht.

„Es gibt da ein kleines Problem mit Ihren Tumormarkern!"
Ich schnellte hoch und sprang von meinem Stuhl auf. Wenigstens auf meinen Fluchtreflex war noch Verlass. Wie im Traum drangen meine eigenen Worte an mein Ohr:
„Reden Sie weiter, aber ich muss dabei auf und ab gehen."
„Regt Sie das denn so auf?" Er sah mich direkt an und lächelte nun wieder, wie in alten Zeiten, erleichtert, dass die Bombe gezündet und die gefährliche Fracht aus ihrem Schattendasein – wo sie, nur dem Onkologen bekannt, seit einiger Zeit gelauert hatte – befreit und an den rechtmäßigen Besitzer übergeben worden war.

„Krebs ist schließlich kein Schnupfen", sagte ich.
Woher kamen diese Worte bloß, was redete ich da? Ich fühlte mich doch viel zu überrumpelt von der Nachricht, die aus blauem Himmel gekommen war und war eigentlich unfähig zu antworten. War ich wie ein ferngesteuerter Roboter, wie jemand der, koste es was es wolle, unbedingt sein Gesicht wahren musste? Und welches Gesicht war es, das es zu wahren galt? Wessen Bedürfnisse bediente ich da eigentlich?

Auf seltsame Weise ist Krankheit in unserer Gesellschaft immer auch mit Schande belegt, von der Aura des Scheiterns umgeben und wird darum am liebsten anderen gegenüber verschämt verschwiegen oder – wenn das, wie in meinem Fall, nicht möglich ist – heruntergespielt. Vielleicht liegen die Wurzeln für dieses Verhalten in dem Glauben an das alttestamentarische göttliche Strafgericht, wo Krankheit als Folge von – und als Strafe für – Sünden gedeutet wurde. Anders kann ich mir nicht erklären, dass ich mir, wie viele andere in ähnlicher Situation, zur unbedingten Auflage machte, vor allem gute Miene zum bösen Spiel zu machen.

Im Rückblick macht es mich traurig, dass meine Priorität in diesem sensiblen Augenblick im Außen, bei anderen, lag. Statt zu mir und meinen konfusen Gefühlen zu stehen glaubte ich, ein künstliches Bild meiner selbst in die Welt projizieren und Überlegenheit demonstrieren zu müssen.

Wie bei der Erstdiagnose, als ich aus heiterem Himmel mit Krebs konfrontiert wurde, hatte es auch bei dieser Neuauflage des Traumas keine Vorwarnung gegeben. Oder besser: Keine Vorwarnung für mich. Die Sprache der schon länger erhöhten und kontinuierlich ansteigenden Tumormarker – eine Tatsache, die der Onkologe mir aber vorenthalten hatte – war eigentlich ziemlich deutlich gewesen.

„Warum haben Sie mir das so lange verschwiegen?", fragte ich bitter. Die Antwort des Onkologen, erst einmal den weiteren Verlauf abwarten zu wollen, überzeugte mich nicht. Ich hätte doch schon eher etwas unternehmen können, im Augenblick des ersten Geschehens, und ich fühlte mich darum betrogen, um eine wichtige Chance gebracht.

„Kann dieser Prozess sich noch zurückbilden?"

„Nicht mehr in diesem Stadium", gab er zu, und diese Antwort und meine Wut und Enttäuschung, erst jetzt davon zu erfahren, löste neben dem Diagnoseschock auf einem Neben-schauplatz einen zweiten Gefühlstumult aus.

Nun ist das so eine Sache mit den Tumormarkern. Sie sind zwar zur Verlaufskontrolle während einer Therapie gut brauchbar, ansonsten aber nur bedingt aussagekräftig und eig-nen sich daher auch nicht zur Krebsfrüherkennung bei Gesun-den. Manche Menschen haben einfach erhöhte Marker, und verschiedene Faktoren - wie Rauchen beispielsweise - lassen sie ebenfalls ansteigen. Auch bei früher an Krebs Erkrankten bedeutet ein Anstieg nicht unbedingt ein Wiederaufflammen der Krebsaktivität. Ich kenne Menschen, bei denen die Marker lange erhöht waren, und keine Untersuchungsmethode ein Krebsgeschehen an den Tag brachte. Auch, als die Werte ei-nes Tages wieder ein normales Bild lieferten hatten die Ärzte keine Erklärung dafür.

Im Prinzip hätte ich es also dem Onkologen gleichtun und erst einmal abwarten können, ob ich überhaupt real vom Unheil bedroht war. Vom Zeitpunkt der Entdeckung des Ersttumors bis zum Wiederansteigen der Tumormarker hatten diese in meinem Fall aber immer verlässlich das Krebsgeschehen do-kumentiert. Das war freilich nicht sehr tröstlich, musste ich doch damit rechnen, dass das jetzt notwenig gewordene CT Schlimmes an den Tag befördern würde.

Dem war aber nicht so. Dr. A. selbst hatte den Termin dafür telefonisch für mich reserviert, denn Eile schien geboten. Ich war zu zerknirscht, um zu triumphieren, als keine Metastasen und auch sonst nichts Krankhaftes im CT sichtbar wurde. Ich plädierte innerlich heimlich auf Freispruch mangels Beweisen und Entlassung auf Bewährung, aber Dr. A. wischte mein un-ausgesprochenes Ansinnen vom Tisch:

„Ich schlage vor, wir machen noch einen PET-Scan" (Po-sitronen-Emissions-Tomografie).

Wie hätte ich dies in meiner Situation abschlagen können? Ich hatte zwar „null Bock" auf eingespritztes radioaktives Zuckerwasser als Kontrastmittel, aber ich sah ein, dass nun Klarheit schaffen das Gebot der Stunde war. In Anbetracht der Lage musste ich, dank erneuter Intervention von Dr. A., nicht lange auf einen Termin warten.

Ich war ziemlich beeindruckt von diesem Riesending, mit dem ich in trauter Zweisamkeit das Zimmer für eine knappe halbe Stunde teilen sollte. Gott sei Dank war ich an einen nicht nur kompetenten, sondern auch sehr netten und einfühlsamen Arzt geraten. „Wessen Herz voll ist, dem geht der Mund über"[49], weiß der Volksmund, und mein Herz war übervoll. Da ich sofort Vertrauen zu diesem Arzt gefasst hatte – ein äußerst gutes Gefühl in vergleichbarer Situation – legte ich nicht nur im Bezug auf meine gesundheitliche Situation los, sondern erzählte auch, dass ich unter diesem Ungetüm ziemlich an Platzangst litt. Er fackelte nicht lange und platzierte mich daraufhin einfach in umgekehrter Richtung auf die Liege, dann hätte ich auch „die Tür im Blick". Nicht nur dieser Umstand reduzierte meine Angst tatsächlich auf der Stelle, auch aus anderen Gründen wurde mir ganz warm ums Herz. Statt spöttisch abgekanzelt zu werden, hatte er mich so akzeptiert, wie ich war, und dann hatte er auch noch alles in seiner Macht Stehende getan, um mir so gut es ging zu helfen. Was dabei herauskam war, dass sich mein geknicktes Selbstbewusstsein sofort wieder hoffnungsvoll und frisch motiviert aufrichtete. Danke an diesen mir namentlich unbekannten Arzt und an alle seine Kolleginnen und Kollegen, die ähnlich positive Aufbauarbeit leisten!

„Sie wissen ja noch gar nicht, ob Sie überhaupt einen Rückfall haben", beruhigte er mich noch, bevor es losging.

Ich wusste tatsächlich zu diesem Zeitpunkt nicht, ob ich einen Rückfall erlitten hatte. Danach aber wusste ich es, die Tumormarker hatten nicht gelogen. Nicht alles, was im PET-

Scan erscheint, muss Krebs sein, auch entzündliche Vorgänge im Körper werden mit dieser Methode angezeigt. In meinem Fall waren Lymphknotenmetastasen nachzuweisen. Die Wahrheit war an den Tag gekommen, und der Schock saß tief. Würde es mir jemals gelingen, den Scherbenhaufen, den dieser Befund aus meinem Leben gemacht hatte, wieder zu einem heilen Ganzen zusammenzusetzen?

Ich taumelte einige Tage durch eine Welt, die mir gänzlich unbekannt geworden war. So hatte ich sie noch nie gesehen. Ich ging durch diese neue Welt als eine Frau, die Metastasen hat. Auch diese Frau war mir fremd, und ich legte keinen Wert darauf, sie näher kennen zu lernen. Aber:

> Wo die Not am größten,
> ist Gottes Hilfe am nächsten.[50]

Wieder einmal bewahrheiteten sich diese Worte. Und wieder, wie damals im Krankenhaus, tauchte ich auf wie der sprichwörtliche Phoenix aus der Asche und fasste neuen Mut. Mein Kampfgeist war geweckt. So schnell würde ich das Handtuch nicht werfen. Nein, ich würde es überhaupt nicht werfen. Ich musste einen Weg suchen, mit dieser neuen Realität umzugehen, denn obzwar ich weiterhin größtes Vertrauen in die Wirksamkeit der Simonton-Methode besaß (die ich paradoxerweise immer seltener und schließlich gar nicht mehr praktiziert hatte, je schlechter es mir ging), suchte ich einen Neuanfang.

Ich beschloss, diesen Weg auch zu finden, das mir bestens aus meinem mehrjährigen Theologiegaststudium bekannte biblische Versprechen: „Beschließt du etwas, dann trifft es ein, und Licht überstrahlt deine Wege"[51] (Ijob 22,28), noch im Ohr.

Der Weg, den ich fand, hieß Jin Shin Jyutsu (Dschin Schin Dschitsu ausgesprochen), eine Heilmethode die weit einfacher ist als ihr Name und die dieses Versprechen auf beeindruckende Weise einlöste.

Nun wurde ich wieder alle paar Wochen von Dr. A. einbestellt. Jede Blutuntersuchung brachte einen Anstieg der Tumormarker zutage, mal mehr, mal weniger, aber es ging kontinuierlich und – wie es schien – unaufhaltsam nach oben mit meinen Werten. Die folgenden Ultraschalluntersuchungen bestätigten das Bekannte, nämlich vergrößerte Lymphknoten. Trotzdem drängte Dr. A. auf ein erneutes CT.

Im Laufe der vergangenen Jahre hatte es immer wieder einmal Unstimmigkeiten zwischen Arzt und Patientin gegeben, was die Häufigkeit von CT und Röntgen betraf. Ich fürchtete deren negative Auswirkungen und wollte diese Untersuchungen nicht ohne triftigen Grund machen, wobei ein CT mit der etwa hundertfachen Strahlenbelastung einer normalen Röntgenaufnahme besonders zu Buche schlägt. Ab und zu konnte ich meine Vorstellungen geltend machen, meistens setzte sich aber Dr. A. durch.

„Entweder wir machen alles oder nichts!"

Dieser freundliche Mann konnte recht unwirsch werden, wenn man sich seinem Behandlungsplan nicht sklavisch unterwarf. Einer partnerschaftlichen Beziehung mit einer mündigen Patientin konnte er offensichtlich nichts abgewinnen.

Einerseits empfand ich den von Dr. A. ausgehenden Druck als zu stark, um mich auf Dauer dagegen zu wehren – im Angesicht der erneuten Hiobsbotschaft war ich doch etwas kleinlaut geworden – andererseits wollte ich nicht schon wieder ein CT machen. Dazu fiel mir nichts ein, außer passiven Widerstand zu leisten, das CT einfach nicht zu machen, weil sich in mir alles dagegen sträubte. Unangenehmes ahnend, sprach ich nach zwei Monaten in der Sprechstunde vor.

„Ich habe das CT nicht gemacht", leistete ich gleich nach dem „Guten Morgen" Abbitte, in dem Versuch, meine innere

Spannung durch dieses Blitzbekenntnis zu entladen. Ich musste wohl einen guten Tag erwischt haben, denn Dr. A. antwortete unbekümmert:
„Das ist in Ordnung, bei Ihnen sieht man ja auch im Ultraschall alles sehr gut."
Dieses Mal war also die Krise abgewendet. Ich wusste zwar nicht, wem oder was ich diesen Umstand zu verdanken hatte, aber es war mir nur recht. Dr. A. schien es aber auch nicht zu wissen, denn bereits bei der nächsten Konsultation war er wieder auf den CT-Zug aufgesprungen und beharrte auf dessen Notwendigkeit.

Natürlich bin ich froh, dass es diese Untersuchungsmethode gibt, mit der man den Körper bei Bedarf scheibchenweise einsehen kann, ohne ihn aufzuschneiden. Nur konnte ich nicht sehen, dass die Nutzen-Risiko-Abwägung in meinem Fall im Gleichgewicht wäre, zumal, wie von Dr. A. selbst bestätigt, auch der Ultraschall verwertbare Daten lieferte.

Ich schätzte durchaus das Wissen des Mediziners Dr. A., hatte aber das Gefühl, dass meine Erwartungen an den Heil stiftenden Arzt, der Kranke auch dann weiter begleitet, wenn sie sich einmal gegen sein vorgeschlagenes Vorgehen entscheiden, auf der Strecke blieben.
Unsere beiden Standpunkte blieben unversöhnlich und jeglicher Annäherung unzugänglich. Ich konnte mich mangels Einsicht in den Sinn nicht zu diesem CT durchringen und schon bei dem Gedanken daran sperrte sich in meinem Inneren alles. Dr. A. seinerseits bestand darauf, dass ich mich dieser Untersuchung unterzog und übte starken Druck auf mich aus.
Ich wand mich hin und her und wusste nicht, was ich tun sollte. Ich wollte weiterhin Patientin von Dr. A. bleiben, fand aber keine Lösung, wie ich das bewerkstelligen konnte ange-

sichts seiner kompromisslosen Haltung. Mein nächster Termin sollte in zwei Monaten sein, aufgrund dieses Dilemmas wurden aber schließlich sieben daraus.

9. Der Griff in die Wundertüte

> Was abfallen muss, fällt ab;
> was zu uns gehört, bleibt bei uns,
> denn es geht alles nach Gesetzen vor sich,
> die größer als unsere Einsicht sind
> und mit denen wir nur scheinbar
> im Widerspruch stehen.[52]
> (Rainer Maria Rilke)

Begeben wir uns in diesem Kapitel erneut in die Zeit, in der meine Tumormarker anfingen, nach oben zu klettern. Wie bereits angedeutet, enthält das vorige Kapitel nur einen Teil der ganzen Wahrheit, der schönere kommt noch.

Der Tumormarker-Normalbereich ist für die verschiedenen Krebsformen unterschiedlich definiert, und darüber hinaus können auch die einzelnen Labore selbst von einander abweichende Werte festsetzen. In meinem Fall galt sogar in ein und demselben Labor zunächst ein Ergebnis, das 32 übersteigt, als erhöht; später senkte man die Höchstgrenze auf 16 ab.
Meine Werte stiegen außergewöhnlich langsam an (ein derart langsamer Anstieg kommt sonst eigentlich nur im hohen Lebensalter vor, in dem die Zellerneuerung entsprechend verlangsamt ist), und in einem Zeitraum von über vier Jahren erreichte ich als höchsten gemessenen Wert 49. Das ist aber trotzdem eindeutig zu hoch. Auch wenn man die Möglichkeit sehr viel höherer Werte bedenkt – Lance Armstrongs Tumormarker hatten unglaubliche 109.000 erreicht[53] – gab das noch keinen Anlass zur Freude, dass ich etwa „nur ein bisschen" Krebs hätte. Denn Metastasen hat man oder man hat sie nicht.

Worauf der günstige Verlauf meines Krebsrückfalls zum großen Teil zurückzuführen war, lässt sich meines Erachtens nach in drei Worte fassen: Jin Shin Jyutsu. Davon handelt dieses Kapitel. Einen kleinen Umweg nahm das Ganze aber dann doch noch.

Mein Mann Mike hatte sein ganzes Leben lang vor Gesundheit gestrotzt und war mit sowohl seelischen als auch körperlichen Bärenkräften in diese Welt gekommen.
„Du bist mein Fels in der Brandung", pflegte ich bei gegebenem Anlass zu sagen.
Als meine Mutter noch lebte, versorgte sie uns gelegentlich mit Blutdruckmessungen mit dem hauseigenen Gerät. Während mein Blutdruck notorisch tief war und mir oft entsprechende Probleme bereitete, war der von Mike immer mehr oder weniger bilderbuchmäßig. Nun war meine Mutter aber seit einiger Zeit verstorben, und welcher Mann im vermeintlichen Vollbesitz seiner Kräfte, geht schon freiwillig zum Arzt? Auch meinen Überredungskünsten wusste sich Mike immer wieder zu entziehen, bis ich eines Tages genervt sagte:
„Du bist alt genug. Ich bin es leid die Verantwortung für deine Gesundheit zu übernehmen und dabei noch auf dauernde Ablehnung zu stoßen. Ab jetzt sage ich nichts mehr!"
Daran hielt ich mich zunächst auch. Ich weiß nicht mehr genau, wie viel Zeit verging und warum ich meine Meinung revidierte, aber eines Tages war es so weit, dass ich wieder vorschlug:
„Willst du nicht doch noch mal eine Vorsorgeuntersuchung machen?"
Zu meinem Erstaunen und seinem großen Glück willigte Mike diesmal ein. Bei der Untersuchung kam ein schlimmer Bluthochdruck zu Tage, der schon deutliche Spuren, ja Schäden an Herz und Nieren hinterlassen hatte.
„Wären Sie ein Jahr später gekommen, hätte ich nichts mehr für Sie tun können", sagte der Arzt und schaute uns ernst an.
„Jetzt gilt es, den Blutdruck ganz sanft zu senken." Wir waren

schockiert und erleichtert zugleich, denn immerhin hatte die Schulmedizin für diesen Fall effiziente Medikamente parat und konnte helfen, das Schlimmste abzuwenden.

Kurz darauf erhielt ich einen Anruf von Elo, der guten Seele unserer Selbsthilfegruppe. Elo und ihr Mann Fritz sind immer bestens darüber informiert, was die sanfte Medizin an Hilfe zu bieten hat.

„Du, ich hab da etwas in der von der Karl und Veronica Carstens-Stiftung (von Alt-Bundespräsident Karl Carstens und seiner Frau Dr. Veronica Carstens gegründet) herausgegebenen Publikation „Natur und Medizin" gelesen, das auch bei hohem Blutdruck helfen soll. Es heißt Jin Shin Jyutsu. Wäre das nichts für deinen Mann?"

„Ja, sicher, er kann jede Hilfe brauchen, die es gibt", sagte ich und notierte mir die Literaturangabe. Später jedoch änderte ich meine Meinung.

„Ach, nicht schon wieder etwas, das garantiert hilft", dachte ich resigniert und pessimistisch. Ich hatte schon von so Vielem für so Vieles gehört und gelesen, es teilweise auch mit unterschiedlichen, nicht selten enttäuschenden Resultaten ausprobiert. Außerdem – noch ein Buch?

Wie oft hatte meine Mutter gestöhnt: „Schon wieder ein Bücherkauf? Wo willst du denn noch hin damit?", und mit einer einen Halbkreis beschreibenden Handbewegung auf die überall verstreuten Bücherberge und -stapel gedeutet. Auch der Versicherungsagent, der unser Inventar neu bewertete, hatte eine Sonderversicherungssumme für die „stattliche Anzahl von Büchern" vorgeschlagen, dabei hatte er nur einen Teil der Sammlung zu Gesicht bekommen. Das alles ging mir jetzt durch den Kopf, und ich beschloss, die Sache in die Versenkung zu entlassen.

Irgendwie gelang mir das aber nicht, und schließlich bestellte ich das mir von Elo empfohlene Buch „Heilende Berührung" von Alice Burmeister. Noch ahnte ich nicht, welch wunderbare Wende es auch für meine Gesundheit bedeutete.

Vielleicht kennen Sie das: Als die Buchhändlerin mir das Buch über die Theke reichte, hatte ich ein Gefühl großer Sympathie für dieses Werk und fühlte mich gleich davon angesprochen. Glücklich fuhr ich über die Stadtautobahn nach Hause, denn die deutsche Buchhandlung liegt ein gutes Stück von uns entfernt.

Zu Hause angekommen, öffnete ich erwartungsvoll den Buchdeckel. Ich blätterte von Kapitel zu Kapitel, um mir erst einmal einen groben Überblick zu verschaffen. Dabei trübte sich meine gute Laune von Seite zu Seite und mein Mut sank. In vielen Zeichnungen wurden zahlreiche Energiepunkte und -ströme dargestellt, bei deren Ansicht ich mich ziemlich überfordert fühlte.

Ich legte das Buch zur Seite, doch dann beschloss ich, einen zweiten Versuch zu starten. Diesmal wollte ich mich nicht gleich, wie beim Querlesen, mit allem auf einmal konfrontieren (und mir das sofortige Verstehen und Integrieren des Gelesenen abverlangen), sondern Satz für Satz, Absatz für Absatz und Seite für Seite von Anfang an lesen. Eine gute Entscheidung, denn schon im zweiten Absatz des Vorwortes, wo folgende Geschichte erzählt wird, war mein Interesse wieder geweckt:

„Zwischen zwei Männern kam es zu einem Kampf. Unter den dabeistehenden Menschen befand sich auch Pythagoras, der große Mathematiker und Philosoph. Als gerade einer der Kämpfer kurz davor war, den anderen mit seinem Schwert zu treffen, nahm Pythagoras seine Laute auf und ließ einen einzigen klaren Ton erklingen. Als der wütende Mann diesen Ton vernahm, legte er sein Schwert nieder und ging fort.“

Die Autorin weiter:

„Pythagoras' Verständnis harmonischer Beziehungen half ihm dabei, den einen vollkommenen Ton auszuwählen, der den Mann beruhigen konnte. Die Heilkunst des Jin Shin Jyutsu hilft uns, diesen Ton, diesen vollkommenen Ausdruck der Harmonie, der in uns allen existiert, zu finden."

Man denkt an Joseph Freiherr von Eichendorff: „... und die Welt hebt an zu singen, triffst du nur das Zauberwort"[54], oder auch daran, dass es in einem Gespräch darum geht, „den richtigen Ton" zu treffen. Dieses Bild gefiel mir sehr, den Zauberton zu finden, den einen, der in jedem von uns anders und einmalig klingt.

Das Buch fährt fort mit einer Aufzählung von Fallbeispielen, in denen von verschiedenen Krankheiten und Beschwerden und deren Heilung die Rede ist und die so spektakulär erscheinen, dass unmittelbar Skepsis aufkeimt. An dieser Stelle sei schon so viel verraten: Meine eigenen Erfahrungen mit dieser Heilkunst konnten sich durchaus mit diesen unglaublich und übertrieben wirkenden Geschichten messen und grenzten an Wunder. Darauf komme ich gleich zurück.
Was mich als Perfektionistin besonders ansprach, ja, regelrecht befreite, waren Sätze wie diese: „Entspannen Sie sich. Wenn es Ihnen nicht gelingt, sich zu entspannen, lassen Sie es einfach so, wie es ist. Versuchen Sie nicht, sich zu entspannen. Mit der Zeit werden Sie die Fähigkeit erlangen, sich zu entspannen, ohne es zu versuchen."
Oder die Aufforderung, man solle sich „nicht zu sehr mit der Technik aufhalten" und „Es besteht kein Anlass dazu, sich übermäßig Gedanken über eine möglichst präzise Lokalisie-

rung *[der Sicherheitsenergieschlösser, d. h. der Energiepunkte]* zu machen. Der Wirksamkeitsradius eines jeden Sicherheitsenergieschlosses beträgt 7 bis 8 cm."

Diese Zuversicht verströmenden Worte lösten einen Tatendrang und das Verlangen in mir aus, mich gleich mit Haut und Haar in das Abenteuer Jin Shin Jyutsu zu stürzen und ich unterließ es von da an, den von ihm ausgehenden Ruf an mich weiter zu ignorieren. Ich ahnte damals bereits, dass ich mit diesem Buch endlich eine Methode gefunden hatte, die die Luft rausließ aus dem von mir selbst ständig in meinem Leben aufgebauten Druck, der aus meinem Anspruch rührte, immer mindestens perfekt zu sein und zu handeln.

So beschloss ich, einfach nach und nach die in dem Buch beschriebenen Übungen auszuprobieren. Dass eigentlich mein Mann derjenige war, um den es hier ging (der sich in der Zukunft übrigens auch behandeln lassen und beeindruckende Resultate erzielen würde), trat vorübergehend in den Hintergrund, so sehr fühlte ich mich bereits zu diesem Jin Shin Jyutsu hingezogen, von dem ich doch noch so wenig wusste. Und dieses blinde Vertrauen sollte berechtigt sein.

Die vergangenen zwei, drei Jahre waren eine harte Prüfung gewesen. Ich erwähnte ja schon, wie hilflos ich der Situation meiner Eltern gegenüberstand und wie viel mir das ständige Gefordertsein so kurz nach meiner eigenen Erkrankung und Chemotherapie abverlangte. Da war es kaum verwunderlich, dass ich mit einer Reihe psychosomatischer Krankheiten und diversen Krankheitssymptomen reagierte, wovon die unerträglichste eine schwere Allergie war.

Eines Tages, gegen Ende eines Spaziergangs bemerkte ich ein seltsames Gefühl im rechten Mundwinkel an meiner Oberlippe. Sie fühlte sich plötzlich wie aus dem Nichts heraus hart und geschwollen an. Ich beschleunigte meine Schritte, ziemlich beunruhigt, um schneller nach Hause zu kommen. Aber auch die häusliche Geborgenheit hatte keinen mildernden Einfluss auf die Schwellung. Es war der Beginn einer äußerst hartnäckigen Erkrankung mit ungestümem Verlauf.

Die Schwellung wurde stärker, wanderte langsam die Oberlippe entlang und breitete sich später auf die Unterlippe aus. Kurz darauf schwoll auch meine Stirn an und am ganzen Körper zeigten sich handtellergroße, erhabene rote Flecke, die nach einigen Stunden ineinander liefen. An manchen Tagen war fast mein ganzer Körper damit bedeckt und die Haut so irritiert, dass ich die Stellen, an denen sich diese Eruptionen befanden, auch ohne hinzusehen präzise hätte benennen können. Der unerträgliche Juckreiz, der meistens mit dieser Art von Hautproblemen (es handelte sich um eine chronische Nesselsucht – Urtikaria – schwersten Grades) einhergeht, blieb mir zum Glück erspart.

Die Attacken kamen in kurzen Abständen, ein- oder mehrmals pro Woche. Sie verliefen schubweise und zogen sich zwischen ein bis etwa drei Tagen hin, so dass ich kaum jemals beschwerdefrei war.

Die Schwellungen im Gesicht waren dabei so grotesk, dass ich das Haus nicht verlassen konnte und regelmäßig gezwungen war, vereinbarte Termine abzusagen. Die wenigen Menschen, die mich so zu sehen bekamen, reagierten dann auch sehr erschrocken, obwohl außer meiner Familie mich niemand jemals auf dem Höhepunkt der Schwellungen sah.

Alle Anstrengungen, ein Muster im Allergieverlauf zu erkennen, verliefen im Sande. Es traf mich immer unvorbereitet, und diese Unberechenbarkeit war die schwerste Belastung.

Kurz darauf, eines Morgens, noch im Halbschlaf, bemerkte ich plötzlich, dass sich nun die Schwellung auch nach innen ausgedehnt hatte, und meine Zunge betroffen war. Ich sprang aus dem Bett, und in dem Maße, in dem die Schwellung fortschritt, wuchs meine Angst. Schließlich landete ich zum ersten Mal in der Notaufnahme des Krankenhauses und trotz einer Kortisonspritze dauerte es erstaunlich lange, bis mein Körper darauf reagierte. „Bevor die Zunge nicht abgeschwollen ist, lasse ich Sie nicht gehen", sagte der Arzt.

Als dieser Zeitpunkt endlich gekommen war und ich mich im Krankenhausbett aufrichtete, blieb ich noch sitzen und dachte: Warum fühle ich keine Erleichterung? Es ist alles im Abschwellen begriffen, warum freue ich mich nicht, dass es gut ausgegangen ist und ich das Krankenhaus verlassen kann? Tief in mir schien eine Stimme zu sagen: „Es gibt keinen Grund zur Freude, denn das ist erst der Anfang."

Leider bestätigte sich diese Vorahnung. Die Allergie, die in jedem Moment des Tages und der Nacht ohne Vorwarnung ihr Unwesen entfalten konnte, tobte sich aus und warf mich aus der Bahn. Die ständige Konfrontation mit der Bedrohung, dass auch die Schleimhäute von Mund und Rachen wieder anschwellen und nur die Kortisongabe in der Notaufnahme Abhilfe schaffen würde – mit allen damit verbundenen Ängsten und Aufregungen – ließ meine Lebensqualität gegen Null tendieren.

Ich versuchte, diesem Hexenkessel zu entkommen, konsultierte Ärzte und schluckte Medizin. Durch die Presse erfuhr ich von einer Erfolg versprechenden Behandlungsmethode. Aber ich reagierte auf diese Medikamente mit so starker Unverträglichkeit, dass ich am Wochenende den Notarzt aufsuchen musste. Den stattlichen Preis von einigen Hundert Euro, den ich in meiner Verzweiflung in diese Behandlung investiert hatte, konnte ich abschreiben.

In diese Zeit fiel der Kauf des Jin Shin Jyutsu-Buches von Alice Burmeister. Lange anderthalb bis zwei Jahre waren vergangen, seit die Allergie mich zum ersten Mal heimgesucht hatte und mich seither fest in ihrem unerbittlichen Griff hielt. Ich beschloss, baldigst die im Buch angegebene Telefonnummer anzurufen, um die Adresse eines Jin Shin Jyutsu-

Therapeuten in Erfahrung zu bringen. Ich hatte die Hoffnung, dass diese Therapie mir endlich Besserung bringen würde, denn auch von günstiger Beeinflussung von Allergien hatte ich in dem Buch gelesen. Um keine Zeit zu verlieren, würde ich inzwischen die im Buch beschriebene Selbstbehandlung anfangen.

Zu dieser Zeit ahnte ich noch nichts von dem Wiederaufflammen der Krebsaktivität in meinem Körper, denn der Onkologe hatte sich zum alleinigen Hüter dieses Wissens aufgeschwungen, und darum verschwendete ich im Augenblick logischerweise auch keinen Gedanken daran.

Zuerst las ich die einleitenden Erklärungen, und dass Jin Shin Jyutsu (wörtlich übersetzt bedeutet es „die Kunst des Schöpfers durch den mitfühlenden Menschen") eine Jahrtausende alte Heiltradition aus Japan sei.

Wenn man im Zeitalter der Apparate-Medizin lebt, vergisst man leicht, dass die Menschen vergangener Zeiten den Krankheiten nicht schutzlos ausgeliefert waren. Auch damals wusste man sich mit den verschiedensten Therapien zu helfen, und dieses Wissen wurde von Generation zu Generation tradiert.

Schon im 4. Jahrtausend vor Christus heilten beispielsweise am Nil Priester Krankheiten mit Musik. Man denke in unseren Breitengraden etwa auch an die medizinischen, hauptsächlich phytotherapeutischen Aufzeichnungen der deutschen Mystikerin und Gelehrten Hildegard von Bingen, die sich bis heute großer Beliebtheit erfreuen, und so mancher ihrer mittelalterlichen Therapievorschläge ist durch moderne Forschungsmethoden als wirksam bestätigt worden.

Auch Jin Shin Jyutsu zählt zu den alten Heilmethoden, deren Kenntnis früher weit verbreitet war. Mit der Zeit verlor sich dieses Wissen aber. Wir verdanken es den Nachforschungen eines aus einer Arztfamilie stammenden Japaners, Jiro Murai, dass Anfang des 20. Jahrhunderts diese alte Heilkunst wieder zum Leben erweckt wurde.

Im Alter von 26 Jahren litt Murai selbst an einer unbekannten, lebensbedrohenden Krankheit. Als er von den Ärzten als unheilbar aufgegeben wurde, zog er sich sieben Tage in eine Berghütte zurück, aber mit Meditation und verschiedenen Fingerhaltungen (Mudras), wie man sie von alten Heiligen- und Buddhastatuen kennt, schaffte er es, wieder ins Leben zurückzufinden. Aus Dankbarkeit beschloss er, sich fortan in den Dienst der Heilung zu stellen und widmete sich der Wiederentdeckung des alten Wissens, das er durch eigene Studien erweiterte.

Er bat Mary Burmeister, eine Amerikanerin japanischer Herkunft, die in Japan ein Studium absolvierte, seine Schülerin zu werden. Mary brachte Jin Shin Jyutsu 1954 bei ihrer Rückkehr in die USA als kostbares Geschenk an den Westen mit. Doch erst 1963, nach langer, intensiver Beschäftigung und weiterer Erkundung, die sich an die zwölf als Schülerin von Jiro Murai verbrachten Jahre anschlossen, begann sie, Jin Shin Jyutsu aktiv zu praktizieren.

Vereinfacht gesagt beruht die Wirkung von Jin Shin Jyutsu auf einer Harmonisierung der Energieströme im Körper. Entlang dieser Ströme gibt es beidseitig 26 Energiepunkte (Sicherheitsenergieschlösser genannt) und indem man die Finger, Fingerspitzen oder Hände auf diese Punkte legt – sie somit strömt – wird die Harmonie im Körper wiederhergestellt.

Viele Heilmethoden beruhen ja auf der Annahme, dass ein gestörter Energiefluss im Körper der Krankheit Tür und Tor öffnet – inzwischen sehen das auch nicht wenige westliche Mediziner so – und die Wiederherstellung der Harmonie der Krankheit den Nährboden entzieht. Auch die Akupunktur fußt auf diesem Prinzip. Das Wunderbare an Jin Shin Jyutsu ist, dass man zwar gut daran tut, einen Therapeuten aufzusuchen, der genau spürt, wo die Energie blockiert ist und der die indizierten Griffe erklärt, das anschließende tägliche Tun aber bei jedem Menschen selbst liegt. So kann man sich letzten Endes selbst wieder in den Zustand der Gesundheit bringen.

Es ist eine große Beruhigung nicht nur für Menschen, die nicht gleich mit vollem Urvertrauen an alles herangehen können, dass Jin Shin Jyutsu nie schaden kann. Im schlechtmöglichsten Fall passiert einfach nichts. Aber die Praxis zeigt, dass Heilung oft und Besserung immer eintritt. Zu Risiken müssen sie also weder Ihren Arzt noch Apotheker fragen – diese Methode verträgt sich überdies mit allen anderen Behandlungen und kennt keine Gegenanzeigen – und die vielen „Nebenwirkungen", die Sie erleben, werden Sie sehr zu schätzen wissen. Denn während Sie sich zwecks Heilung eines Symptoms strömen, werden Sie plötzlich erstaunt und voller Freude feststellen, dass quasi als Nebeneffekt andere Probleme, die Sie bei der Behandlung gar nicht im Visier hatten, ebenfalls das Feld räumen.

Doch wenden wir uns meiner persönlichen Erfahrung mit Jin Shin Jyutsu zu: Just zu der Zeit, als ich voller Zuversicht mit Hilfe des Buches meine ersten Strömversuche begonnen hatte, fand die weiter oben beschriebene Szene statt, in der der Onkologe, Dr. M., endlich mit der verschleppten Mitteilung „rüberkam", dass meine Tumormarker schon einige Zeit im Ansteigen begriffen waren.

Nun hatte ich also außer Allergie & Co. noch einen sehr triftigen Grund, bei dieser Methode mein Heil zu suchen. Ich hatte zwischenzeitlich Adresse und Telefonnummer eines Jin Shin Jyutsu-Therapeuten namens Maurice Weltens ausfindig gemacht, aber dort noch nicht angerufen. Das holte ich nun hastig nach, und stellte gleich am Anfang die bange Frage: „Können Sie auch etwas bei Krebs machen?

„Sehr viel, aber Sie müssen die Hauptarbeit selbst leisten und jeden Tag zu Hause strömen."

Diese Antwort erfüllte mich mit Freude und Hoffnung, schon ein wirksames Medikament an sich. Wohlgemerkt, Maurice behauptete nicht, Krebs heilen zu können und versuchte auch nicht, mir andere, schulmedizinische Therapien auszureden. Und auch ich behaupte natürlich nicht, dass Jin Shin Jyutsu Krebs heilt, aber wie sich noch zeigen wird, kann es die Voraussetzungen schaffen, die eine Gesundung begünstigen und ermöglichen.

Schulmedizinische Behandlungen in den Wind zu schlagen wäre schon allein aus dem Grunde riskant, weil wir alle so tief gesellschaftlich indoktriniert und überzeugt worden sind, dass das der einzig richtige Weg sei. Dieser Konditionierung können sich nur wenige Menschen entziehen. Es wäre nicht ratsam, den klassischen Behandlungen eine Absage zu erteilen, da es Ängste und Unsicherheit schüren würde, vielleicht die effektivste Therapie ausgeschlagen zu haben.

Übrigens verlief das erste Telefongespräch mit Maurice ziemlich witzig. Am Anfang sprachen wir Niederländisch, denn Maurice wohnt in Flandern. Als mir ein französisches Wort rausrutschte, verfiel Maurice sofort ins Französische. Mike machte sich unterdessen auf zu einem wichtigen Termin und konnte nicht länger warten, darum musste ich mein Gespräch kurz unterbrechen, um das Nötige mit ihm zu besprechen. Kaum hatte Maurice unser Englisch vernommen, schwenkte er auf diese Sprache um. Als ich zu guter Letzt erwähnte, dass ich Deutsche sei (Maurice hatte bis dahin freundlicherweise meinen Akzent überhört) – nun, ich brauche Ihnen wohl nicht zu verraten, in welcher Sprache wir das Gespräch fortführten und beendeten.

Sehr bald nach diesem Kontakttelefonat fand die erste Begegnung und Behandlung statt. Ich musste dafür etwa 100 km

über die Autobahn nach Genk fahren, denn dort lebt und arbeitet Maurice. Mit fröhlichem Lachen wartete er schon im Garten auf mich und bat mich ins Behandlungszimmer, das in angenehm ruhigen Farben gehalten war und den Blick auf Garten und Bäume freigab. Ich schüttete sofort mein schweres Herz aus – Krebsrückfall, Allergie, Schulterprobleme, Herz-Kreislaufbeschwerden und noch eine ganze Liste anderer Symptome. Meinen kritischen Geist hatte ich aber trotz des Enthusiasmus, der mich bezüglich dieser Heilmethode gepackt hatte und trotz des aufgewühlten Zustands, in dem ich mich seit der Eröffnung der neuerlichen Herausforderung durch den Krebs befand, nicht an der Garderobe abgegeben, und so fragte ich ihn, was mir sehr am Herzen lag:
„Wie lange machen Sie das denn schon?"
Seine Antwort „acht Jahre" räumte alle noch vorhandenen Bedenken aus, denn bei meinem Gesundheits- oder vielleicht besser gesagt, Krankheitsprofil musste es schon jemand sein, der fundierte und gefestigte Kenntnisse hatte und auf einen reichen Erfahrungsschatz zurückgreifen konnte. Alle anderen grundsätzlichen Fragen hatte mir schon das Buch beantwortet, und ich fühlte mit großer innerer Gewissheit, dass Jin Shin Jyutsu der Weg war, den ich nun beschreiten sollte.
Bei der Therapeutensuche *(Adressen siehe Anhang II)* finde ich die Frage, auf wie viel Erfahrung sich der Behandelnde stützen kann, immer noch wichtig. Meine Präferenz liegt auch bei Therapeutinnen und Therapeuten, die die ganze Tiefe von Jin Shin Jyutsu ausloten, indem sie sich ausschließlich darauf spezialisiert haben.

Nun konnte die Behandlung beginnen. Ich legte mich auf den Behandlungstisch, angezogen, wie es bei Jin Shin Jyutsu üblich ist, denn die Griffe wirken nicht nur durch die Kleidung, sondern bei Bedarf sogar durch Verbände und Gips.

„Was fehlt Ihnen denn?", pflegte früher der Arzt den Patienten zu fragen, und auch der Jin Shin Jyutsu-Therapeut erspürt, wo es an etwas fehlt, unter anderem mit der auch aus der Traditionellen Chinesischen Medizin bekannten Pulsdiagnose, und schöpft dann aus seinem reichen Fundus der notwendigen, Not wendenden Griffe.

Ja, der arme Maurice musste den Verlauf der komplizierten Organströme und viele andere Details genau kennen, zum Glück muss es der Patient nicht. Aus dieser Sicht hat Jin Shin Jyutsu eine einfache und eine komplizierte Seite. Bei jedem Besuch erklärt der Therapeut die entsprechenden Griffe, die man auch im Buch wiederfindet, und dann muss man nur noch tun. Mit Basiswissen kann man so als Patient viele tückische Klippen umschiffen und in den rettenden Hafen der Gesundheit einlaufen.

Dem Atem kommt beim Aufnehmen der Lebensenergie und bei der Entspannung eine besondere Bedeutung zu, und eine wichtige Übung im Jin Shin Jyutsu besteht aus sechsunddreißig bewussten Atemzügen pro Tag. Diese Übung wusste ich auch schon bald im Zusammenhang mit meinen Nachsorgeuntersuchungen zu schätzen, wenn ich zusammengekauert auf dem Arme-Sünder-Bänklein saß, während der nicht enden wollenden, intensivst empfundenen Zeit, in der ich auf mein Ergebnis wartete. Im Ausatmen alles Belastende und alle Ängste loslassen, im Einatmen „das Geschenk des Lebens annehmen" – diese Formulierung gefiel mir gut und die Übung war sehr hilfreich.

Die Hilfe war zweigestalt: Erstens gibt es im Bewusstsein keinen Platz für mehrere Gedanken gleichzeitig. Es ist also nicht möglich, ganz auf die Atmung konzentriert zu sein und sich gleichzeitig schlimme Dinge auszumalen. Und zweitens bringt darüber hinaus die tiefer werdende Atmung den Körper in einen Entspannungszustand.

Obwohl die Vielzahl der existierenden Atemtherapien eine Vorstellung davon gibt, welche Bedeutung dem richtigen Atmen zukommt, fällt es uns doch oft schwer, das wirklich zu glauben. Wir denken vielmehr, dass eine Behandlung je komplizierter sie ist, auch umso wirksamer sein muss. Wie intensiv wir aber im Atmen an unsere Lebensquelle angeschlossen sind und welche Fülle an Energie und Leben uns dadurch zuteil wird, lässt sich leicht erfahren – indem man einfach einmal die Luft anhält. Dann merkt man schnell, welch ein fantastisches Geschenk unsere Atemluft ist. Schon Goethe dichtete ja: „Im Atemholen sind zweierlei Gnaden: Die Luft einziehen, sich ihrer entladen"[55]. Da uns diese Gnaden aber so nebenbei geschenkt werden und sie ständig verfügbar sind, unterschätzen wir leicht die Bedeutung der richtigen Atmung.

Auch den Fingern fällt im Jin Shin Jyutsu eine wichtige Rolle zu. Jeder Finger ist bestimmten Organen, Gemütszuständen und sehr vielen anderen Vorgängen im Körper zugeordnet: Die Nachforschungen von Jiro Murai haben ergeben, dass jeder unserer Finger unvorstellbare 14.400 Körperfunktionen beeinflusst.

Wenn Sie Lust haben, Jin Shin Jyutsu auszuprobieren, können Sie sofort damit beginnen. Sie müssen in keinem Laden Spezialkleidung oder -schuhe erstehen, müssen nirgendwo hinfahren oder sich in komplizierte, geheimnisvolle Riten einweihen lassen und auch ein Obolus ist nicht zu entrichten. Bleiben Sie einfach auf ihrem Sofa sitzen und fangen Sie an. Umschließen Sie nun einen Finger der rechten Hand mit Fingern und Daumen der linken Hand und halten Sie diese Position etwa 3 bis 5 Minuten lang (nicht drücken, nicht massieren, einfach halten). Wenn sie täglich ihre Finger einen nach dem anderen auf diese Weise strömen, tun Sie ihrem Körper schon unendlich viel Gutes, denn Sie harmonisieren immerhin

10 mal 14.400 Vorgänge in Ihrem Körper. So einfach und so wirkungsvoll.

Nicht jeder – kaum jemand – hat endlos Zeit zur Verfügung. Hier gibt es schon wieder eine gute Nachricht: Sie brauchen kaum zusätzliche Zeit zu erübrigen, um Jin Shin Jyutsu in ihr tägliches Leben zu integrieren. Ziemlich unauffällige Griffe oder das Halten der Finger kann man auch in der Öffentlichkeit praktizieren, zum Beispiel in Bus und Bahn, beim Anstehen an der Supermarktkasse, in Bürositzungen oder beim Lauschen auf einen Vortrag in der Volkshochschule. Die Wirksamkeit der Übungen ist dadurch in keiner Weise beeinträchtigt oder geschmälert. Vor einiger Zeit holte mich meine Freundin Dagmar in ihrem Auto ab, denn wir wollten aufs Land fahren. Bis wir dort ankamen, hatte ich alle zehn Finger geströmt und es blieb noch Zeit für den einen oder anderen Griff. Es war ein guter Jin Shin Jyutsu-Tag, denn die Rückfahrt stellte wieder eine ausgedehnte Möglichkeit dar, mit Minimaleinsatz meine Gesundheit so ganz nebenbei effektiv zu fördern.

Wenn Sie oft vor dem Fernseher sitzen und sich über das schlechte Programm ärgern, so kann Jin Shin Jyutsu leider daran auch nichts ändern. Wenn Sie aber gleichzeitig strömen, haben Sie zumindest keine verlorene Zeit zu beklagen. Überhaupt, es gibt für Jin Shin Jyutsu-Praktizierende keine vergeudete Zeit mehr. Wenn Sie zwei Stunden im Autobahnstau auf dem Weg in die Ferien festhängen oder die in Deutschland oft notorisch langen Wartezeiten in einer Arztpraxis erdulden müssen, ist das jedes Mal eine exzellente Gelegenheit, Jin Shin Jyutsu zu üben. Und wahrscheinlich mit der „Nebenwirkung", dass das Kapitel so manch einer traurigen Krankheitsgeschichte geschlossen werden kann und Sie den Arzt viel seltener aufsuchen werden.

Probat und sehr alltagstauglich ist das Wissen um die Zuständigkeit des Mittelfingers u. a. für Leber und Gallenblase sowie Ärger und Wut. Wenn Sie das nächste Mal in Rage geraten und keinen Ausweg aus Ihrer Sackgasse der Wut finden, halten Sie doch einfach mal Ihren Mittelfinger so lange, bis Ihre Wut nachlässt. Dabei dürfen Sie die Wirkung nicht so erwarten, so als hätten Sie plötzlich ein starkes Betäubungsmittel verabreicht bekommen. Jin Shin Jyutsu ist eine sanfte Methode, und Sie werden feststellen, dass die Wut und der damit verbundene Druck sich sanft auflösen und Sie davor bewahrt werden, vor Wut „platzen" zu müssen. Jin Shin Jyutsu holt sie aus der Sackgasse heraus und bringt sie wieder auf den Weg.

Im Moment musste ich aber gar nichts tun, Maurice war am Zuge und ich konnte abgeben und entspannen, was in der Folge immer dazu führte, dass ich innerhalb kurzer Zeit nach Beginn der Behandlung in einen tiefen und erholsamen Schlaf fiel. Diesmal aber war ich noch viel zu verkrampft und konnte nicht loslassen. Irgendetwas muss aber trotzdem in mir losgelassen haben, denn schon nach der ersten Behandlung spürte ich, dass die dumpf schmerzende Spannung in meinen Schultern merklich nachgelassen hatte.
Wie Sie ja schon wissen, hatte ich mit den Schultern große Probleme. In der Vergangenheit war mir zwar immer bewusst gewesen, wie verkrampft meine Schulterregion und mit ihr der ganze Brustkorb waren. Es gelang mir auch, locker zu lassen, aber in dem Moment, in dem sich mein Bewusstsein etwas anderem zuwandte, war ich bereits wieder so verspannt, dass mein Oberkörper einem Gefängnis glich, in dem ich eingeschlossen war und aus dem ich trotz aller Anstrengungen nicht ausbrechen konnte. Ich hatte viel dagegen unternommen, aber nichts half auf Dauer.
Viele Ärzte und Physiotherapeuten hatten sich schon über meine verhärteten Muskelstränge gewundert und sich verbal darüber ausgelassen (wie es mir so oft passierte, hatte man

„so etwas noch nie gesehen"), und auch Maurice machte so seine Bemerkungen. Es dauerte recht lange, bis er mit meinen diesbezüglichen Fortschritten zufrieden war, aber zum Glück war mein Körper genügsamer. Schon nach kürzester Zeit hatte ich das Gefühl, dass mich das Muskel- und Knochengefängnis endlich – zum ersten Mal in meinem Leben – freigab. Das klingt vielleicht nicht sensationell, aber ich kann Ihnen versichern, dass dieser mit einem Empfinden von Befreiung einhergehende Zustand mein Körper- und Lebensgefühl von Grund auf veränderte und ein intensives Glücksgefühl in mir hervorrief. Meine Atmung veränderte sich und wurde freier und tiefer.

Auf dem Heimweg nach Brüssel musste ich mit aller Kraft gegen eine mich regelrecht überschwemmende Müdigkeit ankämpfen. Das Beste wäre natürlich gewesen, dem Bedürfnis nachzugeben und kurz zu schlafen, aber das holte ich nach meiner Ankunft zu Hause nach.

Während der Behandlung hatte ich von meinem täglichen Leben und Leiden mit der Allergie erzählt.

„Die Allergie werden Sie nach zwei Wochen Behandlung nicht mehr haben", hatte Maurice darauf geantwortet.

Ich riss die Augen auf und fragte mich, ob ich richtig gehört hatte. Ja, das hatte ich.

„Na, da lehnt er sich aber weit aus dem Fenster", zweifelte ich. Ich hätte es so gerne geglaubt und hatte ja so viel Vertrauensvorschuss in diese Methode – aber nach meinen bitteren Erfahrungen, dass selbst mit Kortison die Schwellungen nur mäßig und mit allen anderen antiallergischen Medikamenten gar nicht zu beeinflussen waren, kamen da doch erhebliche Zweifel in mir auf.

„Das möchte ich erst mal sehen", sagte ich leise zu mir selbst. Warum soll ich die Mitteilung des Ergebnisses in die Länge ziehen – das Resultat ließ ja auch nicht auf sich warten! Nach zwei Wochen war tatsächlich dieser Allergie jegliche Dramatik und Lebensbedrohung abhanden gekommen (mein Arzt hatte mich damals mit den Worten geschockt: „Ja, daran können Sie ersticken.").

Ich fühlte eine grenzenlose Erleichterung, auch wenn der eine oder andere Zweifel äußerte, wenn ich ihm von diesem – Wunder – erzählte. Es war mir egal, wie es zustande gekommen war und ob es dafür (k)eine wissenschaftliche Erklärung gab, ich war erlöst von diesem Schreckgespenst und konnte zum ersten Mal seit Langem wieder durchatmen und unbelastet von der Angst vor dem nächsten Ausbruch der Allergie den neuen Tag beginnen.

In den folgenden zwei Wochen trat die Allergie nur noch in Form von immer schwächer werdenden Hautrötungen und Schwellungen auf. Diese Erscheinungen waren so undramatisch, dass ich ihnen kaum noch Beachtung schenkte; sie waren wie andere Zipperlein auch, die so am Rande wahrgenommen werden. Dann war der Spuk, der vorher meinen Alltag dominiert und vergiftet hatte, ganz vorbei.

Im Abstand, zuerst von Wochen, dann Monaten mit immer längeren Abständen dazwischen brachte sich die Symptomatik ab und zu wieder in Erinnerung. Dann war es aber so, dass niemand außer mir selbst diese minimale Schwellung überhaupt wahrnahm. Der Hautausschlag, der früher meinen ganzen Körper in riesigen, handtellergroßen Quaddeln bedeckt hatte, zeigte sich während dieser Zeit nur noch in ein oder zwei roten Flecken von einigen Millimetern Durchmesser. Außer dieser phänomenalen Verkleinerung kam noch hinzu, dass die Symptome nicht tagelang sondern nur noch stundenlang auftraten.

Dieses flüchtige Wiederaufflackern der Symptomatik war mir aber herzlich willkommen, denn dabei handelte es sich um einen Heilungsprozess, in dessen Verlauf immer einmal wieder etwas an die Oberfläche kam, um endgültig aufgelöst zu werden. So verringerte sich jedes Mal das ursächlich für diese Allergie Verantwortliche ein bisschen mehr.

Vor einiger Zeit hörte ich zufällig ein Radioprogramm, in dem ein unter starker Nesselsucht leidender Hörer per Telefon den im Studio anwesenden Arzt um Rat und Hilfe bat. Der Arzt sprach in seiner Antwort die Notwendigkeit einer aufwändigen Diagnose an. Da diese Allergie mehrere, schrittweise auszuschließende Gründe haben könnte, müssten die entsprechenden Fachärzte konsultiert werden, bis man zu dem Grundproblem vordringe.

Mein ganzes Mitgefühl galt diesem Mann, denn ich wusste, was er mitmachte. Auch bei mir hatten mehrere Ärzte vergeblich versucht, eine Besserung herbeizuführen. Dank Jin Shin Jyutsu wurde ich von dieser Geißel befreit, einfach, indem die Energieströme wieder ins Gleichgewicht gebracht wurden. Und die Zeit, die dafür nötig gewesen war, konnte ich an meinen zehn Fingern abzählen.

Bei Jin Shin Jyutsu wird die Heilungschronologie im Allgemeinen von hinten aufgerollt, d. h. die zuletzt aufgetretenen Symptome verabschieden sich zuerst. Aus diesem Grunde nahm vielleicht auch die Allergie zuerst ihren Hut.

Deutlich langwieriger war der Heilungsprozess bei meiner Migräneanfälligkeit, an der ich schon seit meinem späten Kindesalter litt. Selbst auf die Jin Shin Jyutsu-Behandlungen reagierte ich manchmal mit starken Migräneattacken, und dann und wann überkamen mich Angst und Zweifel, ob ich dies wirklich dem Heilungsprozess zuschreiben konnte. Es wurde mir einiges an Geduld und Vertrauen abverlangt, bis sich zeigte, dass in diesen Krisen die Ursache für meine schlimmen Kopfschmerzen bereinigt wurde. Die Anfälle wurden mit der Zeit nicht nur immer leichter bei deutlich verkürzter Dauer, auch die Abstände zwischen den Attacken wurden gleichzeitig länger und länger.

Früher reagierte ich auf jede kleinste Änderung meiner Routine mit einer heftigen Migräne, und die Wochenendmigräne ist in diesem Zusammenhang ja schon sprichwörtlich. Jede Reise nach Deutschland bescherte mir einen Anfall, und auch bei der Rückkehr nach Brüssel gab es vor einer erneuten Migräneattacke kein Entrinnen. Nur, wer es selbst erfahren hat, weiß, wie intensiv man davon beeinträchtigt ist. Außer an den halbseitigen, pochenden Schmerzen litt ich unter starker Übelkeit, extremen Kreislaufproblemen, Seh-, Sprach- und Hörstörungen und vielem mehr. Hinzu kam, dass meine Anfälle die übliche Dauer weit überschritten und schlimmstenfalls bis zu einer Woche andauerten.

Auslandsbesuche, die mir ohnehin viel Energie abverlangten – ich denke da auch an die schwere Zeit mit meinen Eltern – wurden so zur reinen Tortur, gerade dann, wenn man besonders in Form sein sollte. Es ist nicht übertrieben zu behaupten, dass mir eine ganze Menge Lebenszeit quasi abhanden gekommen ist, während der ich durch Migräneattacken außer Gefecht gesetzt war.

Heute bekomme ich kaum noch Anfälle, und wenn, dann sind sie sehr viel schwächer, oft kaum wahrnehmbar, und dauern nur ein paar Stunden. Ich komme dabei ohne Medikamente gut über die Runden. Welch eine Erlösung! Dabei geht der Heilungsprozess weiter, und die Skala des Wohlbefindens ist nach oben offen!

Bevor ich erzähle, wie segensreich Jin Shin Jyutsu sich auf meinen Krebsverlauf auswirkte, möchte ich Ihnen meine „Positiv-Liste" nicht vorenthalten, damit Sie eine Vorstellung davon bekommen, wie vielfältig Jin Shin Jyutsu im Kleinen und im Großen in Körper, Geist und Seele Ordnung schafft. Ich habe diese Liste laufend vervollständigt, wenn sich Krankheitssymptome verflüchtigten oder ich sonst voller Freude eine positive Änderung verzeichnen konnte.

Man kann sich kaum vorstellen, wie aufbauend und inspirierend es ist, wenn die Jahre vergehen und man älter wird und sich trotzdem die Dinge zum Besseren wenden. Man ist nicht nur das Symptom los, sondern erhält noch einen Bonus in Form von Ermutigung und Freude darüber, dass es so ist, und wird somit doppelt belohnt. Ein ansonsten wohl seltenes Geschehen im täglichen Leben.

Hier die (unvollständige) Liste der Krankheiten und Symptome, die im Laufe der Behandlung mit Jin Shin Jyutsu verschwanden:

Allergien (chronische Urtikaria und andere)
Hartnäckige, nässende Ekzeme
Herzrhythmusstörungen
Augen- und Sehprobleme
Ängste
Schwellungen
Schmerzende Kopfhaut nach Chemotherapie
Ständiges Naselaufen
Klaustrophobie
Flugangst

Und das verbesserte sich:

Sehkraft
Selbstwertgefühl
Urvertrauen
Mut
Kondition
Belastbarkeit
Reflexe

Lebensgefühl
Lebensqualität

Hierzu einige Anmerkungen:

Wer Jin Shin Jyutsu praktiziert, erlebt eine ganzjährige Bescherung, wobei die Geschenkpakete mit verbesserter Gesundheit, Glücks- und Harmonieempfinden, Optimismus, Kreativität, Gelassenheit, Selbstvertrauen und ein sich langsam aufbauendes (Ur)vertrauen in Umwelt und Universum gefüllt sind.
Das Ganze ist dabei mehr als die Summe seiner Teile. Neben der obigen Liste gibt es ein ungeschriebenes Verzeichnis des sich unbemerkt im Verborgenen vollziehenden subtilen inneren Abbaus, Umbaus und filigranen Neuaufbaus. Erfahrbar war nur das Endresultat in Form eines völlig veränderten Körpergefühls und von Innenwelt und Außenwelt. Dieses sanfte Wirken und Weben hat mein Leben trotz Metastasen lebenswerter gemacht als es vorher war. Und es birgt eine große Hoffnung für uns alle, denen man immer eingebläut hat: Was Hänschen nicht lernt, lernt Hans nimmermehr. Jin Shin Jyutsu beweist das Gegenteil, Veränderung ist jederzeit möglich! Auf allen Ebenen und ganz gewiss auf der gesundheitlichen.

Neben der erwähnten Allergie litt ich an mehreren, sich auf Dauer allen Behandlungsversuchen entziehenden Ekzemen. Ich war sehr erleichtert, als sie innerhalb kurzer Zeit nach Beginn der Behandlung mit Jin Shin Jyutsu verschwanden und das bis dato dauerhaft.
Meine organisch bedingten Herzrhythmusstörungen, die mich zeitlebens geplagt hatten, verflüchtigten sich wie von Geisterhand. Wenn ich doch einmal ein Herzstolpern verspüre, halte ich kurz meinen kleinen Finger – er ist nämlich u. a. fürs Herz

zuständig – und in Sekundenschnelle ist mein Herzrhythmus wieder im Lot.

Ich verstehe, falls Sie mit Skepsis reagieren, denn vielleicht glauben Sie, dass so etwas Einfaches doch nicht solche wunderbaren Resultate hervorbringen kann. Aber erinnern wir uns, was Antoine de Saint-Exupéry sagte:

> Wie wenig Lärm machen
> die wirklichen Wunder.[56]

Auch wenn er dabei wahrscheinlich nicht Jin Shin Jyutsu im Sinn hatte, so trifft es doch haargenau auch darauf zu.

Keine Krankheit, eher eine Belästigung war das meistens in Stresssituationen vorkommende Hochschrecken im Bett, in der Grauzone zwischen Wachen und Schlafen, das sicher viele Menschen kennen. Dumm nur, dass dieses Zusammenzucken mit kurzer, unangenehmer Atemnot auch immer dann auftrat, wenn ich vor dem Einschlafen zwecks Verbesserung meiner Schlafqualität noch Autogenes Training machte. Niemand von den auf dieses Phänomen angesprochenen Therapeuten konnte mir einen Rat erteilen oder hatte eine Erklärung dafür parat. Auch solchen kleinen, aber störenden Wehwehchen kann Jin Shin Jyutsu Paroli bieten.

„Darf es ein bisschen mehr sein?", fragte man früher im Krämerladen beim Abwiegen, und das Bisschen mehr kostete dann auch ein bisschen mehr. Bei Jin Shin Jyutsu gibt es den Zugewinn an Lebensfreude und Genugtuung über das Erfolgserlebnis, sich wieder einer Störung entledigt zu haben, gratis dazu.

Auch das bohrende Druckgefühl auf meinen Augen, das mit starken Sehstörungen einherging, verschwand. Diese Sehstörungen, über die bereits meine Mutter in ähnlicher Form geklagt hatte, traten häufig auf und waren in Allergie- und Migränezeiten ein ständiger und treuer, wenn auch unerwünschter Begleiter und beeinträchtigten mein Allgemeinbefinden erheblich.

Jeder hat sein Päckchen zu tragen, aber dieses hatte ich nun mit doppeltem Gewinn ablegen können: Bei meiner Einkaufsrunde durch den Supermarkt stellte ich nämlich fest, dass sich meine Sehschärfe verbessert hatte – ich konnte plötzlich die Preise auch ohne Brille wieder erkennen.

Falls Sie jemals mit Jin Shin Jyutsu beginnen – was ich Ihnen sehr wünsche – dann sollten Sie achtsam sein und alles genau registrieren, sonst entgehen Ihnen die vielen kleinen Wunderheilungen. Meistens registriert man ja nicht, wenn es einem gut geht.

„Heute tut mir mein Arm nicht weh, heute hab ich keine Grippe, wie schön, dass ich einen klaren Kopf und keine Kopfschmerzen habe." – wer sagt und bemerkt das schon? (Es wäre ja auch recht zeitraubend, alles aufzuzählen, was seinen geregelten Gang geht.) In der Regel registriert man nur, wenn etwas nicht stimmt. So erging es mir auch. Ich hatte gar nicht bemerkt, dass dieser Augendruck der Entspannung gewichen war. Erst als die Symptome als Teil des Heilungsvorgangs kurzfristig wieder aufflammten, bemerkte ich verwundert, dass ich schon die längste Zeit davon verschont gewesen war. Und das, obwohl ich doch so darunter gelitten hatte.

Dies erging mir öfter so, obwohl ich mich für einen Menschen halte, der ziemlich bewusst lebt. Nicht selten war es auch so, dass ich erst nachdem meine Familie entsprechende Bemerkungen fallen gelassen hatte, mein verändertes Verhalten bemerkte.

„Mami, der Besuch kommt gleich. Du steckst noch mitten in den Vorbereitungen und bist trotzdem ganz ruhig. Hast du die

Zeit vergessen?", fragten mich meine Kinder und sahen mich sehr erstaunt an. Und Mike sagte:

„Du bist viel gelassener geworden und meckerst kaum noch", was ein heftiges Kopfnicken bei Daniel und Christopher hervorrief.

Zu der Zeit gingen Christopher und ich oft kurz vor Geschäftsschluss in den Supermarkt. Auch hier war mir einiges entgangen. Als beim Hinausgehen die schweren Metalljalousien vor den Fenstern herunterrasselten, blieb Christopher wie angewurzelt stehen und sagte ungläubig:

„Mami, du hast ja gar nicht geschrien!"

Es war ihm immer unangenehm und peinlich gewesen, wenn ich bei dieser Gelegenheit regelmäßig einen spitzen Schrei von mir gab, weil ich in Sekundenschnelle von Platzangst übermannt wurde. Bevor ich mich bewusst kontrollieren konnte, war der Schrei schon ausgestoßen – nur diesmal hatte ich gar nicht auf den Lärm der Jalousien reagiert, ja, ihn offensichtlich in meinem Unterbewusstsein gar nicht als „gefährlich" registriert, sondern einfach weitergeredet. Und es war mir noch nicht einmal aufgefallen, bis Christopher mich darauf ansprach. So standen meine Verwunderung und mein Staunen dem seinem in nichts nach.

Am meisten freute ich mich aber, als Mike mit dem strahlenden Blick, den er immer hat, wenn es mir gut geht, zu mir sagte:

„Du hast dich so verändert. Du lässt dich nicht mehr einschüchtern. Du stehst für dich selbst ein und setzt dich durch wie eine Löwin!"

Das ging nun doch etwas zu weit, Löwin, aber es stimmte, dass ich angefangen hatte mich selbst mehr zu respektieren. Früher hatte ich mich immer nur für andere eingesetzt, während ich selbst auf der Strecke blieb und das auch ganz normal und richtig fand. Vielleicht ergeht es Ihnen ja ähnlich, weil man Ihnen auch eingebläut hat: „Liebe deinen Nächsten". Sie und ich hätten aber besser weitergelesen, denn in der Bibel steht, was Jesus tatsächlich gesagt hat:

„Liebe deinen Nächsten, wie dich selbst."[57]

Den zweiten Teil hat man uns nur immer unterschlagen und uns eine unnatürliche Selbstverleugnung aufgebürdet, dabei gehören beide Teile untrennbar zusammen. Es entbehrt doch jeder Logik, andere Menschen zu lieben und zu respektieren und sich selbst, immerhin auch der menschlichen Gattung zugehörig, auszuklammern. Und wenn es stimmt, dass Gott Sie und mich liebt, wie sollten wir ihm dann widersprechen und so tun, als wären nur die anderen liebenswert?

Sie sehen, Jin Shin Jyutsu führt über die körperlichen Symptome hinaus in die Tiefe und verändert uns auf allen Ebenen. Was mich erstaunte, war, dass meine Familie die Veränderungen so positiv annahm und mich ermutigte, weiter in diese Richtung zu gehen. Es ist ja so, dass das Leben mit einer Duckmäuserin einfacher ist, weil man viel leichter auf sie einwirken und sie beeinflussen und seine eigenen Wünsche geltend machen kann, und wer gibt schon gern etwas von seinem eigenen Terrain, in jahrelanger Gewohnheit angelegt und gehegt und gepflegt, kampflos ab? Ein selbstbewusster Mensch mit eigener Meinung ist nicht manipulierbar, und darum möchte der eine oder andere Entwicklungen in diese Richtung bei seinem Partner am liebsten im Keim ersticken und wehrt sich mit Händen und Füßen und den unlogischsten Argumenten gegen dieses innere Wachsen und Reifen des anderen, denn es rüttelt gefährlich an seinem eigenen Thron.

„Die Angst klopfte an die Tür, das Vertrauen öffnete, und niemand war draußen."[58] Dieses chinesische Sprichwort beschreibt sehr gut, auf welche Weise Jin Shin Jyutsu Ängste einfach auflöst – nicht indem es die Dunkelheit bekämpft, sondern indem es ein Licht anzündet.

Immer wieder werde ich gefragt, wie man so entspannt mit Metastasen leben kann. Tatsache ist, dass in dem Maße, wie sich ein vorher nicht gekanntes Vertrauen in mir ausbreitete, die Angst den Rückzug antrat. Ein angstfreies Leben bedeutet das freilich nicht, und punktuell – bei Nachsorgeterminen etwa oder wenn ich ein Symptom an mir entdecke, für das ich keine Erklärung habe – steigt sie auch schnell wieder aus der Versenkung. Aber von der lähmenden, nicht weichen wollenden Dauerangst vieler Krebskranken, dem belastenden und Unruhe stiftenden Gefühl, dass sich das Damoklesschwert bereits im freien Fall befindet, bin ich erlöst.

Früher musste ich mich bei Nachsorgeuntersuchungen mit Röntgen und CT immer stark an Mike anlehnen. Dort ohne ihn vorstellig zu werden, wäre schlicht undenkbar gewesen (während ich den einige Tage später fälligen Arztbesuch schon immer allein absolviert hatte). Jetzt konnte und wollte ich den weitaus größten Teil der Last, die der Krebs mir aufgebürdet hatte, selber tragen. Zu den Untersuchungen ging ich von da an immer allein. Hinzu kam, dass ich nicht nur stärker und sicherer, sondern auch feinfühliger geworden war. Deshalb fiel es nun ins Gewicht, dass ich mich zwar einerseits auf eine Begleitperson hätte stützen können, andererseits aber deren eigene Ängste auf mich einstürmen fühlte. Ein Pluspunkt bei meinem Alleingang war des Weiteren die Möglichkeit der ungestörten Konzentration auf meine verschiedenen Bewältigungsstrategien, die mir dabei halfen, die Ruhe zu bewahren.

Ich hatte früher dann und wann geschwollene Finger bei mir festgestellt. Auch diese unliebsamen Schwellungen verschwanden, und meine seit der Chemotherapie in Mitleidenschaft gezogene Kopfhaut, zwischen Juckreiz und Schmerz angesiedelt, entspannte und beruhigte sich auf dauerhafte Weise.

Froh war ich auch, dass durch das Praktizieren von Jin Shin Jyutsu das ständige Naselaufen aufgehört hatte und ich mir nicht mehr dauernd die Nase putzen musste. Früher benötigte ich in jedem Zimmer einen Vorrat an Taschentüchern, die konnte ich jetzt wegräumen.

Besonders glücklich machte mich aber die beträchtliche Verbesserung meiner Kondition, und ich, die ich ständig schlapp und schwach gewesen war, fühlte mich nun immer öfter so, als könnte ich Bäume ausreißen. Selbst meine geräumigen Handtaschen waren mir früher zu schwer gewesen – wobei ich immer auf Mike zählen konnte, der Manns genug war, diese Damentaschenlast ohne rot zu werden auf sich zu nehmen. Nun konnte ich mit Erstaunen verzeichnen, dass ich, im übertragenen und konkreten Sinne, mehr tragen konnte und viel belastbarer geworden war.

Die bemerkenswerte Verbesserung meines Allgemeinzustands war sogar aus meiner Stimme herauszuhören. Unserer netten Vermieterin und einigen anderen Leuten war aufgefallen, dass meine Stimme entschieden fester geworden war und sich im Gespräch zu behaupten wusste. Es ist ermutigend, wenn derartige Feststellungen aus dem Umfeld kommen, weil man sich sonst mitunter fragen würde, wie es möglich ist, dass das sanfte Jin Shin Jyutsu soviel an Veränderung bewirken kann oder ob man vielleicht Anlass hat, an seiner Beobachtungsgabe und Urteilskraft zu zweifeln.

Jin Shin Jyutsu löst Altes auf und bringt Neues auf den Plan. Ich hatte vor etwa 30 Jahren einen sehr unangenehmen Flug hinter mich gebracht und war dann aus Angst nie wieder geflogen. Als ich allein den Gedanken zuließ, die Möglichkeit in Erwägung zog, zu einem Familienbesuch zu meiner Schwägerin Jackie nach Schottland zu fliegen, war ich schon ziemlich beeindruckt und hielt das für einen enormen Fortschritt. Es hätte mir nach 30 Jahren strikter Flugabstinenz und vehementer Ablehnung jeglicher, auch nur gedanklicher Annäherung an dieses Thema schon gereicht, aber kurze Zeit später setzte ich diese Idee sogar in die Tat um. Niemand in der Familie konnte es glauben, ich selbst am wenigsten. Ich zitterte zwar während des Fluges wie Espenlaub, aber ich hatte es getan – welch ein Zuwachs an Freude und Selbstvertrauen.

Bei jedem Triumph, den ich dank Jin Shin Jyutsu einfahren konnte, kam es mir vor, als hätte ich ein Stück Welt und Lebendigkeit zurückerobert. Ich meide Flugzeuge zwar möglichst noch immer, und beim Steckenbleiben und Eingeschlossensein im engen Lift würde auch die Platzangst nach mir greifen, aber der Gegensatz zu früher ist enorm – und der Verwandlungsprozess ist ja nicht abgeschlossen. Überdies stelle ich mit Genugtuung fest, dass, wenn ich in die alten Verhaltensmuster zurückfalle, ich nicht mehr so tief falle und bei Weitem nicht so lange in diesem Loch sitzen bleibe wie früher.

Leider fehlt es den Krankenkassen an Einsicht, wie viel Geld sie mit dieser Methode sparen könnten, und sie lehnen eine Erstattung von Jin Shin Jyutsu ab. Aber Ihrem Sparstrumpf müssen Sie voraussichtlich trotzdem nicht zu Leibe rücken, denn was Sie für Therapiekosten ausgeben, kann durch die Hintertür wieder zum Haus hereinkommen. Als willkommene, ganz unerwartete Nebenwirkung hatte nämlich beispielsweise meine ruhelos die Schnäppchenfährte aufnehmende Kauflust einen tüchtigen Dämpfer erhalten. Nun denke ich meistens wie Sokrates, wenn ich souverän durch die Einkaufstempel spaziere: „Wie zahlreich sind doch die Dinge, derer ich nicht bedarf."[59] Auch Derartiges, aus der Bahn Geratenes, spricht auf Jin Shin Jyutsu an, wenn die zum Kaufen motivierende Unzufriedenheit und innere Leere schwinden.

Nichtsdestotrotz sollten wir uns für unsere Gesundheit selbst verantwortlich fühlen und ihr auch finanziell Priorität einräumen. Wofür lohnt sich eine Geldausgabe, wenn nicht als Investition in unser Wohlbefinden? Nicht in allen, aber in vielen Haushalten ist eine Umschichtung des oft für Nutzloses verplemperten Geldes möglich. Für so manche, mitunter sogar uns schädigende Dinge und Artikel legen wir eine erstaunliche Menge Geld bereitwillig auf den Tisch, wenn es aber um das kostbare Gut unserer Gesundheit geht, ist uns plötzlich jeder Cent zu viel.

Durch Jin Shin Jyutsu verändert man sich nicht irgendwie x-beliebig, sondern mit erstaunlicher Weisheit geht diese Methode ans Werk, um alles, was eigentlich nicht zu mir gehört, abfallen zu lassen. Der im Laufe des Lebens angesammelte Schmutz, Schund, Schutt und Schrott (so ähnlich drückt es Mary Burmeister aus), unter dem mein wahres Ich begraben war, wird weggeräumt, und man glaubt es förmlich klingeln und klappern zu hören, wenn alles zu Boden purzelt und man es hinter sich lässt.

„Als Masken mündig, als Gesicht – verstummt"[60], so beschreibt Rilke den schmerzhaften Zustand, wenn das wahre Gesicht hinter einer Maske verborgen bleibt. Jin Shin Jyutsu hilft dabei, die Maske ganz sanft abzulegen. Zwar scheint es, als geschehe dies ohne mein Zutun, aber mein Beitrag besteht natürlich darin, die Übungen auch regelmäßig auszuführen.

Bei dem Prozess, meine wahre Identität wieder zu finden, geht es meistens nicht ums Tun, sondern im Gegenteil ums Loslassen. Die Rolle loszulassen, mit der ich mich und andere davon überzeugen will, dass ich perfekt bin. Oder cool oder immer gut gelaunt oder brav und vernünftig, intelligent und unverwundbar, ewig jung und stets gesund – oder auch das Gegenteil davon.

„Man macht sich durch Eigenschaften, die man hat, nie so lächerlich als durch die, welche man haben möchte"[61], sagt La Rochefoucauld. Gekünsteltes und affektiertes Verhalten wirkt aufgesetzt und unecht, dabei ist doch nur das Original, das man ist, dem Leben nahe. Wenn sich ein vermeintliches Kunstwerk von Rembrandt als Fälschung entpuppt, so fällt der Preis über Nacht ins Bodenlose. Das ist eigentlich absurd, denn das Gemälde hat doch dadurch nichts an Schönheit eingebüßt. Man könnte aber sagen, der Maler hat sich mit fremden Federn geschmückt, sich eine falsche Identität angeeignet. Schein und Wirklichkeit passen nicht zusammen, das Gemälde verliert an Wert. Auch wir verlieren an Wert, wenn wir vorgeben, jemand anderes als wir selbst zu sein.

Jeder Mensch hat bei der Geburt seine Einmaligkeit mit in die Welt gebracht, er ist damit auf die Erde gekommen, weil er viele kleine Steinchen zum Gesamtmosaik des Lebens beitragen kann und soll. Wenn wir uns selbst entfremdet sind und die Rolle eines anderen übernehmen wollen, verpassen wir unsere Lebensaufgabe und es fehlt der Beitrag, den in die Welt zu bringen wir aufgerufen waren. Die Menschen, die unseren Lebensweg kreuzen, brauchen aber unseren Einsatz, sonst bleibt das leer, was eigentlich von uns in ihrem Leben hätte gefüllt werden sollen. So schön drückt Martin Buber diese Tatsache aus:

> In jedermann ist etwas Kostbares,
> das in keinem anderen ist.[62]

Vielleicht hat er darum die Forderung dahingehend wie ein elftes Gebot formuliert:

> Du sollst dich nicht vorenthalten.[63]

Tut man es doch, fehlt dem Leben der Sinn und wir werden traurig und krank.

Bei Dr. Simonton hatten wir davon gehört, wie gesundheitsschädlich es ist, sich ständig selbst zu verleugnen und zu verstellen. „Habe den Mut, du selbst zu sein", hatte Carl uns mit auf den Weg gegeben.

Diesem Verstellen auf Grund von irrigen Schlüssen, die man aus seinen mit Mensch und Umwelt gemachten Erfahrungen gezogen hat, erliegen wohl alle Menschen in unterschiedlichem Maße, sonst würden sich nicht so viele Dichter und Denker damit auseinandersetzen. Hermann Hesse sagt Folgendes dazu:

> Meine Aufgabe ist es nicht,
> andern das objektiv Beste zu geben,
> sondern das Meine so rein
> und aufrichtig wie möglich.[64]

Und an anderer Stelle bringt auch er Verstellen und Krankheit in Zusammenhang und vermutet den Grund seines Ischias-Leidens in seiner Lebenshaltung:

> Ich war allzu moralisch, allzu vernünftig, allzu bürgerlich gewesen. ...
> Ich wollte mich einer Norm anpassen,
> ich wollte Forderungen erfüllen,
> die gar niemand an mich stellte,
> ich wollte etwas sein oder spielen,
> was ich gar nicht war.[65]

Sich andere zum Vorbild zu nehmen und so sein zu wollen wie sie – oder eine falsche Identität anzunehmen, die andere uns überstülpen wollen, seien es Eltern, Partner oder Gesellschaft – gleicht einer ständigen Verrenkung, die garantiert zum Scheitern verurteilt ist. Aus dem Konflikt zwischen dem, was ist und dem, was wir vergebens zu erreichen suchen, wachsen Schuldgefühle, Versagensängste und Unzufriedenheit. Das Leben liegt währenddessen auf Eis, man steht neben sich und ist Stellvertreter seiner selbst.

Martin Buber lässt keinen Zweifel daran, dass wir nicht danach streben sollen, andere nachzuahmen, und seien es noch so prominente, verdienstvolle und erhabene Persönlichkeiten, denn durch diese Untreue uns selbst gegenüber verfehlen wir unser wahres Wesen und Sinn und Aufgabe unseres Daseins:

> Vor dem Ende sprach Rabbi Sussja:
> In der kommenden Welt wird man mich nicht fragen:
> Warum bist du nicht Mose gewesen?
> Man wird mich fragen:
> Warum bist du nicht Sussja gewesen?[66]

Und Marc Chagall schöpft, um diese Weisheit in Worte zu fassen, aus der Erfahrung seines Maler-Lebens und gibt uns zwei der nicht nur für Krebskranke so wichtigen Schwerpunkte mit auf den Weg:

> Solange wir das Leben haben, sollen wir es
> mit den uns eigenen Farben
> der Liebe und der Hoffnung malen.[67]

Mir gefällt auch sehr, wie der Sänger Herman van Veen die Einzigartigkeit eines jeden Menschen anerkennt, der man nicht dadurch mehr Wert verleihen muss, noch kann, indem man einen anderen abwertet:

Du bist schön
nicht schöner
du bist anders
schön.[68]

Fürwahr ein wichtiges Thema, das Ehrfurcht einflößt und uns die dem Menschen innewohnende Würde vor Augen führt. Der französische Philosoph Louis Lavelle sagt uns, welche logischen Konsequenzen das für uns im Umgang mit anderen Menschen hat:

Das Beste, was wir anderen geben können,
ist nicht, ihnen unseren Reichtum mitzuteilen,
sondern ihnen den ihren zu offenbaren.[69]

Für die Entwicklung mit Hilfe von Jin Shin Jyutsu zu dem Menschen hin, der man wirklich ist, muss man weder Worte finden, noch eins und eins zusammenzählen oder komplizierte Gedankenspiele anstellen, noch sonst ein Wissen haben – sie wird einem geschenkt. Sie ist mühelos und segensreich.

Sein wie Gott uns dachte – ein unbeschreibliches Gefühl tiefen Glücks und Sinnerfüllung.

Dieser Entwicklungsprozess erfasst auch negative Verhaltensmuster, die wie ein Fluch auf Familien lasten können; die von Generation zu Generation wider Willen und besseren Wissens weitergegeben werden, weil man sie vergebens abzuschütteln versucht, obwohl man sich ihrer zerstörerischen Kraft bewusst ist.

Jin Shin Jyutsu praktizieren ist wie der Griff in die Wundertüte: Man weiß nie, was als nächstes herauskommt, aber immer ist es schön.

Das betraf auch die Auswirkungen des Strömens auf den Krebsprozess, der in meinem Körper ablief. Doch zunächst einmal tat sich nichts. Damals fuhr ich alle zwei Wochen zur Behandlung nach Genk und machte täglich die Übungen, die Maurice mir empfohlen hatte, mit der gleichen Freude, mit der man etwa ein Hobby ausübt, und diese Begeisterung ist mir bis heute erhalten geblieben.

Einige Monate lang blieb die erhoffte Kehrtwende aus, und die Tumormarker stiegen sogar an, sehr langsam zwar, aber doch kontinuierlich. Der extrem langsame Anstieg war dabei schon ein Erfolg an sich, denn eine andere Therapie bekam ich ja nicht. Nach drei Jahren mit Metastasen war mein Wert auf 49 geklettert, und die Metastasen hatten keine Veränderung mehr gezeigt.

Wenn man bedenkt, dass in der Schulmedizin Medikamente, die das Leben eines Krebskranken im fortgeschrittenen Stadium um drei Monate verlängern, schon als großer Erfolg gefeiert werden, so stünde dieses, mein Ergebnis auf beeindruckende Weise sehr gut da, selbst wenn ich anschließend sofort das Zeitliche gesegnet hätte. Die Verlängerung der „Lebenszeit" mit schulmedizinischen Medikamenten wird darüber hinaus oft teuer erkauft mit heftigen Nebenwirkungen und daraus resultierender drastisch eingeschränkter Lebensqualität des Patienten, so dass „Überlebenszeit" ein angemessenerer Terminus wäre. Ganz zu schweigen von den beträchtlichen Kosten der neuen Medikamente gerade in der Krebsbehandlung, und es wird ja jetzt schon offen ausgesprochen, dass nicht alles medizinisch Machbare allen Patienten zukünftig auch zuteil werden kann.

Meine Lebensqualität war aber nicht nur nicht eingeschränkt, sondern durch die vielen positiven Nebenwirkungen des Jin Shin Jyutsu besser als je zuvor in meinem Leben.

Mein Onkologe geizte aber weiterhin mit Ermutigung, und ohne dass ich eine Frage stellte, gab er nichts Diesbezügliches preis.

„Sie haben mir doch gesagt, dass mein Krebs extrem aggressiv sei und besonders schnell wächst, wieso ist jetzt das Metastasenwachstum so extrem langsam?", wollte ich von ihm wissen.

„Ich weiß es nicht, ich habe so etwas noch nicht erlebt", gab er daraufhin immerhin zu. Ich fand, das hätte er doch schon vorher sagen können, denn es bestätigte immerhin einen ungewöhnlich guten Verlauf. Kranke hängen an jedem Arztwort und Krebspatienten umso mehr, warum unterschlägt man dann so oft Ermutigendes, wenn es angebracht wäre? Viele Ärzte fürchten den Vorwurf „falsche Hoffnungen machen" wie den Teufel in Person, und wäre er noch so abwegig. Falsches und Lügen wollte ich ja ganz bestimmt nicht hören, aber dass alles unerwartet gut und außergewöhnlich langsam verlief, war doch eine wichtige, bittersüße Wahrheit und dazu angetan, das Leben dieser Krebspatientin erträglicher zu machen. Alle Menschen brauchen Ermutigung, und gerade Krebspatientinnen mit Metastasen. Warum macht man ihnen nicht das Geschenk der ganz und gar lauteren Hoffnung, indem man das Positive ausspricht?

Der Radiologe lieferte den Beweis, dass es gottlob auch Ärzte gibt, die genau dies tun, obwohl er im Grunde für eine Diagnosestellung mir gegenüber gar nicht zuständig war. Als er den Zustand meiner Lymphknoten mit Ultraschall kontrollierte, sagte er ruhig und sachlich:

„Für mich ist der Krebs zum Stillstand gekommen."

Ich war darüber natürlich sehr glücklich, erwähnte aber dem Onkologen gegenüber nichts davon, denn ich hatte Angst, dass der nette Arzt von ihm eine Rüge abbekommen würde. Ich fühlte mich erleichtert und beschwingt. Von falschen Hoffnungen keine Spur, denn auch die Tatsache, dass etwas, das zum Stillstand gekommen ist, unter Umständen wieder aktiv werden kann (aber nicht muss), ist für jeden einsehbar.

Ich wollte aber trotzdem nicht länger vertrauensvoll warten, an den Nägeln kauen, Löcher in die Luft starren und über das „Wieso, Weshalb, Warum" grübeln, was die Tumormarker davon abhielt zu fallen. Denn an diese Möglichkeit glaubte ich, im Gegensatz zu meinem Onkologen, ganz fest.

Mir war bekannt, dass es eine Intensivbehandlung bei Jin Shin Jyutsu gibt, wenn sozusagen ein heilsamer, heilender Ruck durch den Körper gehen soll, und ich beschloss, diesen Versuch zu wagen. Um meine Chancen zu optimieren, wollte ich ihn mit einem Miniurlaub in schöner Umgebung verbinden, den Alltag hinter mir lassen und mich ganz ohne Ablenkung auf meine Heilung konzentrieren. Maurice gab mir die Adresse einer Jin Shin Jyutsu-Therapeutin, und ich vertraute darauf, dass er die richtige ausgewählt hatte.

10. In der Puppenstube Deutschlands

> Aus den Wolken muss es fallen
> aus der Götter Schoß, das Glück,
> und der mächtigste von allen
> Herrschern ist der Augenblick.[70]
> (Friedrich Schiller)

So kam es, dass ich eines schönen Tages mit einem Rucksack, voll gestopft mit Reiseutensilien und Sehnsucht nach Heilung in Isny im Allgäu ankam. Die Terminabsprache war nicht leicht gewesen, denn Waltraud Riegger-Krause, noch von Mary Burmeister selbst zur Therapeutin ausgebildet, ist eine sehr beschäftigte Person, die in der ganzen Welt Jin Shin Jyutsu-Kurse abhält. In Kempten war ich für das letzte Stück meiner Reise aus dem Zug in den Regionalbus umgestiegen, der nun inmitten des atemberaubenden Panoramas der Allgäuer Bergwelt mit lieblichen, weit ausladenden Tälern und verstreut liegenden Almen Kurs auf Isny nahm.

„Das Allgäu ist die Puppenstube Deutschlands", hatte meine Freundin Hildegard mir vor der Abreise gesagt, und ich war neugierig und voller Erwartung, das alles mit eigenen Augen zu sehen. Ich verstand sofort, warum die Menschen immer mit Verzückung von diesem Teil der Welt sprachen, auch ich war auf Anhieb von seiner Schönheit berührt und fühlte mich überglücklich ob dieser zu Gemüte gehenden Landschaft und der Hoffnung, die mich hierher geführt hatte.

Mein hübsches, erstaunlich preiswertes Pensionszimmer war nur eine Viertelstunde von Frau Riegger-Krauses Praxis entfernt, und ich machte mich zwischen bunten, malerischen Puppenstuben-Häusern mit makellos gepflegten, in allen Farben blühenden Gärten zu Fuß auf den Weg dort hin. Wieder war ich erfüllt von der Erwartungshaltung, der man aufgrund ihrer Ankurbelung des Immunsystems Heilung zuschreibt. Die viertägige Intensivbehandlung sollte je eine Behandlung morgens und abends umfassen.

Frau Riegger-Krause, von zarter Statur und angenehm leiser Stimme, wohnte in einer ruhigen Straße mit fröhlichem Vogelgezwitscher, das kein Autoverkehr störte und das zu meiner inneren Stimmung passte. Ich fühlte mich sofort geborgen bei dieser Therapeutin, erzählte ihr meine Krankengeschichte und erklärte, warum ich die lange Anfahrt zu ihr in Kauf genommen hatte. Dann nahm ich erwartungsvoll meinen Platz auf dem Behandlungstisch ein, um die mit Ungeduld erwartete Intensivtherapie zu beginnen.

Ich war ziemlich aufgeregt bei all den neuen Eindrücken, und die ungewohnte Höhe – um die 1000 Meter über dem Meeresspiegel – forderte von mir sensiblem Flachlandtiroler ihren stilisierten Höhenkoller-Tribut in Form von pochendem Herzklopfen und einer gewissen Überspannung. Meine Erwartungen waren hoch, es ging ja schließlich um viel für mich – eigentlich um alles – und so überschlugen sich meine hektischen Worte und sprudelten wie ein Wasserfall. Frau Riegger-Krause spürte, dass das alles „raus" musste und ließ mich plappern, nach einer guten Weile sagte sie dann:

„Es wäre gut, wenn Sie jetzt zur Ruhe kommen könnten."

Das sah ich ein, denn Jin Shin Jyutsu wird meistens in einer gewissen Stille ausgeübt, dann kann man sich ganz auf diese Wohltat konzentrieren oder, je nach Disposition, einschlafen, denn auch das tut der Wirkung keinerlei Abbruch. Die Jin Shin Jyutsu-Intensivbehandlung durch einen Therapeuten sollte, wie jede Behandlung, eine Stunde nicht überschreiten. Sich selbst kann man aber glücklicherweise zeitlich unbegrenzt strömen.

Frau Riegger-Krause ertastete gewöhnlich am Anfang der Behandlung die schon erwähnten verschiedenen Pulsschläge, nach erfolgtem Strömen kontrollierte sie, welche Veränderung daraus resultierte.

„Gut", pflegte sie dann leise zu sagen. Jin Shin Jyutsu-Therapeuten sind nach meiner Erfahrung nicht übermäßig gesprächig bei ihrer Arbeit. Muss auch nicht sein. Das leise „gut", das ich zu hören bekam, ließ mich vermuten, dass sie mit dem Ergebnis ihrer Arbeit zufrieden war, und es tat mir dann auch „sehr gut" und festigte mein Vertrauen, dass die Behandlung erfolgreich war und in Kombination mit dem Aufenthalt in diesem schmucken, sozusagen perfekt durchlüfteten Luftkurort die ersehnte Wende in meinem Krebsgeschehen herbeiführen würde.

Mein Tagesablauf war durch die zwei Behandlungen strukturiert, die restliche Zeit verbrachte ich damit, den Ort und die herrliche Umgebung zu erkunden, in meiner Pension die Übungen zu praktizieren, die Frau Riegger-Krause mir aufgeschrieben hatte oder zu schlafen – in anderen Worten: eine erholsame, wohltuende Zeit.

Manchmal blätterte ich auch in dem sehr empfehlenswerten, informativen Buch von Frau Riegger-Krause, das gerade druckfrisch auf den Markt gekommen war und das ich gleich als Andenken an diese Zeit in Isny erworben hatte. Es trägt den Titel „Jin Shin Jyutsu – Die Kunst der Selbstheilung durch Auflegen der Hände" und beantwortet ausführlich alle Fragen, die rund um dieses Thema aufkommen können. Sehr hilfreich sind die vielen Fotos, die die verschiedenen Griffe und Fingerpositionen veranschaulichen, und ebenso einfach wie genial ist der mühelos im Buchdeckel nachzuschlagende Gesamtüberblick aller Energieschlösser, auf den auch alte Jin Shin Jyutsu-Hasen wie ich immer wieder gerne als Gedächtnisstütze zurückgreifen.

Das Wetter war anhaltend schön, und der Ankündigung eines Unwetters für diesen Tag wollte niemand so recht Glauben schenken. Darum hielt man auch daran fest, das Konzert, das ich besuchen wollte, wie im Programm vorgesehen im Park unter freiem Himmel abzuhalten. So saß ich zwischen Kurgästen und Einheimischen entspannt der Musik lauschend an einem Gartentisch während wir an unseren Getränken nippten, und niemand achtete auf die schwarzen Wolken, die sich bedrohlich in einer Ecke des Himmels auftürmten.

Das Unwetter brach unvermittelt über uns herein, und während die Musiker darum bemüht waren, Unbill von ihren Instrumenten fernzuhalten, flüchtete ich mit den anderen Gästen ins Kurhaus. Der Himmel öffnete alle Schleusen. Die unglaublichen Regenmassen, die sich auf den Park ergossen, prasselten geräuschvoll auf das Dach unseres Unterschlupfes und wurden von heftigsten Sturmböen gegen die Scheiben gepeitscht. Es klapperte und ächzte im Gebälk, und ich fragte mich, ob das Dach wohl diesen Kräften standhalten konnte.

Ich hatte einen Platz direkt am Fenster und blickte auf die Bäume, die der Sturm bald in diese, bald in jene Richtung niederzwang. Abgestorbene Äste flogen durch die Luft, und die Frage ging mir durch den Kopf, ob mein Fensterplatz nicht etwas gefährlich war. Ich sah mich um, aber alle Plätze waren von anderen Schutzsuchenden besetzt.

Ich hatte bisher immer weit in den Park geschaut und dem Geschehen zugesehen, und erst jetzt bemerkte ich, dass außen am Fenster, nur einige Zentimeter von mir entfernt durch die Scheibe getrennt eine große Spinne in ihrem Netz ausharrte. Verwundert darüber, dass ich sie die ganze Zeit über nicht wahrgenommen hatte, schaute ich genauer hin.

Sie wurde mächtig hin und her geschüttelt – aber sowohl sie als auch ihr Netz waren noch an dem Platz, wo sie vor dem großen Sturm waren und wo sie hingehörten. Ich war überwältigt, wie gut für diese Spinne gesorgt war und konnte kaum glauben, dass sie es mit solchen Naturgewalten aufnehmen konnte.

Ich lächelte. Auch ich wurde ja vom Sturm gebeutelt, auch ich zitterte und schwankte bedenklich, aber auch ich, das wurde mir in diesem Sinnbild klar, war geborgen und beschützt. Eine Kraft, viel größer als dieses Unwetter, war unauffällig, aber beständig anwesend, und man nahm ihre Allgegenwart nur wahr, wenn man durch die vordergründigen Geschehnisse und den Geräuschpegel hindurch genau hinsah und hinhörte. Eine Kraft, die sich auch Elija am Gottesberg Horeb[71] (1 Kön 19,11-13) nicht im Brausen des Sturmes, sondern erst im sanften, leisen Säuseln des Windes mitgeteilt hatte.

Am nächsten Tag stand in der Zeitung, dass es in der ganzen Region dieser Park war, in dem das Unwetter am heftigsten gewütet hatte.

In Isny war alles nahe und stressfrei zu Fuß zu erreichen, so dauerte es auch nicht lange, bis ich das Einkaufszentrum entdeckt hatte. Ich war wie elektrisiert, denn deutsche Geschäfte üben immer eine magische Anziehungskraft auf mich aus. Es war einfach alles perfekt und mit jedem Atemzug, registrierte ich zufrieden, erhielt ich noch so nebenbei und ohne Anstrengung die heilende Gratiskraft aus der Luft.

Die Tage im Jin Shin Jyutsu-Urlaubsparadies Isny vergingen schnell und bald war die letzte Behandlung verabreicht. Ich bedankte mich herzlich bei Frau Riegger-Krause und verabschiedete mich. Als ich vor die Tür trat, rollte ein einzelner, lauter Donnerschlag durch die Straßen. Das ist sozusagen das Ausrufezeichen hinter einer erfolgreichen Behandlung, dachte ich, und war mehr denn je davon überzeugt, dass ich dem Krebs gezeigt hatte, wo der Hammer hängt.

Meine Rückreise war um einiges weniger beschwerlich als die Hinreise, denn von meinem letzten Geld hatte ich mir einen roten Rollenkoffer gekauft. Ich hatte dieses Modell schon bei meinem letzten Deutschlandbesuch gesehen, den Kauf aber damals verworfen. Nun konnte ich nicht länger widerstehen, denn die endlosen Gleiskorridore auf meinem Umsteigebahnhof Frankfurt hatte ich auf der Hinreise mit meinem schweren Gepäck kaum bezwingen können. Damit war ich in die Gilde der „Hab-nen-Rollenkoffer-Besitzer" aufgestiegen und wunderte mich, wie die Menschheit solange ohne diese tolle Errungenschaft, die die Reisestrapazen deutlich reduzierte, hatte auskommen können.

Vor meiner Abreise nach Isny hatte ich schon das Formular für den Bluttest besorgt. Zurück in Brüssel machte ich mich schnurstracks auf ins Labor, damit die gute Neuigkeit meines Krebsverlaufs – davon war ich fest überzeugt – möglichst schnell das Licht der Welt erblicken konnte. Gespannt wartete ich auf das Ergebnis. Und dann – ein Wunder – die Tumormarker waren von 48 auf 33 gefallen! Nicht wenige in meiner Umgebung, die mein Vorgehen skeptisch betrachtet, ja es überlegen belächelt hatten, schauten erstaunt. Und dabei hatte der Onkologe doch behauptet, es sei nichts mehr rückgängig zu machen!
„Wie erklären Sie sich das?", wollte ich dann auch von ihm wissen.
„Ich weiß es nicht, ich habe nicht auf alles eine Antwort", sagte er.
Dabei hatte ich nicht den Eindruck, dass er meine Freude teilte, eher, dass das Ergebnis ihn verunsicherte. Er fragte auch nicht, worauf ich selbst das zurückführte. Und obwohl ich keinen Drang verspürte, es ihm zu erzählen, fand ich, dass ich es ihm schuldete, die Karten auf den Tisch zu legen.

„Ich habe da noch so Einiges selbst unternommen", begann ich zögerlich.

„Das hab ich mir schon gedacht, dass Sie nach Deutschland fahren und sich dort alle möglichen Pülverchen kaufen."

Nun, er hatte sich scheinbar alle Antworten schon selbst gegeben, und ich schwieg. Aufdrängen wollte ich mich auch nicht.

Ich merkte, dass für ihn die Welt nicht mehr in Ordnung war und sein anschließender medizinischer Bericht über meinen Befund reflektierte eine gewisse Hilflosigkeit.

„Eigentlich irreversibel ... hier aber doch nicht ganz der Fall, da die Tumormarker spontan, zumindest ohne Chemo- oder Radiotherapie gefallen sind", stand da. Fast tat er mir leid, denn sein Weltbild war offenbar ins Wanken geraten.

Um das gute Ergebnis zu konsolidieren, suchte ich Maurice nun einmal pro Woche auf. Meine Blutwerte ließ ich alle zwei Monate überprüfen, wie der Onkologe es vorgeschlagen hatte. Waren die Tumormarker vorher Schritt für Schritt angestiegen, so vollzog sich dieser Vorgang auf wunderbare Weise nun in umgekehrter Richtung. Jeder Bluttest brachte niedrigere Werte zum Vorschein. Von 48 auf 33. Von 33 auf 26. Dann, als ich bei 23 angekommen war, hoffte ich: Beim nächsten Mal kommt der Sprung in die Normalität: 16 oder darunter. Leider ging diese Rechnung nicht auf. Mein Schicksal hatte noch allerlei Prüfungen für mich parat und wollte mich noch nicht in die Normalität entlassen.

11. Auf Augenhöhe mit der Welt

Handle so,
dass die Maxime deines Willens jederzeit
zugleich als Prinzip einer allgemeinen
Gesetzgebung gelten könnte.[72]
(Immanuel Kant)

Manchmal wünschte ich mir, das Leben wäre wie im Film oder wie bei „Wetten dass ..?". Nach einem missglückten Wettversuch findet dort rasch und mit spielerischer Leichtigkeit ein Bühnenwechsel statt. Man dreht sich auf dem Absatz um und dem Ort des unerwünschten Geschehens den Rücken zu, macht ein paar Schritte in entgegengesetzter Richtung, und schon hat ein kompletter Szenenwechsel stattgefunden. Man sitzt bei netter Konversation auf dem kuscheligen Sofa und alles ist wieder gut.

Nun, den märchenhaften alten Zeiten, wo das Wünschen noch geholfen hat, hatte meine Krankengeschichte ein Ende bereitet. Nur vorübergehend, hoffte ich, denn die sieben mageren Jahre dauerten schon so lange an. Wann begannen endlich die sieben fetten Jahre?

Einige Monate nach dem Tod meiner Mutter erteilte das Leben mir nochmals einen unangenehmen Nasenstüber. Ich war auf dem Rückweg von einem Treffen unserer Selbsthilfegruppe. „Kommt gut heim", hatte Rosemarie, unsere Gruppenleiterin, uns beim Abschied zugerufen. Es war später geworden als gewöhnlich, und dann hatten wir das eine oder andere Thema noch auf dem Gehsteig weiter diskutiert, und so waren zur späten Stunde an diesem Wochentag auch nicht mehr viele Autos unterwegs.

Nachdem ich etwa ein Drittel des Nachhausewegs zurückgelegt hatte, brachte mich eine rote Ampel zum Stehen. Ich blickte in den Rückspiegel. Die Straße war an dieser Stelle vierspurig und ich hatte sie ganz für mich allein, kein Auto weit und breit zu sehen. Doch dann tauchte plötzlich ein dunkler Golf auf. Keine der vielen Möglichkeiten auf den vier geräumigen Spuren, sein Auto zum Stehen zu bringen, schien dem Fahrer zu gefallen. Es war ihm offensichtlich daran gelegen, genau da zum Stillstand zu kommen, wo ich stand, und so fuhr er fast ungebremst auf mein Auto auf. Mein Flug nach vorne und das anschließende Zurückschleudern meines Kopfes gegen die Kopfstütze war dank des Gurts begrenzt, aber doch noch heftig genug, um mir eine „Migräne Instant" zu verpassen.

Die herbeigerufene Polizei, deren Erscheinen am Unfallort wir wahrscheinlich dem Umstand zu verdanken hatten, dass das Polizeibüro in unmittelbarer Nähe lag, riet dringend zur Abklärung im Krankenhaus – „schon aus Versicherungsgründen" – und rief auch einen Krankenwagen herbei. Schon wieder ein Krankenhaus von innen, dabei hatte ich doch allmählich die Nase gestrichen voll davon.

Während anschließend jeder an meiner Halskrause deutlich ablesen konnte, wo es mich erwischt hatte, war mein Auto weniger glimpflich davongekommen und hatte Totalschaden zu beklagen. Eine eindeutigere Schuldlosigkeit am Unfallgeschehen als an einer roten Ampel zu stehen gibt es wohl nicht, aber ich bekam trotzdem keinen Cent Schadenersatz. Dafür war ich aber jetzt mein Auto quitt. In einer Wohngegend, in der die Anbindung ans öffentliche Verkehrsnetz eher unzufriedenstellend ist, war das recht ärgerlich und ich brauchte eine Weile, bis ich mit der vermeintlichen Ungerechtigkeit meines Schicksals zu hadern aufhörte.

Unterdessen ging das Leben weiter mit seinen Höhen und Tiefen. Immer öfter sehnte ich mich danach, in einer Auszeit alles hinter mir lassen zu können. Es musste ja nicht gleich die Insel sein, eine Kur täte es ebenso, wobei auch ein Kurhaus ein paar Nummern kleiner als das Schweizer Kleinod durchaus akzeptabel wäre. Es gab nur das Problem, dass Kuren in Belgien nicht den Stellenwert besitzen, den man ihnen in Deutschland beimisst und man sie darum auch kaum bis gar nicht finanziell bezuschusst. Seien Sie ruhig Ihrem Schicksal dankbar, dass Sie in Deutschland die Möglichkeit haben, nach einer Krebsoperation mit geringer Selbstbeteiligung Kuren in Anspruch nehmen zu können.

Für mich hieß die logische Konsequenz, den weitaus größten Teil der anfallenden Kosten selbst zu berappen. Unsere Finanzen waren aber weiterhin nicht auf Rosen gebettet, und so ging der Griff in die Schatulle ins Leere. Was sollte ich tun, wo ich diese Kur doch dringend benötigte, sie mir aber nicht leisten konnte? Dr. Simonton – Carl – hatte immer wieder davon gesprochen, dass das Gefühl von Hilflosigkeit ein Pflasterstein auf dem Weg in die Krankheit sei, also musste ich mir etwas einfallen lassen.

Zum Glück hält das Universum ein Füllhorn kreativer Einfälle für uns parat, man muss ihm nur Gelegenheit geben, dieses auch auf uns auszuschütten. Ich war dafür jederzeit offen und aufnahmebereit und tatsächlich wurde ich mit einer genialen Idee beschenkt: eine Kur in meinen eigenen vier Wänden.

Ich brauchte vor allem Ruhe in jedweder Form, besonders in verbaler. Manches Mal hatte ich schon darüber geklagt, dass in Gesprächen nie eine Pause geduldet wird und darauf hingewiesen, dass man ja nur in solchen Pausen nachdenken könne und dann Gedanken aufsteigen, die sonst nie ans Licht des Tages gekommen wären.

„Das Problem ist nur", entgegnete mir meine Freundin Christa, „dass man mit den Menschen, mit denen man am besten schweigen kann, auch am besten reden kann."

Sei's drum, als Erstes würde ich dem Schweigen Raum geben. Ich verständigte alle Freundinnen, mit denen ich regelmäßig gut und gerne telefonierte und für deren Zuwendung und die Tatsache, dass sie gerade mich als Gesprächspartnerin wählten, ich sehr dankbar war. Jetzt musste die Leitung aber vorübergehend gekappt werden. Ich bat alle, zum Gelingen meiner Kur beizutragen, zwei Wochen lang auf Sendepause zu gehen und so zu tun, als sei ich in „Weitwegistan". Ich war erstaunt über das Verständnis, das mir entgegengebracht wurde. Auch Mike war einverstanden, dass wir unsere Gespräche zwar nicht ganz aussetzten, aber auf das Nötigste beschränkten.

Ein wichtiger Aspekt, wenn man verreist, ist die Tatsache, dass man aus der Notwendigkeit des Planens, Einkaufens, Kochens und sonstigen Tuns – kurz Alltag genannt – aussteigen kann. Mike sei Dank konnte ich auch das ganz gut bewerkstelligen, denn er würde einspringen, wie er es im Übrigen auch tat, wenn ich nicht gerade in Kur war. Versorgt wäre ich also.

Für den Rest war Disziplin gefragt. Bei akzidentellem Blickkontakt mit all den unerledigten Dingen würde ich tun wie Tulpe, denn, so hatte ich mich schnell selbst überzeugt, es gab nichts Dringendes; würde ich meine Kur in Deutschland verbringen, wäre es ja auch nicht erledigt worden.

Warum in die Ferne schweifen? Sieh, das Gute liegt so nah![73]
(Johann Wolfgang von Goethe)

Als ich aus dem Bett stieg, um den ersten Tag meiner Kur anzutreten, vernahm ich so etwas wie einen mentalen Tusch, der eine große Freude in mir hervorrief. Noch bevor die Erholung anfangen konnte, kam mir vorauseilend eine Kraft zu, die daraus rührte, dass ich meinen Bedürfnissen innerhalb der mir gegebenen Möglichkeiten ihren rechtmäßigen Stellenwert eingeräumt hatte. Ich hatte für mich Position bezogen, unabhängig davon, wie albern das vielleicht auf manche wirkte.

Und natürlich das Wichtigste – ich hatte mich aus der krankheitsfördernden Klemme des „müsste, sollte, bräuchte … aber kann nicht" befreit und sie in ein „will und kann" verwandelt.

Ich und mit mir alle Angesprochenen hielten die Telefonabstinenz volle zwei Wochen durch. Meine Freundin Alice rief am letzten Kurtag an und meinte, der genaue Antrittstag sei letztendlich nicht definiert worden, und somit auch nicht der „Abreisetag". Das entsprach den Tatsachen, ich hatte nur vom „Wochenende" gesprochen, und ich war sehr erfreut, ihre Stimme zu hören. Nach dem dreizehntägigen Abtauchen konnte ich mich mit neuer Frische auf unser Gespräch konzentrieren und ich fand bestätigt, dass die Kraft aus der Stille steigt.

In dieser Stille hatte ich alle angefangenen Gedanken zu Ende denken können, hatte meditiert, Heilungsübungen gemacht und in ausgedehnten Spaziergängen meine Kondition verbessert. Meine Kur hatte die in sie gesetzte Hoffnung erfüllt und meine Gesundheit und mein Selbstwertgefühl gestärkt. Derart regeneriert konnte ich mich meiner Umwelt auch wieder mit Elan ganz zuwenden statt mich ihr zu entziehen.

Bevor ein cleverer Funktionär sich aber meine Idee von „Kur für lau" an Land zieht, weil er Einsparungen von Millionen Euro am Horizont winken sieht, liegt es mir am Herzen, mein Vorgehen als eine personenbezogene Notlösung darzustellen, die die deutschen Krankenkassen nicht dazu verleiten sollte, ihr bisheriges Modell aus dem Leistungskatalog zu streichen. Das könnte euch so passen!

Bald bekam ich Gelegenheit, mir bewusst zu werden, wie sehr ich mich verändert hatte in der Zeitspanne zwischen meiner ersten Kur, als ich noch über die Freiheiten gestaunt hatte, die sich Barbara Ann herausnahm, und dieser zweiten Kur. Schauplatz war mal wieder ein Krankenhaus.

Meine Gynäkologin hatte mir eine Mammographie empfohlen, und ich entschloss mich, die Untersuchung in einem zertifizierten EUSOMA-Brust-Zentrum durchführen zu lassen. Diese Zentren erfüllen die Vorgaben der EU-Leitlinien: Die Geräte sind auf dem neuesten Stand, und die Ärzte, die die fachkundig angefertigten Mammographien auswerten, sind hochqualifiziert. Das Ergebnis bekommt man im Anschluss an die Untersuchung gleich mitgeteilt.

„Wenn es länger als eine halbe Stunde dauert, bis man Bescheid bekommt, ist das ein schlechtes Zeichen, und man muss mit einer Problemdiagnose rechnen", war ich von einigen Frauen vorgewarnt worden. Dies ging mir durch den Kopf, nachdem ich die Untersuchung hinter mich gebracht hatte.

Ich saß also auf dem Gang und wartete auf mein Ergebnis. Und wartete. Und wartete. Um mich von meiner aufkeimenden Nervosität abzulenken, versuchte ich zu lesen, konnte mich aber nicht konzentrieren. Ich sprach die junge Frau an, die neben mir saß, aber die Leidensgeschichte, die sie mir erzählte, war nicht dazu angetan, mich zu beruhigen, und ich war froh, als sie ins Sprechzimmer gebeten wurde.

Ein Blick in meine große Handtasche reichte gewöhnlich, um zwanzig Minuten selbstvergessen beschäftigt zu sein mit Ausräumen, Aufräumen und Erstaunliches aus ihren Tiefen heraufbefördern. Da die halbe Stunde merklich überschritten, ja nun sogar schon über eine Dreiviertelstunde verflossen war, konnte ich aber selbst bei dieser Tätigkeit keine Ablenkung mehr finden. Mir wurde heiß, meine Wangen, das spürte ich auch ohne Spiegel, fingen an, sich vor Anspannung zu röten. Hitze, Ungeduld und Ungewissheit begannen sich gegenseitig zu einer gefährlichen Mischung aufzuschaukeln, und ich fühlte mich, als wäre ich kurz vorm Explodieren.

„Am liebsten würde ich abhauen", schoss es mir durch den Kopf.

Aber das hätte ich nicht denken sollen, denn Gedanken sind ja bekanntlich Wegbereiter der Tat, und der keimende, rebellische Gedanke wurde unversehens und übergangslos zum Turbo. Schon erhob ich mich, um eben dies zu tun: abzuhauen – und dabei kreiste das erhabene Machtgefühl dieser gegen alle Konventionen getroffenen Entscheidung in mir wie ein schwindelerregender Wirbel und ich fühlte eine tiefe Genugtuung in jeder Körperzelle. Meinen inzwischen tomatenroten Kopf hoch erhoben, lächelnd und triumphierende Blicke um mich werfend (die zwar keiner sah, denn ich war allein übrig geblieben im Gang) ging ich, nein, schritt ich, nein, stolzierte ich Richtung Ausgang. Ich lachte und lachte vor Freude über diesen gelungenen Coup, noch auf der Autobahnfahrt nach Hause und noch während des ganzen Wochenendes.

Als ich die Geschichte dem einen oder anderen erzählte, stieß ich damit nicht auf Gegenliebe. Ich bemerkte ein innerliches Kopfschütteln, ich sei feige und dergleichen. Meine Meinung dazu ist dem aber diametral entgegengesetzt – welche Werte hält man denn hier eigentlich hoch? Für einen Menschen mit meiner Persönlichkeitsstruktur war es nicht feige, sondern höchst mutig und heilsam, seinem Wunsch zu folgen und dabei (für die anderen) so unangenehm aus der Rolle zu fallen und aufzufallen. Jahre und Jahrzehnte hatte ich ja immer alles getan, was man von mir erwartete, hatte brav dagesessen und so getan, als ob nichts wäre, während es in meinem Innersten brodelte und kochte.

Einmal, dieses eine Mal, hatte ich gewagt, das zu tun, was ich wollte. Ich war dieses eine Mal nicht vernünftig, war ganz und gar unvernünftig und scherte mich nicht darum, was ich eigentlich tun sollte und was man wohl von mir denken würde, und das war ein erhebendes, ja ekstatisches Gefühl.

Ich hatte es ja schon mit einem Krebs zu tun, und wenn die lange Wartezeit bedeuten sollte, dass sich noch eine weitere Krebserkrankung dazugesellt hatte, dann konnte diese Nachricht auch bis Montag warten. Dann wollte ich noch meine vorerwähnte Lieblingssendung „Wetten dass ..?" mit Thomas Gottschalk am Wochenende unbeschwert von diesem Gute-Laune-Killer genießen (was ich in der Folge auch tat).

Ich fand, mein Verhalten war ein positives Beispiel dafür, wie Jin Shin Jyutsu mich verändert hatte. Früher wäre ich wohl lieber leise und unauffällig innerlich gestorben, als dass ich rebelliert und mich so „blamiert" hätte. Aber Jin Shin Jyutsu hatte mich in die Freiheit entlassen, in die Entscheidungsfreiheit. Dieses bombastische Gefühl hat bis heute nichts von seiner Frische eingebüßt und ich lache noch immer, wenn ich an den Tag denke, als die Anarchie ausbrach und ich es gewagt habe, alle Benimmregeln außer Kraft zu setzen.

„Das Ergebnis wird sicher meiner Ärztin zugeschickt", vermutete ich und legte die Angelegenheit gedanklich vorerst zu den Akten. Darum schöpfte ich auch keinen Verdacht, als die Woche darauf das Telefon klingelte. Eine niederländisch sprechende Ärztin meldete sich (die Klinik liegt in Flandern). „Wo sind Sie denn abgeblieben? Haben Sie denn kein Verständnis, dass wir überlastet sind und eine gewisse Zeit benötigen? Ihr Ergebnis ist übrigens in Ordnung."

Ich war baff. Ich hatte zwar nicht unbedingt mit Krebs gerechnet, mit einem Ergebnis das „in Ordnung" war, aber auch nicht. „Sag das noch mal", bat ich die Ärztin, denn ich wollte sicher sein, das „in Ordnung" auch richtig gehört zu haben. Ich war so erstaunt und durch das unerwartete Telefonat so überrumpelt, dass ich ins Duzen verfiel, das im Niederländischen zwar viel großzügiger gehandhabt wird als im Deutschen, in diesem Fall aber definitiv fehl am Platze war.

Und dann erklärte ich ihr, dass es mir keineswegs an Verständnis für sie und ihren Dienst mangele, dass mir einfach die Nerven durchgegangen seien. Damit war auch das geklärt und ich legte den Hörer auf. Und ich lachte wieder, diesmal vor Erleichterung und Glück.

Zum Thema Freiheit durch Jin Shin Jyutsu muss aber noch einiges gesagt werden (allem voran, dass es natürlich nicht dazu anleitet, fällige Untersuchungen zu schwänzen).

Es hatte längere Zeit und viel Praktizieren gebraucht, bis ich anfing zu begreifen, warum manchmal Menschen ihre Ketten der Freiheit vorziehen. Mir selbst ging es ebenso, bis mich Jin Shin Jyutsu auf den Weg brachte. Bis dahin war meist Etikette der Hintergrund gewesen, der mein Verhalten motivierte. Bestimmte Dinge tat und sagte ich, andere unterließ ich, nicht weil es mir oder der Situation entsprach, sondern weil es mir mit der Erziehung so eingeimpft worden und jedes Infragestellen angstbesetzt war. Es war wie ein stützendes, schützendes Korsett, das einerseits zwar einengte und beschränkte, aber andererseits Sicherheit gab und einen Rahmen vorgab, innerhalb dessen ich mich bewegen konnte (und wenn etwas schief lief, konnte ich logischerweise immer die Schuld auf andere, die Autoren dieser Richtlinien, schieben).

Ganz anders, nachdem ich mich durch die „Nebenwirkungen" von Jin Shin Jyutsu mehr und mehr von dieser Fremdbestimmung in Richtung Eigenbestimmung bewegt hatte. Nun fiel ein Großteil der Angst weg, die meine Denkfähigkeit vernebelt und mich gebremst hatte, ein anderes Verhalten zu erwägen oder gar zu wagen. Ich fing an, mich auf Augenhöhe mit der Welt zu sehen und erkannte meinen eigenen Wert. Vorher hatte ich immer mich für die Ursache gehalten, wenn Schwierigkeiten auftauchten, und immer waren es meine Ideen und Einstellungen, die ich bei Meinungsverschiedenheiten bereitwillig, ja vorauseilend, revidierte.

Statt froh zu sein, dass ich mich dieses aus erstarrten fremden Meinungen und unsinnigen Geboten geschmiedeten, lebensfeindlichen Panzers entledigt hatte, fiel ich zunächst in eine tiefe Verunsicherung. Wenn nicht Angst mich davon abhält, bestimmte Dinge zu tun oder zu unterlassen, was dann? Ich hatte ein großes Stück Freiheit erlangt, und mir wurde bewusst, dass ich nun mit der Verantwortung der eigenen Entscheidung konfrontiert war. Nun waren Einsicht und Gewissen der Motor meines Handelns.

Es war ein ungewohntes Gefühl, das mich schwindelig machte, und ich hatte eine Zeitlang den Eindruck, über Niemandsland zu schweben, da alle Orientierungsmarken wie „du sollst, du musst, das tut man/nicht" weggefallen waren und meine persönliche Entscheidung gefordert war. Für die Resultate meines Handelns konnte ich mich zukünftig hinter niemandem mehr verstecken, dafür musste ich von nun an selbst geradestehen.

Dieses Lauschen auf die innere Stimme wollte erst einmal eingeübt werden, und es blieb nicht aus, dass ich bei diesem Lernprozess vorübergehend von einem Extrem ins andere fiel, und das in allen Bereichen des täglichen Lebens (betroffen davon waren auch Entscheidungen, die ich zu fällen hatte – siehe die vorerwähnte, erneute Konfrontation mit dem Thema „Flüchten oder Standhalten" im Krankenhaus).

War ich früher, wie viele Krebspatienten, immerzu nett, für alle da und zu jeder Hilfe bereit, so waren die Antriebsfeder für dieses Verhalten eben nicht immer unbedingt Edelmut, sondern Ängste jeder Couleur. Meine unbewusste Überzeugung flüsterte mir ein, dass ein „guter Mensch" jederzeit für die Rettung der ganzen Welt parat stehen muss, und wer will schon dieses Selbstbild gefährden und vor sich selbst als Egoist dastehen, der die ganze Welt im Stich lässt? Die Angst, bei derartigem Verhalten meine Liebenswürdigkeit einzubüßen, erstickte jedes zaghafte „Nein" schon im Keim.

Nun legte ich vorübergehend, orientierungslos und tastend auf der Suche, ein krass gegenteiliges Verhalten an den Tag und zeigte mich von meiner mir und anderen bisher kaum jemals gesichteten spröden, abweisenden Seite. Erst nach und nach lernte ich, meiner inneren Stimme zu vertrauen und die für mich richtige und der jeweiligen Situation angemessene Entscheidung zu treffen. Aus reaktiv war aktiv und kreativ geworden.

Wenn ich heute meine Hilfe anbiete oder etwas zusage, habe ich mich in der Regel in Freiheit dafür entscheiden können, und mein Ja ist ein ganzes Ja, im Einklang mit mir selbst, und das trifft auch auf ein ausgesprochenes Nein zu. Statt hilflos Spielball von Menschen und Situationen zu sein, tritt Handlungsfähigkeit und Entscheidungsfreude an diese Stelle, und das ist der Gesundheit äußerst förderlich.

Das Wichtigste, das wir bei Dr. Simonton lernen sollten, war „Nein" sagen zu können, so hatte er es selbst formuliert. Ich achte jetzt sehr bewusst darauf, mein eigenes Wohlergehen nicht aus den Augen zu verlieren, anstatt es allen recht machen zu wollen.

Wenn wir Verantwortung für ein Königskind übernehmen müssten, würden wir es sicher mit Hingabe hegen und pflegen, ihm mit Verständnis begegnen und uns Gedanken machen, was für sein gutes Gedeihen von Nöten ist. Ich glaube aber, dass wir selbst das Königskind sind, dessen Pflege und Wohlergehen uns aufgetragen sind. Nicht, dass ein Königskind wichtiger wäre als jedes andere Kind auf der Welt, aber wir denken dabei auf Anhieb an etwas Kostbares und spüren gleich, worum es geht. Wir haben nicht nur das Recht, sondern sogar die Pflicht, gut auf uns selbst aufzupassen. Und dazu gehört auch, Nein zu Personen und Dingen zu sagen, die uns überfordern und schaden würden.

Wer meint, dass dann die Welt im Egoismus versinkt, der sei versichert, dass das Gegenteil der Fall ist. Geht man gewohnheitsmäßig liebevoll mit sich selbst um, so legt man dieses Verhalten auch im Umgang mit anderen an den Tag. Gibt man jedoch halbherzig und aus Schwäche heraus dem anderen nach, hegt man unweigerlich einen Groll gegen dieses empfundene Ausgenutztwerden, der sich irgendwann entlädt. Und dann ist wieder einmal der andere an allem Schuld.

In Wirklichkeit kann uns aber niemand ausnutzen, wenn wir nicht das Einverständnis dazu geben. Die Grenzen des Zumutbaren müssen wir selbst setzen, denn nur wir wissen, wo sie in unserem Fall liegen. Wenn wir darauf warten, dass die anderen das für uns tun, werden wir nur enttäuscht sein und diese Enttäuschung werden wir dem anderen garantiert mit einer auch noch so subtilen Retourkutsche wieder heimzahlen.

Als Kind hatte ich mir für diese kompliziert erscheinende Welt immer eine globale Autoritätsperson gewünscht, die ganz unparteiisch und unvoreingenommen jede an sie gerichtete Frage, allgemeingültig beantworten und so innere und äußere Krisen und ein in die Irre gehen vermeiden helfen könnte. Manche Kinderwünsche gehen auch verspätet noch in Erfüllung, denn darin hatte kurioserweise schon der Keim dessen gelegen, was sich jetzt in mir entfaltete. Das Erstaunliche und Verblüffende aber war, dass ich diese Person auf einmal in mir selbst fand. Das war wie eine Offenbarung.

Ich stellte fest, dass ich auf die meisten, wenn nicht auf alle mich betreffenden Fragen viel besser antworten kann, als es jemand anderes je könnte, denn andere Menschen wissen vielleicht eine Menge zu einer Menge von Themen, aber sie wissen sehr wenig oder gar nichts über mich. Auch die intelligenteste und beste Antwort trägt immer die Handschrift und die Erfahrungen, kurz die Weltsicht dessen, der sie gibt, und darum kann es die ganz und gar unparteiische und unvoreingenommene Antwort, die ich als Kind suchte, gar nicht geben. Aber die Antwort, die genau auf mich abgestimmt ist, die genau zu mir passt, kann es geben, und sie liegt in mir selbst. Es ist nur einige Übung erforderlich, damit nicht die Angst bzw.

der Weg des geringsten Widerstandes der schlecht beratende Entscheidungsträger ist, sondern wirklich die innere Stimme. Professor Ferdinand Sauerbruch antwortete angeblich einmal einer besserwisserischen Patientin, die sich umfangreiche medizinische Kenntnisse angelesen hatte und ihm ständig dreinredete: „Madame, eines Tages werden Sie noch an einem Druckfehler sterben." Im Internet-Zeitalter ist diese humorvolle Warnung aktueller denn je, aber wir müssen sie nicht fürchten. Niemand will ja in der Regel den medizinischen Sachverstand des Arztes in Frage stellen und ihn eines Besseren belehren. (Wohl ist es manchmal angebracht, wie bei meiner angeblich erforderlichen zweiten Operation, den medizinischen Wissensstand eines Arztes zu hinterfragen; für meine Entscheidungsfindung vertraute ich dann aber dem medizinischen Fachwissen der Ärzte vom KID.)

Regelmäßig wird der Betroffene selbst aber bei fälligen Entscheidungen übergangen – sei es innerhalb oder außerhalb des medizinischen Bereichs – weil er das Heft des Handelns freiwillig aus der Hand gibt und dann andere mit mehr Selbstbewusstsein oder mehr Macht (aber nicht unbedingt mit mehr Wissen und ganz sicher ohne Kenntnis der zahlreichen Aspekte seiner individuellen Lage) die Entscheidung an sich reißen, die dann oft „zufällig" auch zu ihrem eigenen Vorteil ausfällt. Als Krebsbetroffene haben wir aber ein besonderes Interesse daran, die Verantwortung für unser Leben selbst zu übernehmen und uns die Kraft zunutze zu machen, die aus der eigenen Entscheidung wächst.

Es bringt uns nicht weiter, Entscheidungen von geringer Tragweite und sogar die wichtigsten Weichenstellungen unseres Lebens betreffend an Experten zu delegieren, die das Leben in Stücke schneiden und nie das Ganze überblicken, denn Experte ist man immer nur auf Teilgebieten. Und Experte ist man nie für das Leben anderer Menschen. Wer aber – wenn nicht ich? – überblickt, koordiniert und setzt diese Bruchstücke von Informationen wieder sinnvoll zu einem für mich stimmigen Gesamtbild zusammen?

Natürlich brauchen wir die vielen klugen Beiträge von Sachverständigen als Hilfe zur eigenen Meinungsbildung, eingedenk des Sprichworts, dass, wer sein eigener Lehrmeister sein will, einen Narren zum Schüler hat.[74] Wir sollten uns aber nicht Sand in die Augen streuen lassen und unserem eigenen Sachverstand abschwören. Die endgültige Entscheidung liegt bei uns.

Nun, der vorerwähnte Bühnenwechsel à la „Wetten dass ..?" ist einem im wirklichen Leben nicht oft vergönnt. Und bei metastasierendem Krebs würde zunächst auch ein Bühnenwechsel nichts nützen, denn der Krebs ginge ja mit auf die Reise.

Dass es dabei nicht bleiben muss, und dass Heilung jederzeit in jedem Stadium des Krebsgeschehens erfolgen kann, ja, dass Menschen diesen Transformationsprozess noch auf dem Sterbebett in Gang bringen können, ist verbrieft, und Dr. Simonton erzählt von einem solchen Fall in seinem Buch. Dabei kann es Wochen, Monate oder Jahre dauern, bis man wieder ganz gesund ist. Es gibt aber auch Blitzgenesungen, bei denen die Krebszellen schmelzen „like snowballs on a hot stove" – wie Schneebälle auf einem heißen Ofen. Ein sehr beeindruckendes Bild. Egal wie oft oder wie selten es vorkommt: Warum hört man sonst nie davon, dass diese Möglichkeit grundsätzlich besteht? Dabei könnte es doch die innere Einstellung eines Schwerkranken schlagartig revolutionieren und die Kraft für die Gesundung aktivieren.

Ich habe schon des Öfteren Seminare besucht, in denen von der Schulmedizin aufgegebene Patienten Jahre später von ihrer Genesung erzählten. Unter anderem auch zwei Menschen, die an Bauchspeicheldrüsenkrebs erkrankt waren. Und die Beispiele in Greg Andersons Buch handeln ausschließlich von als „unheilbar" abgestempelten Menschen, die trotzdem alle noch leben. Ja, Greg Anderson selbst gab man 1984, nachdem bei ihm metastasierender Lungenkrebs festgestellt wurde, nur noch dreißig Tage zu leben. Er führt seine Genesung wesentlich auf Dr. Simontons Arbeit und Inspiration zurück.

Auch Lance Armstrong hatte man kaum Überlebenschancen eingeräumt nachdem die Metastasen sich in seinem Körper ausgebreitet hatten. Trotzdem wurde er wieder gesund. Er verblüffte Zweifler und inspirierte Millionen Menschen, kranke und gesunde, als er bei der Tour de France, dem härtesten Radrennen der Welt, siebenmal den Sieg davontrug – ein einmaliges Geschehen in der Geschichte der Tour!

Es gibt zahllose Menschen, die noch leben, obwohl die Ärzte „keinen Pfifferling mehr" für sie gegeben hatten. In einem Gespräch erzählte mir die betroffene Frau (und zwar etliche Jahre danach, wobei sie sich bester Gesundheit ohne Krebsgeschehen erfreute) von dieser Einschätzung ihrer Heilungsaussichten durch ihren Arzt. Über „feinfühlige" Äußerungen von Ärzten zu einer Zeit des Lebens, wo man ganz unten ist, können leider viele Krebskranke ein trauriges Lied singen, und wer nicht stark genug ist, sie in eine „Jetzt-erst-recht-Haltung" umzumünzen, dem kann es den tödlichen Rest versetzen. Ganze Bände könnten mit Negativbeispielen gefüllt werden, und als Titel wäre wohl „…, denn sie wissen nicht, was sie tun."[75] (Lk 23,34) besonders geeignet.

Auch ich habe mir schon mehrfach Bemerkungen demotivierenden, destruktiven Inhalts anhören müssen. So sagte ein mich behandelnder Arzt vor einigen Jahren freundlich lächelnd zu mir: „Bei Ihnen ist der Zug schon entgleist", und, nachdem er seinen eigenen Worten kurz nachgelauscht hatte und offensichtlich sehr zufrieden war, dass er den Sachverhalt so treffend formuliert hatte, wiederholte er nochmals, immer

noch freundlich lächelnd: „Bei Ihnen ist der Zug schon entgleist." Dabei hatte er wohl vor lauter Selbstgefälligkeit übersehen, dass die Entgleisung auf seinem Terrain stattgefunden hatte. So viel zum Thema ärztliche Empathie.
In diesem Zusammenhang wird oft ins Feld geführt, dass die Erläuterung psychologischer Zusammenhänge in der ärztlichen Ausbildung zu kurz kommt. Dennoch nimmt man mit Verwunderung die Diskrepanz wahr und fragt sich, wieso kaum jemals ein „normaler", in Psychologie ebenfalls ungeschulter, Mensch derartige Äußerungen mit einem Gehalt an Bösartigkeit, der den der Krankheit noch in den Schatten stellt, von sich gibt.

Als Kind wurde ich Zeugin eines weiteren Beispiels von den dem Menschen innewohnenden immensen Kräften der Selbstheilung. Ich erinnere mich noch an den Tag, als uns meine Tante weinend aufsuchte und uns die ärztliche Prognose, dass ihr Mann nur noch ein paar Wochen zu leben habe, mitteilte. Die Operation hatte abgebrochen werden müssen, weil der Krebs sich im ganzen Bauchraum ausgebreitet hatte. Mein Onkel, vom Typ liebenswerter Querulant, dachte allerdings nicht im Entferntesten daran, sich zu verabschieden und lebte noch einige Jahrzehnte, bis er mit 90 Jahren schließlich verstarb – und das nicht am Krebs.

Ich finde es beschämend, dass Fälle unerwarteter Genesung oft in schulmedizinischen Kreisen wie Peinlichkeiten behandelt werden, die man am besten unter den Teppich kehrt. Und warum wird eigentlich auf diesem Gebiet kaum geforscht, wie diese Heilungen zustande kamen und worauf sie zurückzuführen sind? – Bei manchen Antworten fallen einem keine Fragen mehr ein.

Ich möchte Leuchtturm sein in Nacht und Wind,
für ... jedes Boot und bin doch selbst:
Ein Schiff in Not![76]
(Wolfgang Borchert)

Es gelang mir leider nicht, Dr. A. meine im Kapitel „Nach-
Sorge" beschriebenen Bedenken hinsichtlich seines Behand-
lungsplans zu vermitteln, als ich nach sieben Monaten wieder
in seiner Sprechstunde erschien. Ich fand einfach nicht die
richtigen Worte und fühlte mich sehr unwohl in meiner Haut.
Seinem Gesichtsausdruck war eine gewisse Verärgerung anzusehen, und sein Kommentar zu meinem verspäteten Erscheinen (erst nach sieben statt zwei Monaten) hatte einen ge-
reizten Unterton. Wahrscheinlich deutete er mein Verhalten
als kapriziös und unkooperativ, aber den Schuh musste ich
mir ja nicht anziehen, denn in Wirklichkeit ging ich sehr
ernsthaft mit dem Thema Gesundheit um. Gerade darum
machte ich mir auch meine eigenen Gedanken dazu.
Er erkannte wohl nicht den Anteil, den er selbst an der verfah-
renen Situation hatte und dass nicht eine liederliche Ober-
flächlichkeit der Grund für mein langes Fernbleiben war, sondern ein Mich-Nicht-Behaupten-Können gegenüber seinem
autoritären Insistieren.
Etwas zum Freuen gab es aber doch: Meine Tumormarker
waren in den sieben Monaten nicht angestiegen, sie waren sogar leicht gefallen. Im Ultraschall schwankte zwar die Größe
der Lymphknoten, mal 1 oder 2 mm mehr oder weniger, aber
das lag, so erklärte mir Dr. A., daran, dass das Bild nicht eindeutig genug war hinsichtlich dessen, wo die Lymphknoten
denn nun eigentlich anfingen und endeten.
„Das Ergebnis ist nur so gut, wie die Person, die die Untersuchung macht", resümierte er.
Das schien Grund genug für ihn, auch dieses Mal ein CT zu
reklamieren, das dieses Manko nicht aufweisen würde. Es war

keineswegs erstaunlich, dass der alte Konflikt jetzt wieder aufbrach, denn wir waren ja in unseren Kommunikationsversuchen auf keinen grünen Zweig gekommen und fischten darum weiterhin im Trüben. Meine Sicht der Dinge folgte nach wie vor einer anderen Logik. Da man unter Zugrundelegung aller Untersuchungsergebnisse und klinischen Untersuchungen im Moment „nichts" machen musste – so hatte Dr. A. mir selbst wiederholt versichert, und das bestätigten auch meine Erkundigungen, die ich darüber hinaus eingezogen hatte – war es mir egal, ob die Lymphknoten nun einen Millimeter größer oder kleiner, und ob vielleicht sogar neue hinzugekommen waren. Man würde so lange nicht zur Tat schreiten, sprich behandeln, solange ich mich wohl fühlte. Und ich fühlte mich weiterhin sehr wohl.

„Was haben Sie denn nur gegen diese Untersuchung?", fragte er mürrisch, so als ob das Thema zum ersten Mal auf den Tisch käme.

Obwohl mir die vorgenannten Gründe ausreichend erschienen, verwies ich nochmals auf meine Kontrastmittel-Allergie und erinnerte an den Vorfall, als ich der Schwester während der Untersuchung eine dringende Frage gestellt hatte, auf die die Antwort aber ausblieb. Auch mein darauf folgendes lautes Rufen verhallte ungehört. Nach der Untersuchung von mir zur Rede gestellt, war sie immerhin ehrlich und gab zu, man habe die Gegensprechanlage ausgeschaltet, da sie „zu viel Lärm" mache. Ich staunte dennoch über die an den Tag gelegte Unverfrorenheit und den bedauerlichen Mangel an Verantwortungsgefühl und Professionalität.

Das gewichtigste Argument aber, das ich erneut ins Feld geführt hatte, war die hohe Strahlenbelastung, der mich diese Untersuchung unnötigerweise aussetzen würde. Dr. A. lachte auf und meinte, dass dies doch nun wirklich kein Thema mehr sei für jemanden, der eine Chemotherapie hinter sich hat und ungleich harmloser, ja vernachlässigbar sei.

Ich war schockiert über diese Argumentation und den Mangel an Sensibilität und Einfühlungsvermögen, aber es lag mir fern, mich selbst schon im Vorfeld als Chemogeschädigte aufzugeben und eine derartig fatalistische Haltung einzunehmen. Gerade wegen der früheren Belastung wägte ich das Pro und Contra weiterer Maßnahmen noch sorgsamer ab.

Der Ton spitzte sich zu.

„Sie wollen den Kühler nicht aufmachen, aber Auto fahren wollen Sie", sagte er gereizt.

Da taten sich Abgründe in unseren Weltbildern auf. In der Vergangenheit hatte ich Dr. A. meinen Standpunkt immer wieder mal erklärt und wiederholte Anläufe in Richtung Kommunikation und Verständigung unternommen, aber jetzt fühlte ich nur noch eine emotionale Ermattung und Traurigkeit in mir, da ich in meinem Bestreben grundlegend gescheitert war.

„Wenn Sie Ihr Auto in die Werkstatt bringen, öffnet der Mechaniker den Kühler", bemühte er diese Metapher noch einmal. „Aber Sie brauchen keinen Mechaniker mehr."

Ich wollte ihn fragen, ob er noch im Vollbesitz seiner onkologischen Intelligenz sei, mir auf diese Art und Weise die Pistole auf die Brust zu setzen, denn mit dem Mechaniker meinte er offensichtlich sich selbst. Doch wie immer, wenn ich mich bis ins Mark verletzt, weil unverstanden, fühlte, verschlug es mir die Sprache und ich sank in mich zusammen.

Vorher hatte er mir noch sehr anschaulich den gesundheitlichen Verlauf bei einer seiner anderen Patientinnen geschildert, die zunächst auch „nur" geschwollene Lymphknoten hatte. Er sparte dabei nicht mit schrecklichen Details.

Ich habe die Angewohnheit, bei Arztterminen immer mitzuschreiben. Vielleicht kennen Sie das ja auch. Man ist aufgeregt, und hinterher stellt man sich die Frage nach der genauen Formulierung, die der Arzt gewählt hat. Die Aufzeichnung

dieses Gesprächs existiert auch noch, auf einen alten Briefumschlag gekritzelt, und sie lässt die Erinnerung wieder sehr
real werden, wenn ich sie anschaue. Und sie schützt mich davor, Worte zu zitieren, die so nie gesagt wurden.

Beim Herausgehen hatte ich Dr. A. gesagt, ich würde alles
noch einmal überdenken, denn ich wollte in meiner tiefen
Verunsicherung nichts über den Stab brechen. Es dauerte aber
nicht lange bis mir klar wurde, dass es nicht richtig sein konnte, ja, regelrecht absurd wäre, mich einer Untersuchung mit
hoher Strahlenbelastung, deren Sinn sich mir nicht erschloss,
nur meinem Arzt zuliebe zu unterziehen.

Hätte mich Dr. A. um eine Unterschrift gebeten, dass ich
mich trotz Aufklärung für einen anderen Diagnoseweg entschieden habe, so hätte ich ihm dies gerne bestätigt. Mein
Wunsch, dass er meinen Standpunkt zwar nicht teilen muss,
ihn und meinen Weg aber respektiert, ging nicht in Erfüllung.
„Ich habe ein langes Studium und viel Erfahrung und möchte
mein Wissen zu Ihrem Besten verwenden. Ihre Haltung kann
ich nicht verstehen, und ich glaube, dass Sie falsch handeln,
aber ich stehe weiter als Arzt an Ihrer Seite", nein, diese Worte hörte ich leider nicht, und ich fühlte mich im Stich gelassen.
Sie hätten mir aber sehr geholfen und das ungute Gefühl der
Hilflosigkeit wäre mir erspart geblieben. Denn obwohl sich
unsere Arzt-Patientin-Beziehung nur auf das Wesentliche beschränkt hatte, durchaus freundlich doch distanziert geblieben
war, stellte Dr. A. als mein Onkologe eine wichtige Person in
meinem Unterstützungs-Team dar. Jetzt war eine Lücke ent-
standen in dem Kreis der Menschen, die mir mit Rat und Tat
zur Seite standen, und natürlich konnte seine Rolle als kompe-
tenter, Sicherheit spendender Onkologe niemand von den anderen Personen übernehmen.

Ich war erstaunt, wie tief der Riss ging, und wie sehr mich das mir quasi gestellte Ultimatum belastete. Unruhe stellte sich ein, und ich fühlte mich schutzlos. Einen Weg zurück gab es aber nicht.

Ich sehe durchaus auch die Seite des Arztes, für den es oft schwer sein mag nachzuvollziehen, wenn Patienten einen Weg gehen, der nicht dem von ihm vorgeschlagenen entspricht. Der Arzt als Be-Handelnder sieht die Krebserkrankung in Ausübung seines Berufes aus seiner Sicht, während der Patient als Er-Leidender die ganze Sache als ein dramatisches Kapitel seines Lebens wahrnimmt, aus dem er am Ende der Sprechstunde nicht aussteigen kann. Jeder der beiden hat seine eigene Realität, und jede der beiden Sichtweisen hat ihre Daseinsberechtigung. Wünschenswert wäre es, da beide dasselbe Ziel anstreben, nämlich Wiedererlangung der Gesundheit des Patienten, in einer friedlichen Koexistenz beide Erlebniswelten unter einen Hut zu bringen. Ein Aufeinanderzugehen und Treffen auf halbem Wege schien aber unmöglicher denn je, denn die Situation gestaltete sich ähnlich wie bei Hase und Igel: Immer hielt Dr. A. dagegen und hatte schon „hier" geschrien, bevor er meinen Argumenten wirklich zugehört hatte.

Ich war in eine Zwickmühle geraten zwischen meinem dringenden Wunsch nach Mitbestimmung und Dr. A.'s Bedürfnis nach Alleinbestimmung, suchte aber noch immer nach Möglichkeiten, dieser Arzt-Patientin-Beziehung, in der ich mich ansonsten gut aufgehoben wusste, eine Chance einzuräumen. Im Laufe der folgenden Monate verstrickte ich mich mehr und mehr im Gestrüpp meiner sich im Kreise drehenden Gedanken auf der Suche nach einem Ausweg aus diesem Dilemma. Das Ringen um eine Entscheidung, wie ich von hier aus weiter vorgehen sollte, blieb lange erfolglos. Es sollten anderthalb Jahre vergehen, bevor ich mich zu einer erneuten

Untersuchung aufraffen konnte und mich endgültig gegen Dr. A. entschied.

12. Es ist immer heute

> Wer das helfende Wort in sich aufruft,
> erfährt das Wort.
> Wer Halt gewährt, verstärkt in sich den Halt.
> Wer Trost spendet, vertieft in sich den Trost.
> Wer Heil wirkt,
> dem offenbart sich das Heil.[77]
> (Martin Buber)

Nach meiner Krebsdiagnose war ich kaum in der Lage gewesen, klar zu denken. Nachdem aber einige Zeit ins Land gegangen war, fasste ich den Entschluss, es bei dieser gesundheitlichen Bankrotterklärung nicht bewenden zu lassen. Das chinesische Zeichen für Krise bedeutet sowohl Gefahr als auch Chance, erinnerte ich mich, und ich hatte den brennenden Wunsch, die in meiner gefahrvollen Krise liegende Chance nicht zu vertun.

Ich nahm mir vor, von nun an mit vollem Bewusstsein in jede der vor mir liegenden Prüfungen zu gehen. Ich wollte nicht kneifen, wollte nicht verdrängen, wollte mich der bitteren Medizin nicht verweigern – wollte mich stellen, wollte mich Tod und Teufel stellen, denn das Schrecklichste in dieser schrecklichen Situation wäre es, geduckt und ohne etwas dazugelernt zu haben aus ihr hervorzugehen. Dann hätte ich diese Zeit nur halb gelebt, und mein Leben war zu kostbar – auch jetzt, gerade jetzt – um jene Hälfte zu verschenken, die mich zwar immer wieder an den Rand des Erträglichen brachte, aber trotzdem sein integraler Bestandteil war.

Dostojewskis Worte „Ich fürchte nur eines: meiner Qual nicht würdig zu sein."[78], gingen mir durch den Kopf. Ich wollte mich meines Leidens würdig erweisen, wollte bewusst und erhobenen Hauptes hindurchgehen und mir seinen Reifestempel aufdrücken lassen, wollte meine Seele nicht in Deckung bringen vor den Spuren, die diese Erfahrung in ihr hinterlassen würde. Zwar merkte ich sehr bald, wie leicht sich das sagt und wie schwer sich das lebt, aber wenn ich auch immer wieder in Angst und Chaos versank, den Lauf der Dinge nur erlitt, anstatt ihn zu erleben – anschließend schwenkte ich wieder um auf meinen ursprünglich angepeilten Kurs.

Sich immer wieder aufs Neue zu stellen, den Lebenskurs immer wieder neu zu justieren, darum ging es auch jetzt noch, zehn Jahre später. Es war viel Wasser die Donau hinuntergeflossen seit meinem letzten Arztbesuch, aber dann, nach anderthalb Jahren auf Nachsorgetauchstation konnte und wollte ich mich endlich wieder stellen, mich bei einem neuen Arzt einer Untersuchung unterziehen und meine Tumormarker bestimmen lassen.

Ich hatte mehrere Zettel mit Namen von bewährten Onkologinnen und Onkologen zugesteckt bekommen, aber als gebranntes Kind scheute ich das Feuer und schreckte immer wieder davor zurück, konkret zu werden. Einmal hatte ich mich überwunden und einen Termin vereinbart, aber eine Woche vor diesem Datum annullierte ich ihn wieder. Was konnte ich von diesem neuen Arzt schon erwarten? Um sich einen präzisen Überblick über die gesundheitliche Situation seiner neuen Patientin zu verschaffen, würde wohl jeder Onkologe auf einem CT bestehen, und dann wäre ich wieder, wo ich angefangen bzw. aufgehört hatte, mit depressiver Verstimmung ob eines erneuten Scheiterns obendrein. Meine Chancen, auf einen kompromissbereiten Arzt zu treffen, rechnete ich mir als sehr gering aus.

Meine Gedanken gingen lange ins Leere, doch dann hatte ich plötzlich eine so einfache und nahe liegende Idee, dass ich mich wunderte, nicht schon früher darauf gekommen zu sein. Was sprach dagegen, für die kommende Untersuchung einen Onkologen zu umgehen und mich stattdessen direkt an meine, mein uneingeschränktes Vertrauen besitzende Gynäkologin zu wenden? Nichts!

Dr. Marie-Dominique Deleuse, eine Zuversicht ausstrahlende Ärztin, die Geduld und Verständnis auch gegenüber Patientinnen auf gelegentlichem Zickzack-Kurs aufzubringen in der Lage ist – die obendrein noch perfekt Deutsch spricht, und die mich bereits seit meiner Krebsoperation mit medizinischer Kompetenz betreut – enttäuschte meine in sie gesetzte Hoffnung nicht. Sie übernahm die Rolle, die mich aus dem Dornröschenschlaf des Nichts-Sehen-, Nichts-Hören-, Nichts-Sagen-Wollens erwecken sollte.
Das Schwert, das die hohe Hecke bzw. das Gras teilen sollte, das über die Tatsache dieser Krebserkrankung anderthalb Jahre lang gewachsen war, bestand in diesem Fall aus zwei Formularen. Eines für die Blutuntersuchung mit Bestimmung der Tumormarker und eines für die bildliche, sonographische Darstellung (Ultraschall) des Zustandes der Metastasen und der inneren Organe. Damit ausgestattet trat ich erleichtert darüber, dass der tote Punkt meiner Nachsorgesituation überwunden war, den Nachhauseweg an. Da wir aufs Jahresende zugingen, wollte ich zusammen mit den bald fälligen Weihnachtsgrüßen, die besonders für im Ausland Lebende, mit so manchem den einzigen Nachrichtenaustausch innerhalb eines Jahres darstellen, auch gleich allen mein neuestes Untersuchungsergebnis mitteilen.

Ziemlich bald fand ich mich zur Blutuntersuchung in meinem gewohnten Labor ein. Ich wollte ausschließen, dass etwaige Abweichungen auf das Konto eines Laborwechsel gehen würden. Für die eigentliche Untersuchung würde ich ein Krankenhaus in unserem Viertel aufsuchen. Da ich nun endgültig mit dem Onkologen gebrochen hatte, machte es Sinn, dem auch Ausdruck zu verleihen, indem ich mir ein neues

Krankenhaus suchte. Als ich dort anrufen wollte, um den Untersuchungstermin auszumachen, ließ sich die auf einem Zettel notierte Telefonnummer aber nicht auffinden. Nun, auf ein paar Tage mehr kam es jetzt auch nicht mehr an.

Unterdessen flatterte mir die Kopie mit den Resultaten meiner Blutuntersuchung ins Haus. Das Labor hatte schnell gearbeitet, dachte ich zufrieden, während ich mich daranmachte, den Umschlag zu öffnen. Plötzlich zuckte ich zusammen.

Seltsamerweise erinnerte ich mich erst jetzt wieder an ein Versprechen, dass ich mir einmal selbst gegeben hatte: NIE wieder eine Untersuchung vor Weihnachten oder sonstigen Fest-, Feier- und Geburtstagen! Meine vorweihnachtliche Diagnosestellung an jenem 18. Dezember hatte in mir einen Vorgeschmack der Hölle hinterlassen und mich für immer gebrandmarkt – dachte ich.

Und jetzt hatte ich mein Versprechen fast vergessen. Mein Unterbewusstsein schien sein eigenes Selbstbewusstsein und eine gehörige Portion Optimismus und Vertrauen zu haben. Aber nach dieser langen, untersuchungsfreien Zeit war jedes Ergebnis denkbar, auch eines, das wurde mir erst jetzt richtig klar, das Freunde und Verwandte nicht unbedingt in ihrem bunten Weihnachtsteller aufzufinden wünschten. Und ich selbst auch nicht.

So blieb der Umschlag vorerst ungeöffnet. Und er blieb es recht lange. Zuerst wollte ich mir und der Welt Weihnachten retten, dann Silvester. Danach kam eine neue Überlegung hinzu: Ich fühlte mich sehr wohl in meiner Haut und war guten Mutes. Abgesehen von einigen trüben Stunden, die es auch gab, blickte ich weiter erwartungsvoll ins Leben und verspürte dank Jin Shin Jyutsu nicht selten ein intensives Glücksgefühl in mir, einfach so und ohne Grund. Sollte ich das aufs Spiel setzen? Falls der Umschlag Schlechtes enthielt, wäre mein Glücksgefühl aufs Erste garantiert perdu. Und dann würde ich sowieso das Ergebnis der Ultraschalluntersuchung abwarten müssen und könnte mit dieser Hiobsbotschaft allein nicht viel anfangen.

Überhaupt: Ultraschalluntersuchung. Wo war denn nun der Zettel mit der Telefonnummer? Mittlerweile schrieben wir den 6. Januar 2008, und er war noch immer nicht aufgetaucht. Im Gegenteil, über Weihnachten war die gewohnte Ordnung umgekrempelt worden, es herrschte der Ausnahmezustand. Gefühlsmäßig schwebte ich in Hoch- und Feiertagsstimmung, und in der Wohnung mussten die Dinge dem anrückenden Tannenbaum und Weihnachtsschmuck weichen, wodurch alles seinen gewohnten Platz verloren hatte, und der Papierstapel, in dem sich der Zettel befinden musste, auch.

Irgendwer gab irgendwann zu bedenken, dass man doch auch problemlos im Internet dieser Telefonnummer habhaft werden könne, und ich griff die Anregung umgehend auf, denn allmählich riss mir selbst der Geduldsfaden mit meinem Schneckentempo. Ich fand die Nummer im Nu, aber als es nun konkret zur Sache ging, stellte ich mir vor, wie ich mich in diesem neuen Krankenhaus überhaupt nicht auskennen würde und mir alles erst vertraut machen müsste – die endlosen Gänge, die Etage und das Untersuchungszimmer, das Personal, die Gepflogenheiten des Hauses. Dieses Szenario ging mir so gegen den Strich, dass ich umdisponierte und beschloss, auch diese Untersuchung in meiner gewohnten Klinik vornehmen zu lassen. Ihre direkte Lage neben dem Einkaufszentrum war ja weiterhin ein großes Plus, denn so würde ich meine heißgeliebte Frühstückszeremonie aufrechterhalten können. Warum sollte ich das alles an den Nagel hängen, nur wegen eines verschnupften Onkologen?

Die Ultraschalluntersuchung nahm ein junger Arzt vor, der sich (und mich) so ungezwungen und interessant zu unterhalten wusste, dass ich zum ersten Mal bei einer Untersuchung gänzlich vergaß, worum es ging, ja, die Untersuchung selbst vergaß. Das Ergebnis war ebenso erfreulich: Die inneren Organe waren ohne Befund, die Metastasen hatten sich also nicht weiter ausgebreitet und waren auch nicht gewachsen, hatten sich sogar etwas verkleinert. Aber Letzteres war wohl, wie schon berichtet, ohne Belang und der etwas ungenaueren Untersuchungsmethode geschuldet.

Kurz vor der Ultraschalluntersuchung hatte ich den Briefumschlag mit den Bluttestergebnissen öffnen wollen, es aber dann vergessen. Jetzt fiel es mir plötzlich wieder ein, und noch in der Umkleidekabine riss ich hastig den Umschlag auf. Ich war nicht sehr begeistert, als ich sah, dass die Tumormarker diesmal etwas angestiegen und somit die Krebszellen aktiv waren.

„Jetzt hilft nur noch beten", denkt hier so mancher.
Pardon, falsch gedacht.
Nach über vier Jahren war ich ja, was die Höhe der Tumormarker betraf, noch immer da, wo ich vor meiner Reise nach Isny schon gewesen war, nämlich bei 49. Die Entwicklung der Tumormarker zeigte ein Auf und Ab, aber das Ganze glich eher einem Zeitlupenmarathon mit offenem Ziel als einem Zeitraffersprint in die Krankheit, und das war erst einmal eine gute Nachricht. Und außerdem:
„Wenn du die Marker einmal zum Fallen gebracht hast, dann kannst du das auch ein zweites Mal schaffen!" Diese inspirierenden Worte meiner Freundin Hildegard habe ich fest in mein Herz geschlossen, denn sie machen Sinn und leuchten ein.

„Beten hilft weder hier noch anderswo", denken andere.
Pardon, wieder falsch gedacht.
Da haben manche Leute ganz andere Erfahrungen gemacht.
Der amerikanische Internist und international anerkannte Au-

tor von neun Büchern mit Bestsellerauflagen, zahlreichen Artikeln und Vorträgen weltweit, Dr. Larry Dossey aus Santa Fe im US-Bundesstaat New Mexico vertritt die Meinung, dass Beten heilt.

Dr. Dossey hatte einen Patienten, der an Lungenkrebs im Endstadium litt und keinerlei Behandlung mehr bekam. Mitglieder der Kirchengemeinde des Patienten beteten inständig für seine Genesung, und der Krebs bildete sich daraufhin vollständig zurück. Diese und zahlreiche andere, ähnlich positive Erfahrungen veranlassen Dr. Dossey zu der Behauptung, dass der Einfluss, den Beten auf die Gesundung hat, eins der bestgehüteten Geheimnisse in der Medizin ist. Der frühere Chefarzt betete selbst für die schweren Fälle unter seinen Patienten, mit verblüffendem Erfolg.

Welche Rolle spielt hier der Glaube? Dass der Glaube Berge versetzen kann, ist schon in der Bibel nachzulesen[79] (Mk 11,23), auch die Worte Jesu (die uns die Bedeutung und den immensen Einfluss der eigenen Erwartungen auf das Heilungsgeschehen vor Augen führen): „Dein Glaube hat dir geholfen"[80] (Mk 10,52). Der Glaube stärkt jeden Heilungsprozess – egal ob mit Penicillin oder durch Beten, so Dr. Dossey – aber er ist, in diesem Zusammenhang, nicht unabdingbar. Auch Menschen, die nichts von dem für sie gesprochenen Gebet wissen, kommt dessen heilende Wirkung zugute.

Es mag verwundern, aber man hat die Kraft des Gebets in zahlreichen Doppelblindstudien einer strengen wissenschaftlichen Prüfung unterzogen und mit eindeutigem Ergebnis: Die Wirkung ist statistisch relevant.

Stellvertretend für alle anderen sei die 1988 vom California Pacific Medical Center in San Francisco durchgeführte kontrollierte Doppelblindstudie genannt, in der für Patienten mit fortgeschrittenem AIDS gebetet wurde. Das Ergebnis war beeindruckend: Die Patienten, für die gebetet wurde, hatten längere Überlebenszeiten, wurden seltener krank und ihre Genesung verlief rascher als die der Kontrollgruppe, für die nicht gebetet wurde. Das Gebet, betont Dr. Dossey, kam in dieser Studie einem medizinischen Durchbruch gleich!

Es sei nochmals erwähnt, dass niemand in dieser Studie wusste, für welche Personen gebetet wurde und für welche nicht, darum kann ein Placebo-Effekt ausgeschlossen werden. Ein Placebo ist ein nicht gezielt wirksames Mittel, wie zum Beispiel Pillen, die nur Zucker enthalten. Viele Patienten reagieren darauf mit einer deutlichen Besserung der Symptome, weil sie glauben, es handele sich um ein hochwirksames Medikament.

Es ist nicht verwunderlich, dass der Psychologieprofessor und Placebo-Forscher T. D. Borkovec sagt: „Die Möglichkeit, dass der Glaube, etwas sei wahr, tatsächlich einen Einfluss darauf haben kann, diese Wahrheit zu erzeugen, kann man in ihrer Bedeutung gut und gerne als spektakulär bezeichnen."[81] Wir tun gut daran, uns unserer Mitgestaltung an dem, was wir erleben, bewusst zu sein.

Wenn die bloße Erwartungshaltung derartige Wirkungen zeitigen kann, ist es nur logisch, dass auch das Gegenteil, nämlich schwere Nebenwirkungen, nach Erhalt eines Placebos eintreten kann. In Versuchen, in denen man Patienten sterile Kochsalzlösungen spritzte – von denen diese annahmen, es handle sich um eine Chemotherapie – verloren 30 % ihre Haare.

In anderen Studien betete man für Menschen mit Herzinfarkt oder solche, die sich riskanten Untersuchungen am Herzen unterzogen, mit vergleichbaren Ergebnissen. Es macht auch keinen Unterschied, ob der Mensch, für den wir beten, sich im Zimmer nebenan oder am anderen Ende der Welt aufhält.

Natürlich kann man auch für sich selbst beten. Und wer es gerne wissenschaftlich hat, dem sei versichert, dass auch die Wirksamkeit dessen in Studien belegt wurde.

Und der heilende Einfluss des Gebets wirkt auch, wenn für Tiere gebetet wird und, selbst das haben Studien gezeigt, für Leben mit weniger Bewusstsein, Saatgut etwa. Das verwundert nur so lange, bis man sich bewusst wird, dass alles Leben aus derselben Quelle seinen Ursprung nimmt und darum wertvoll und schützenswert ist.

Man denkt bei diesen Ergebnissen spontan an Dr. Albert Schweitzer, der lange vor dieser Zeit eindringlich „Ehrfurcht vor dem Leben"[82] gefordert hatte, und dabei hatte auch er den Begriff „Leben" sehr weit gefasst. Als er in den Besitz von Antibiotika (was ja nichts anderes als „gegen das Leben" bedeutet) gekommen war und wusste, dass er vielen seiner Patienten in seinem Krankenhaus in Lambarene damit das Leben retten würde, war er sich bewusst – und es war ihm nicht gleichgültig – dass er gleichzeitig Leben, das der Bakterien nämlich, vernichten würde. Ehrfurcht vor dem Leben drücken auch Goethes Worte aus:

> Als ich einmal eine Spinne erschlagen,
> Dacht' ich, ob ich das wohl gesollt?
> Hat Gott ihr doch wie mir gewollt
> Einen Anteil an diesen Tagen![83]

Wer sich hilflos fühlt und glaubt, nichts für sich – oder für einen anderen, sei er krank oder gesund – tun zu können, der wird durch das Vorgesagte von Dr. Dossey eines Besseren belehrt. Beten hilft, erwiesenermaßen; Beten um Hilfe, Heilung, Führung, um Kraft und Inspiration, um Erkenntnis, wie der nächste Schritt in Richtung Heilung aussehen kann, wie wir auf unserem Lebensweg voranschreiten sollen. Die Antwort kommt nicht immer gleich, aber sie kommt.

Beispielsweise indem gewisse Inhalte und Ideen durch andere Menschen, Bücher oder aus unserem Umfeld an uns herangetragen werden; in Form von aufsteigenden Gedanken, Träumen oder intuitivem Wissen. Beten, das hatten wir auch im Seminar bei Dr. Simonton gelernt, stärkt den Glauben, dass wir von Hilfe umgeben sind, und das wiederum stärkt die Selbstheilungskräfte.

Wer anderen hilft, auf welche Weise auch, braucht eine gewisse Kraft, sei sie seelisch oder körperlich. Aber eine verblüffende, durch Studien untermauerte Erkenntnis ist: Menschen, die anderen helfen, haben eine deutlich höhere Lebenserwartung! Erstaunlich, also muss außer dem Kraftaufwand auf der einen, auf einer anderen Ebene etwas uns Verborgenes stattfinden.

Wenn wir anderen helfen, helfen wir uns gleichzeitig selbst, den Umkehrschluss zog auch Goethe als er sagte: „Wer nichts für andere tut, tut letztlich nichts für sich selbst."[84] Und so blumig schön drückt ein chinesisches Sprichwort diese Weisheit aus: „Ein wenig Duft bleibt immer an der Hand zurück, die dir die Rosen reicht."[85]

Wir tun gut daran, auf die Gedanken zu achten, die wir in Richtung Mitmenschen schicken, denn auch das kann ihnen Hilfe sein – oder Schaden.

Es gibt nachdenklich machende Untersuchungen zu diesem Thema. Dabei wies man Lehrer, in deren Klasse Kinder neu eingeschult worden waren, darauf hin, dass es sich hierbei um besonders begabte Schülerinnen und Schüler handele. Obwohl diese Kinder in Wirklichkeit wahllos ausgesucht worden waren, geschah Erstaunliches: Innerhalb kurzer Zeit zeigten sie beeindruckende Leistungssteigerungen, einzig aufgrund der Tatsache, dass die Lehrer diese Erwartung in sie gesetzt und sie entsprechend behandelt hatten.

„Was du von einem Menschen denkst, entzündest du in ihm"[86], sagte Friedrich Nietzsche, und das kann uns sowohl Herausforderung wie Warnung sein. Es lädt uns auf alle Fälle dazu ein, den Mitmenschen, egal in welchem Gewande sie daherkommen, bis zum Beweis des Gegenteils nur Gutes zu unterstellen. Das bringt positive Energie in die Welt, lässt uns den anderen immer wieder neu in der Gegenwart sehen anstatt ihn auf längst vergangenes Verhalten festzunageln und erhöht die Wahrscheinlichkeit, dass die in ihm angelegten guten Eigenschaften sich auf fruchtbarem Boden entfalten und blühen können.

Wer an die Kraft der Gedanken glaubt, sollte ihnen besonders im Umgang mit an Krebs Erkrankten volle Aufmerksamkeit zollen. Ich habe nach meiner Diagnose Familie und Freunde gebeten, der Schwarzmalerei abzuschwören und dunkle innere Bilder meinen Zustand betreffend gegen solche auszutauschen, die ich selbst bei meinen Visualisierungen anwandte, in denen ich mich voller Kraft und Gesundheit in einem erfüllten Leben stehen sah. Aus diesem Grunde habe ich auch so manchem, der noch immer die Gleichung „Krebs = Tod" aufmachte, meine Diagnose verschwiegen.

Als Christopher vier Jahre alt war, fragte er mich:
„Mami, ist morgen wieder heute?"
„Ja", sagte ich, wenn wir morgen aufstehen, dann nennen wir den neuen Tag wieder ‚heute'".
Christopher seufzte und flüsterte andächtig: „Es ist immer heute!"
Ich staunte über diese philosophische Erkenntnisfähigkeit eines kleinen Kindes und hatte dem nichts hinzuzufügen. Es ist immer heute, es ist immer jetzt. Philosophen füllen gescheite

Bücher und endlose Bände zu diesem Thema, mein Interesse daran war aber im Moment ganz profan und bodenständig.

Meine Gedanken waren recht oft im Hier und Jetzt, mein Haushalt dagegen war noch in der dunklen Vergangenheit, sozusagen im Mittelalter. Es war immer etwas anderes gewesen, das mich daran gehindert hatte, mit dem Aufräumen in der Gegenwart anzukommen: Deutschlandreisen, Migräneanfälle, Allergien, Krankenhausaufenthalte als Patientin oder Besucherin. Und seit der Krebsoperation kam noch hinzu, dass es mir immer schwerer fiel, mich von Dingen zu trennen. Ich konnte einfach keine Entscheidung treffen, was noch wichtig und was inzwischen unwichtig geworden war.
Die Lektüre eines Feng Shui Buches gab schließlich den Anstoß zur allgemeinen Hausentrümpelung, denn ich wusste, dass es meiner Gesundheit zuträglich sein würde, mich nach dem geistigen auch von dem materiellen, unnützen Ballast meiner Vergangenheit zu befreien.
Die Bemühungen meines früheren Theologieprofessors, uns das menschliche Bestreben zu veranschaulichen, Haben und Besitz aus Angst vor Mangel krampfhaft festzuhalten und zu verteidigen, waren nicht vergeblich gewesen, denn plötzlich erinnerte ich mich wieder daran. Wer nur klammert, an Hab und Gut und Gestern, dem ist das Empfangen verwehrt, hatte er erklärt. „Festhalten" hatte er dabei mit der Geste der fest geschlossenen Faust symbolisiert, beim „Loslassen" öffnete er seine Hand und deutete darauf hin, dass ja nur so ein „Empfangen" möglich sei. Nur auf der offen hingehaltenen Handfläche können wir Neues empfangen, konkret und im übertragenen Sinne. Mein altes Leben hatte mich krank gemacht, da war mir Neues willkommen.
Die Erinnerung an diesen Theologieprofessor motivierte mich und half mir, meine eigene eiserne Faust etwas zu öffnen. Beginnen wollte ich klein und bescheiden mit dem Auffinden,

Aufstellen in Reih und Glied und eventuellem Aussortieren meiner überall verstreuten Kassetten, denn hier sollte der ersehnte frische Wind zuerst wehen und alles davontragen, was nicht mehr zu mir gehörte.

Obwohl meinem Hang zum Perfektionismus durch das Praktizieren von Jin Shin Jyutsu die Flügel schon ordentlich gestutzt worden waren, erhob er immer wieder noch mal ungläubig sein Haupt und versuchte, sich durchzusetzen. Und heute trug er nach langer Zeit noch einmal den Sieg davon. Ich beschloss nämlich, alle Kassetten von Anfang bis Ende anzuhören – es könnte ja etwas mittendrin aufgenommen worden sein, was ich nicht entbehren konnte, auch wenn das alles schon lange herumlag, ohne dass ich auch nur ein einziges Mal darauf zurückgegriffen hatte.

Mein Blick fiel auf die Schublade. Immer wenn bei meinen drei Lieben im Laufe der Zeit ein neues Walkman-Modell angesagt war, hatte ich die ausrangierten in jener Schublade verstaut, wo sie ihr unproduktives Leben fristeten und von besseren Zeiten träumten. Die waren nun dank meiner Idee angebrochen.

Ich fischte mir den heraus, der nur drei Tasten hatte, damit meine technischen Fähigkeiten keiner nervenaufreibenden Prüfung unterzogen werden mussten und ich womöglich die ganze Aktion wieder verwerfen würde. Meine Vorgehensweise stellte sich als hervorragend heraus. Gleich am ersten Tag schaffte ich vier Kassetten. Indem ich über Kopfhörer den Klängen lauschte, um die Entscheidung für die Wiedereingliederung in den Schuhkarton oder die Verweigerung des Gnadenbrotes, unser Haus noch länger zu belagern, treffen zu können, erledigte ich gleichzeitig andere Dinge, die ihrerseits mit meiner geteilten Aufmerksamkeit vorlieb nehmen konnten.

Was ich zu hören bekam, glich einem Kulturprogramm durch Jahreszeiten und Jahrzehnte. „Jingle bells" drang Glocken läutend eine Einladung zur Schlittenfahrt an mein Ohr. Da war sie, die Kassette, die ich Weihnachten überall gesucht hatte. Auf der nächsten konjugierte eine Männerstimme arabische Verben. Den Unterricht hatte ich nur begonnen, weil ich die arabischen Schriftzüge so faszinierend fand und ich, als hinge mein Seelenheil davon ab, mich unbedingt einmal meiner kulturellen Konditionierung entziehen und anstatt von links nach rechts, endlich von rechts nach links schreiben wollte. Es war ekstatisch, meine Einkaufszettel auf diese Weise zu verfassen.

Die nächste Konserve blieb dem Thema Sprachen treu. Ein Spanischkurs in meiner Sammlung? Nein, daran hatte ich keine Erinnerung, trotzdem lauschte ich den Bemühungen des hörbar freundlichen Herrn, seine Muttersprache auch anderen Menschen angedeihen zu lassen, bis das Kassettenende ihm Einhalt gebot.

„Sugar, sugar baby" – Peter Kraus und der Rhythmus aus lang vergangenen Tagen riss mich aus meinem Dämmerzustand und ging in meine Beine über. Ich blickte auf die Kassettenhülle mit Titeln von Oldies, die mir ein Bekannter vor fast zehn Jahren geschenkt hatte, und die dann irgendwie und irgendwann in einer dunklen Ecke verschwunden war. Nun lauschte ich den Liedern, die sofort die Magie der damaligen Zeit zurückbrachten. Ich schmetterte mit dem Text, der mir noch von jedem dieser Hitparadensongs vertraut und gegenwärtig war, hingebungsvoll und vor allem lautstark auch alle Erinnerungen an Glück und Leid dieser Zeit aus mir heraus.

Mein Mann staunte über meine Verwandlung, und ein strahlendes Lächeln überzog sein Gesicht. „That's what you need, a singsong!" Er freute sich, dass Glück und Übermut von mir Besitz ergriffen und alle Gedanken an meine Erkrankung verdrängt hatten.

Ich hielt inne, denn mir wurde bewusst, dass ich an seiner Stelle wohl eher genervt reagiert hätte. Jeder weiß ja, wie toll einem die eigene Stimme vorkommt, mit dieser Art von Karaoke-Unterstützung – und wie nervtötend es sein kann, wenn man derjenige ist, der ohne Kopfhörer weiterhin auf dem Planeten Erde weilt. Umso mehr, als ich immer wieder in die zweite Stimme verfiel. Hatte ich früher bei vielen Melodien die zweite Stimme in mir gespürt, ohne aber fähig zu sein, sie nach außen zu transportieren, so konnte ich sie seit meinem kürzlich absolvierten zweitägigen Musikseminar (wo der Lehrer auf den nunmehr bereiten Schüler getroffen war) auch singen. Allerdings nicht immer ganz treffsicher, es waren durchaus manchmal einige Anläufe nötig. Darum brauchte ich nicht viel Phantasie, wie sich meine Versuche, mmmh, aaaah, den richtigen Ton zu treffen, ohne die Gute-Laune-Musik im Hintergrund für andere anhörten.

Es machte mich nachdenklich, als mir plötzlich bewusst wurde, dass mein Mann meine manchmal strengen Maßstäbe seinerseits nicht an mein Verhalten anlegte und überhaupt viel weniger von mir erwartete, als ich von ihm. Die Erkenntnis wurmte mich mächtig, dass ich gar nicht immer der gute, noch weniger der bessere Mensch war, als den ich mich bis dahin unterschwellig wahrgenommen hatte. Durch Jin Shin Jyutsu hatte ich mich besser kennengelernt und es war mir seither schon häufiger passiert, dass ich plötzlich Dinge anders sah und realistischer einschätzte und Bewusstheit an die Stelle von Dünkel trat. Da kommt nicht nur Schmeichelhaftes an den Tag; da bricht einem dann schon mal ein Zacken aus der Krone, die man sich selbst aufgesetzt hat, und das kann das Ego vorübergehend etwas pieksen. Aber wer zieht es schon vor, stattdessen in glücklicher Ignoranz im Wolkenkuckucksheim zu wohnen?

Ich nahm mir vor, mit den Kassetten auch eine Portion Nörgelbereitschaft auszusortieren, den Rest würde das weiterhin praktizierte Jin Shin Jyutsu schon richten.
Das machte mich nach dieser nachdenklichen, mit guten Vorsätzen gespickten Pause nun auch wieder so froh und leistungsstark, dass „Seemann, lass das Träumen" dran glauben musste.

Dann rief Daniel, im Weggehen begriffen, dass es einen doppelten Regenbogen zu bewundern galt. Wir stürzten alle zum Fenster, denn dieses Schauspiel wollten wir uns nicht entgehen lassen. Schließlich ist ein Regenbogen, und dann noch ein doppelter, kein alltägliches Ereignis.

Zum Abschluss dieses emotionalen Untertauchens in der Vergangenheit und des Auftauchens neuer Selbsterkenntnis in der Gegenwart überfiel mich der unwiderstehliche Drang, die wunderschönen, zartrosa-weißen Gladiolen abzumalen, die Christopher in unserem Garten gepflanzt hatte und die an diesem stürmischen Augusttag, einer Windböe zum Opfer gefallen, in einer Vase auf dem Tisch standen.
Ich war mit dem Ergebnis sehr zufrieden, nur Farben mussten noch her. Ein kleines Mäppchen mit Buntstiften, noch aus Daniels und Christophers Schultagen, machte diesem Mangel ein Ende. Ich freute mich über mein schönes Bild und habe es bis heute aufgehoben.

„Es war mal wieder ein guter Tag, ein schöner Tag.", dachte ich glücklich und dankbar, als ich im Bett lag und den Tag noch einmal Revue passieren ließ, dann war ich auch schon, mit einem Lächeln auf den Lippen, eingeschlafen.

13. Epilog

An einem heißen Spätsommertag ging ich mit meiner Freundin Dagmar im Rosengarten von Schloss Coloma, im niederländischsprachigen Sint-Pieters-Leeuw, spazieren. Der intensive, betörende Duft tausender blühender Rosen in allen Farbtönen vermischte sich mit der flirrenden Hitze und lag süß und schwer in der Luft, die wir atmeten. In dem kleinen angrenzenden Rosenmuseum fiel mein Blick auf eine Tafel mit den Worten des niederländischen Dichters Bertus Aafjes: „Als de bloemen konden spreken, zouden ze zwijgen"[87] (Wenn Blumen sprechen könnten, würden sie schweigen).
Schweigen will auch ich nun, um nicht der von Voltaire heraufbeschworenen Gefahr zum Opfer zu fallen: „Das Geheimnis der Langeweile ist es, nichts ungesagt zu lassen."[88] So soll alles bisher nicht Gesagte ungesagt bleiben.

*

Auch das ist Kunst, ist Gottes Gabe,
aus ein paar sonnenhellen Tagen
sich so viel Licht ins Herz zu tragen,
dass, wenn der Sommer längst verweht,
das Leuchten immer noch besteht.[89]
(Johann Wolfgang von Goethe)

*

Plötzlich lag Herbst in der Luft. Der Wind wehte kühler und die unbestrumpft in Sandalen steckenden Füße bekamen eine Gänsehaut. Strickjacken wurden eilends aus Schubladen genommen und übergestreift. Das Licht der Sonne wurde milder und verlor seine Blendkraft.

Es war Zeit, das Kaminfeuer anzuzünden. Ich blickte gebannt in den knisternden, funkensprühenden Feuertanz und herbstliche Gedanken der Vergänglichkeit, auch meiner eigenen, streiften mich. Doch dabei verweilte ich nicht lange. Ich sah mich in Gedanken durch den herrlichen Bois de la Cambre spazieren, unter von der Herbstsonne beschienenen Bäumen; inmitten eines letzten, sanften Glühens der Natur, umgeben vom atemberaubenden Farbenspiel der in allen Rot- und Gelbtönen leuchtenden Blätterpracht. Bis Frost und Sturmwind nach und nach auch diesem lautlosen Lobgesang ein Ende bereiten würden.

Und dann – ich lächelte – das Licht in der Dunkelheit: Weihnachten! Ich freute mich drauf.

Anhang I

Postskriptum

Die Erfahrung der Krebserkrankung hat mich verändert. Ich verschwende keine Wochen und Monate mehr damit zu warten, dass die Zeit sich zu meinen Gunsten wandelt, sondern nutze den Tag und mache, gemäß einer buddhistischen Weisheit, jede Situation zur besten aller Gelegenheiten[90].

Ich höre oft Musik aus der umfangreichen Mozart-Sammlung, die mir meine Freundin Anne geschenkt hat, denn diese musikalische Medizin ist süß und tut gut. Aber vor allem praktiziere ich weiter Jin Shin Jyutsu und wende das bei Dr. Simonton Gelernte an: Ein Ereignis ist das, was ich daraus mache. Es hat die Bedeutung, die ich ihm gebe.

Dem Auf und Ab des Lebens begegne ich mit mehr Gelassenheit. Ich halte mich an die Worte von Khalil Gibran und nehme die Jahreszeiten meines Herzens hin wie die Jahreszeiten, die über die Felder hinweggehen.[91]

Und hoffe auf eine gute Ernte, auch wenn die Zeit kommt, wo mein Gesundheitszustand mal wieder auf dem Prüfstand stehen wird.

„Wer eine Katze hat, braucht das Alleinsein nicht zu fürchten"[92], sagte Daniel Defoe. Er wusste wohl genau, welche Präsenz ein Tier ausstrahlen und welche Bedeutung es für den Menschen haben kann. Wir können uns darüber nur noch in unserer Erinnerung freuen, denn Maunzer ist kurz vor Beendigung dieses Buches in die ewigen Jagdgründe eingegangen.

Dank meiner Cousine Renate und ihres Mannes Josef habe ich in Deutschland wieder heimatlich Fuß gefasst. Die Tür der sich in ihrem geräumigen Haus befindlichen Einliegerwohnung steht mir jederzeit offen, und ich werde dort – auch von

ihren Töchtern Leslie und Romina – aufs Herzlichste willkommen geheißen, verwöhnt und bekocht (mithelfen verbo-
ten).
Auch bei meinen Deutschlandaufenthalten muss ich auf Jin
Shin Jyutsu nicht verzichten. Von dort ist es nämlich nicht
weit zu Gabriela Zenker, einer ebenso sympathischen wie
kundigen Therapeutin *(Adresse siehe Anhang II)*.

Die Jin Shin Jyutsu-Behandlung hat Mikes Herz wieder vollständig geheilt, und die Nieren haben nur einen leichten
Schaden zurückbehalten. Seit er statt drei Hochdrucktabletten
nur noch eine einnehmen muss und der Diagnoseschreck immer mehr in Vergessenheit geraten ist, hat er eigene Anstrengungen ziemlich schleifen lassen und sich auf seinen Lorbee-
ren ausgeruht.
Wenn man allerdings den ganzen Reichtum von Jin Shin Jyutsu erleben möchte, ist tägliches Praktizieren der Weg dorthin.

„Tu das nie wieder!" rief meine Freundin Rosemarie aus, als
sie erfuhr, dass ich mutterseelenallein zur Operation ins
Krankenhaus gefahren war. Nachdem ich ihr das versprochen
hatte, einigten wir uns aber darauf, dass sich das „nie wieder"
am besten auf Krankenhausaufenthalte überhaupt beziehen
sollte.

*

Für Ihren weiteren Weg, liebe Leserin, lieber Leser, wünsche
ich Ihnen von Herzen Kraft und Erhalt oder Wiedererlangung
Ihrer Gesundheit sowie die Erinnerung an die Tatsache, dass
das Krebswachstum in jedem Moment (jetzt!) zum Stillstand

kommen kann und Heilung, ganz gleich wie fortgeschritten die Krankheit ist, jederzeit möglich ist. Meine Solidarität auf Ihrem Weg, für den ich Ihnen einen altirischen Segensspruch mitgeben möchte, ist Ihnen gewiss und kommt aus tiefstem, wissenden Herzen.

> Mögen sich die Wege
> vor deinen Füßen ebnen und
> möge Gott seine schützende Hand
> über dir halten.[93]

Wenn bisweilen der Weg zugewachsen zu sein scheint, ist Aushalten und Durchhalten gefordert. Ein sich Sammeln und Innehalten, das uns dabei hilft, des „Lebens viele Widersinne" zu versöhnen und „dankbar in ein Sinnbild" zu fassen (Rilke[94]). In dieser Sammlung merken wir, dass viel mehr in uns steckt als wir jemals für möglich gehalten haben. Als Jesus die Jünger verließ, gab er ihnen den Rat, die Aufgabe mit auf den Weg:

> Seid selber Licht, mühet euch ohne Unterlass.[95]

Selber Licht sein können! Erstaunlich, wie viel Vertrauen Jesus in die Menschen setzt, welch ungeheure Kräfte demnach in uns schlummern. Zwar müssen wir sie immer wieder aufs Neue wecken – „ohne Unterlass" – und das „mühet euch" spricht auch für sich. Aber der Einsatz ist lohnenswert.

Die Entscheidung liegt bei uns, ob wir Kinder des Lichts oder Kinder der Finsternis sein wollen, ob wir Liebe oder Leid in unser Leben und die Welt bringen wollen. Wenn wir das Licht als Lebensausrichtung wählen, brauchen wir nicht in jeder Situation erneut um eine Entscheidung dafür oder dagegen zu ringen.

Dass es uns gelingt, Kinder des Lichts zu sein,
wünsche ich Ihnen und mir,
denn das tut nicht nur uns und unserer Gesundheit,
sondern der ganzen Welt gut.

Anhang II

Bibliographie:

Wieder gesund werden
Eine Anleitung zur Aktivierung der Selbstheilungskräfte
für Krebspatienten und ihre Angehörigen
O. Carl Simonton, Stephanie Matthews Simonton,
James Creighton
Reinbek bei Hamburg, rororo, [6] 2007
ISBN 978-3-499-61152-0
(Titel der amerikanischen Originalausgabe:
Getting Well Again)

Diagnose Krebs: 50 Erste Hilfen
Greg Anderson
Reinbek bei Hamburg, rororo, 1996
ISBN 3-499-19929-7
(Titel der überarbeiteten amerikanischen Originalausgabe:
Cancer – 50 Essential Things to Do)

Unerwartete Genesung
Die Kraft zur Heilung kommt aus uns selbst
Caryle Hirshberg/Marc Ian Barasch
München, Droemer Knaur, 1995
ISBN 3-426-26869-8
(Titel der amerikanischen Originalausgabe:
Remarkable Recovery)

Jin Shin Jyutsu
Die Kunst der Selbstheilung
durch Auflegen der Hände
Waltraud Riegger-Krause
München, Südwest Verlag, 2005
ISBN 3-517-06820-9

Heilende Berührung
Körper, Seele und Geist
mit Jin Shin Jyutsu behandeln
Alice Burmeister, Tom Monte
München, Droemersche Verlagsanstalt, 2000
ISBN 3-426-87090-8
(Titel der amerikanischen Originalausgabe:
The Touch of Healing)

Healing Words
The Power of Prayer and the
Practice of Medicine
Larry Dossey
HarperPaperbacks
A Division of HarperCollins*Publishers*
New York, HarperSanFrancisco, 1993

Adressen:

Krebsinformationsdienst (KID)
Deutsches Krebsforschungszentrum
Im Neuenheimer Feld 280
69120 Heidelberg
Telefon aus Deutschland: 0800-420.30.40 *(gebührenfrei)*
Telefon aus dem Ausland:+49(0)6221-999.8000
E-Mail: krebsinformationsdienst@dkfz.de
Website: www.krebsinformationsdienst.de

Simonton-Trainingsprogramm:

Cornelia Kaspar
Kontaktadresse Simonton Cancer Center in Deutschland
Altheimer Straße 43
89079 Ulm
Telefon: 0700 - SIMONTON (0700-74666866)
E-Mail: info@simonton-genesungsarbeit.de
Website: www.simonton.de
Hier finden Sie auch eine Liste der von Dr. Simonton fortge-
bildeten und zertifizierten TherapeutInnen.

Jin Shin Jyutsu:

Information:

Jin Shin Jyutsu Europa-Büro
Quirinstraße 30
53129 Bonn
Telefon: 0228-23.45.98
E-Mail: info@jinshinjyutsu.de
Website: www.jinshinjyutsu.de

Therapeuten, die in diesem Buch Erwähnung finden

In Belgien:

Maurice Weltens
Bosbesstraat 36
B-3600 Genk
Telefon: +32(0)89-35.59.79
E-Mail: maurice.roberte@scarlet.be

In Deutschland:

Waltraud Riegger-Krause
Hans-Guldin-Straße 10
88316 Isny
Telefon: 07562-90.52.99

Gabriela Zenker
Helmholtzstraße 20
40215 Düsseldorf
Telefon: 0211-15.37.42
E-Mail: J. Zenker13@freenet.de

Anhang III

Quellennachweis

[1] Mascha Kaléko: Die frühen Jahre. In: Die paar leuchtenden Jahre. © 2003 Deutscher Taschenbuch Verlag, München. dtv 13149.
Abdruck mit freundlicher Genehmigung von dtv, Deutscher Taschenbuch Verlag GmbH & Co. KG, Friedrichstraße 1a, 80801 München.

[2] Rainer Maria Rilke: Der Schauende. In: Rilke, Das Buch der Bilder. Insel Verlag Frankfurt am Main, insel taschenbuch 26, Fünfte Auflage 1980, S. 96.

[3] Theodor Storm: Knecht Ruprecht. In: P. Dvorak, K. Reinecke, G. Otto-Rieke: Es weihnachtet, Das große Weihnachtsbuch. Lizenzausgabe für XENOS Verlagsgesellschaft m. b. H., Hamburg, 1996, S. 49.

[4] Rainer Maria Rilke: Mädchenmelancholie. In: Rilke, Das Buch der Bilder. Insel Verlag Frankfurt am Main, insel taschenbuch 26, Fünfte Auflage 1980, S. 13.

[5] Franz Kafka: Jeder lebt hinter einem Gitter. In: Gespräche Gustav Janouchs mit Kafka, 1920-23.

[6] Mahatma Gandhi: 10 Weisheiten um die Welt zu verändern.

[7] Das erste Buch der Könige: Elija am Bach Kerit. In: Die Bibel, Einheitsübersetzung. 1980 Katholische Bibelanstalt GmbH, Stuttgart, Lizenzausgabe für den Verlag Herder, Freiburg im Breisgau, S. 355.

[8] Das erste Buch der Könige: Elija in Sarepta. In: a. a. O., S. 355f.

[9] Friedrich Hölderlin: Patmos. In: Hölderlin, Gedichte. Herausgegeben von Jochen Schmidt, Insel Verlag Frankfurt am Main, insel taschenbuch 781, Erste Auflage 1984, S. 176.

[10] Rio Reiser: Wenn die Nacht am tiefsten ist. Vgl. in Lied: Wenn die Nacht am tiefsten. Ton Steine Scherben, 1975.

[11] Unbekannt: Hilf dir selbst, dann hilft dir Gott. Mittelalterliche Weisheit.

[12] Sophokles: Der Himmel hilft niemals solchen, die nicht handeln wollen.

[13] Das Hohelied: Stark wie der Tod ist die Liebe. In: Die Bibel, Einheitsübersetzung. 1980 Katholische Bibelanstalt GmbH, Stuttgart, Lizenzausgabe für den Verlag Herder, Freiburg im Breisgau, S.737.

[14] Kohelet: Alles hat seine Stunde. Vgl. in: Ebd. S. 723.

[15] Konfuzius: Wer einen Fehler gemacht hat.

[16] Gerhart Hauptmann: Wer tiefer irrt. In: Aufzeichnungen.

[17] Niketas Stethatos: Nach der inneren Stimmung der Seele. In: Tugendliebe (Philokalie).

[18] Unbekannt: Wenn der Schüler bereit ist. Buddhistische Weisheit.

[19] Marie von Ebner-Eschenbach: Wer nichts weiß, muss alles glauben. In: Aphorismen. Insel Verlag, Frankfurt a. Main, Insel-Bücherei 543.

[20] Albert Schweitzer: Der Zufall ist das Pseudonym, das Gott wählt.

[21] Rainer Maria Rilke: Du siehst, ich will viel. In: Rilke, Das Stundenbuch, Das Buch vom mönchischen Leben. Insel Verlag Frankfurt am Main, insel taschenbuch 2, Erste Auflage 1972, S. 18.

[22] Epiktet: Die Menschen werden nicht durch die Dinge, die passieren, beunruhigt. Vgl. in: Epiktet, Das Buch vom geglückten Leben. Verlag C. H. Beck München.

[23] Emile Coué: Feststellung. In: Henry G. Tietze: Imagination und Symboldeutung, Wie innere Bilder heilen und vorbeugen können. Ariston Verlag, Genf, Erstauflage 1983, S. 54.

[24] Voltaire: Es ist der Gesundheit förderlich.

[25] Charles Baron de Montesquieu: Wenn die Dreiecke sich einen Gott machen würden.

[26] Marc Aurel: Das Leben eines Menschen.

[27] Emile Coué: Es geht mir mit jedem Tag. Vgl. in: Anne Ancelin Schützenberger: Vouloir guérir, l'aide au malade atteint d'un cancer. La Méridienne, Desclée de Brouwer, Paris 1993, 6ème édition, S. 29.

[28] Dr. med. et phil. Klaus Thomas: Ich bleibe geborgen. In: Praxis der Selbsthypnose des Autogenen Trainings, Formelhafte Vorsatzbildung und Oberstufe. Georg Thieme Verlag Stuttgart 1976, S. 20.

[29] Ich schaffe es. In: Ebd., S. 60.

[30] Positive Affirmationen: Ich heile unabhängig von äußeren Gegebenheiten. Und: Ich lasse meine Krankheitsbereitschaft los.

[31] Stefan Zweig: Es muss einer den Frieden beginnen.

[32] Das Evangelium nach Matthäus: Von der Pflicht zur Vergebung. In: Die Bibel, Einheitsübersetzung. 1980 Katholische Bibelanstalt GmbH, Stuttgart, Lizenzausgabe für den Verlag Herder, Freiburg im Breisgau, S. 1111.

[33] Mahatma Gandhi: Wo die Kommunikation aufhört, fängt die Gewalt an.

[34] Das Evangelium nach Lukas: Der dankbare Samariter. In: Die Bibel, Einheitsübersetzung. 1980 Katholische Bibelanstalt GmbH, Stuttgart, Lizenzausgabe für den Verlag Herder, Freiburg im Breisgau, S. 1182.

[35] Antoine de Saint-Exupéry: Das Schönste im Leben ist der Umgang mit Menschen.

[36] Lance Armstrong: Cancer kinship. In: Every Second Counts. Yellow Jersey Press 2004, Random House, London, S. 28.

[37] Friedrich Rückert: Am Walde hätte nicht die Axt so leichtes Spiel. In: Friedrich Rückert: Werke, Band 2, Gedichte, Die Weisheit des Brahmanen, Fünfte Stufe, Leben. Leipzig und Wien.

[38] Hugo von Hofmannsthal: Das ganze Leben ist ein ewiges Wiederanfangen. In: Der Schwierige. Herausgegeben von Ursula Renner. Philipp Reclam jun. Stuttgart 2000, S. 131.

[39] Das Evangelium nach Markus: Das Abreißen der Ähren am Sabbat. Vgl. in: Die Bibel, Einheitsübersetzung. 1980 Katholische Bibelanstalt GmbH, Stuttgart, Lizenzausgabe für den Verlag Herder, Freiburg im Breisgau, S. 1132.

[40] Rainer Maria Rilke: Sei allem Abschied voran. In: Rilke, Duineser Elegien, Die Sonette an Orpheus. Insel Verlag, insel taschenbuch 80, Erste Auflage 1974, S. 79.

[41] Martial: Sit tibi terra levis! In: Epigrammata, 9,29,11. Auch Aufschrift auf Grabsteinen.

[42] Albert Schweitzer: Größer als die Verhältnisse.

[43] Rainer Maria Rilke: ... neuen Seite, auf der noch Alles werden kann. In: Rilke, Das Stundenbuch, Das Buch vom mönchischen Leben. Insel Verlag Frankfurt am Main, insel taschenbuch 2, Erste Auflage 1972, S. 14.

[44] Martin Luther: Auch wenn ich wüsste, dass morgen die Welt untergeht.

[45] Maria breit den Mantel aus: Lied 276 b). In: Gebet- und Gesangbuch. J. P. Bachem Verlag GmbH, Köln, Verlagsnummer 24296222, S. 923f.

[46] Meerstern, ich dich grüße: Vgl. Lied 279. In: a. a. O., S. 926.

[47] Friedrich Hebbel: Mit jedem Menschen verschwindet ein Geheimnis aus der Welt. In: Tagebücher.

[48] Helder Camara: Sag ja zu den Überraschungen. In: Mach aus mir einen Regenbogen. © 1981 Pendo Verlag in der Piper Verlag GmbH, München und Zürich. Abdruck mit freundlicher Genehmigung der Piper Verlag GmbH, Georgenstraße 4, 80799 München.

[49] Unbekannt: Wessen Herz voll ist. Sprichwort. Vgl. auch: Denn wovon das Herz voll ist, davon spricht der Mund. Das Evangelium nach Matthäus 12,34. In: Die Bibel, Einheitsübersetzung. 1980 Katholische Bibelanstalt GmbH, Stuttgart, Lizenzausgabe für den Verlag Herder, Freiburg im Breisgau, S. 1102.

[50] Unbekannt: Wo die Not am größten. Sprichwort.

[51] Das Buch Ijob: Die Mahnung zu Umkehr und Demut. In: Die Bibel, Einheitsübersetzung. 1980 Katholische Bibelanstalt GmbH, Stuttgart, Lizenzausgabe für den Verlag Herder, Freiburg im Breisgau, S. 599.

[52] Rainer Maria Rilke: Was abfallen muss, fällt ab. In: Brief an Friedrich Westhoff. Rom, 29. 4. 1904.

[53] Lance Armstrong: Tumormarker. In: It's Not About the Bike, My Journey Back to Life. Yellow Jersey Press 2001, Random House, London, S. 94.

[54] Joseph Freiherr von Eichendorff: Wünschelrute. In: Joseph von Eichendorff, Sämtliche Gedichte und Versepen. Insel Verlag Frankfurt am Main und Leipzig 2001, S. 328.

[55] Johann Wolfgang von Goethe: Talismane. In: Goethes Werke, Standard-Klassiker-Ausgabe, Band III, Westöstlicher Divan, Buch des Sängers. Standard-Verlag Hamburg, S. 8.

[56] Antoine de Saint-Exupéry: Wie wenig Lärm machen die wirklichen Wunder. In: Brief an eine Geisel (1943)/ Bekenntnis einer Freundschaft.

[57] Das Evangelium nach Matthäus: Die Frage nach dem wichtigsten Gebot, vgl. Mt 22,39. In: Die Bibel, Einheitsübersetzung. 1980 Katholische Bibelanstalt GmbH, Stuttgart, Lizenzausgabe für den Verlag Herder, Freiburg im Breisgau, S. 1117.

[58] Unbekannt: Die Angst klopfte an die Tür. Chinesische Weisheit.

[59] Sokrates: Wie zahlreich sind doch die Dinge. In: Wilhelm Weischedel: Die philosophische Hintertreppe. dtv München, 17. Auflage 1988.

[60] Rainer Maria Rilke: Als Masken mündig. In: Rilke, Das Stundenbuch, Das Buch von der Pilgerschaft. Insel Verlag Frankfurt am Main, insel taschenbuch 2, Erste Auflage 1972, S. 67.

[61] François de La Rochefoucauld: Man macht sich durch Eigenschaften, die man hat.

[62] Martin Buber: Der Weg des Menschen nach der chassidischen Lehre. In: M. Buber, Werke, Dritter Band. Heidelberg 1963, S. 721.

[63] Martin Buber: Du sollst dich nicht vorenthalten. In: Aufsatz „Was ist zu tun?" (1919).

[64] Hermann Hesse: Meine Aufgabe ist es nicht. In: Hermann Hesse, Lektüre für Minuten, S. 48. © Suhrkamp Verlag Frankfurt am Main 1971. Abdruck mit freundlicher Genehmigung des Suhrkamp Verlags, Pappelallee 78-79, 10437 Berlin.

[65] Hermann Hesse: „Kurgast. Aufzeichnungen einer Badener Kur" (Auszug). In: Hermann Hesse, Sämtliche Werke, Band 11: Autobiographische Schriften I. © Suhrkamp Verlag Frankfurt am Main 2003. Abdruck mit freundlicher Genehmigung des Suhrkamp Verlags, Pappelallee 78-79, 10437 Berlin.

[66] Martin Buber: Rabbi Sussja. In: M. Buber, Die Erzählungen der Chassidim. Zürich o. J., S. 394, (Manesse Bibliothek).

[67] Marc Chagall: Solange wir das Leben haben.

[68] Herman van Veen: Du bist schön. In Lied: Anders Anders.

[69] Louis Lavelle: Das Beste, was wir anderen geben können. Vgl. in: L'erreur de Narcisse. *(meine Übersetzung)*

[70] Friedrich Schiller: Die Gunst des Augenblicks. In: Lexikon Schiller Zitate, Aus Werk und Leben. Ernst Lautenbach, IUDICIUM Verlag GmbH, München, S. 51.

[71] Das erste Buch der Könige: Elija am Horeb. In: Die Bibel, Einheitsübersetzung. 1980 Katholische Bibelanstalt GmbH, Stuttgart, Lizenzausgabe für den Verlag Herder, Freiburg im Breisgau, S. 358.

[72] Kant: Handle so. Vgl. in: Grundlegung zur Metaphysik der Sitten, Übergang von der Metaphysik der Sitten zur Kritik der reinen praktischen Vernunft. RECLAMS UNIVERSAL-BIBLIOTHEK Nr. 4507, 2008 Philipp Reclam jun. GmbH & Co., Stuttgart, S. 104f.

[73] Johann Wolfgang von Goethe: Erinnerung. In: Goethes Werke, Standard-Klassiker-Ausgabe, Band I, Gedichte, Lieder. Standard-Verlag Hamburg, vgl. S. 50.

[74] Unbekannt: Wer sein eigener Lehrmeister sein will, hat einen Narren zum Schüler. Sprichwort.

[75] Das Evangelium nach Lukas: Die Kreuzigung. In: Die Bibel, Einheitsübersetzung. 1980 Katholische Bibelanstalt GmbH, Stuttgart, Lizenzausgabe für den Verlag Herder, Freiburg im Breisgau, S. 1191.

[76] Wolfgang Borchert: Ich möchte Leuchtturm sein. In: Allein mit meinem Schatten und dem Mond, Briefe, Gedichte und Dokumente. Rowohlt Taschenbuch Verlag GmbH, Reinbek bei Hamburg, November 1996, S. 5.

[77] Martin Buber: „Was ist zu tun?". In: Ders., Hinweise, Gesammelte Essays. Zürich: Manesse 1953, S. 290-293, Zitat S. 292.

[78] Fjodor Dostojewski: Ich fürchte nur eines. In: ... trotzdem Ja zum Leben sagen. Viktor E. Frankl, Deutscher Taschenbuch Verlag GmbH & Co. KG, München, 9. Auflage Oktober 1990, S. 109.

[79] Das Evangelium nach Markus: Vom Glauben. In: Die Bibel, Einheitsübersetzung. 1980 Katholische Bibelanstalt GmbH, Stuttgart, Lizenzausgabe für den Verlag Herder, Freiburg im Breisgau, S. 1144.

[80] Das Evangelium nach Markus: Die Heilung eines Blinden bei Jericho. In: Ebd. S. 1143.

[81] T. D. Borkovec (1985). Placebo: Defining the unknown. In: L. White, B. Tursky, & G. F. Schwartz (Eds.), Placebo: Clinical phenomena and new insights. New York: Guilford Press, 59-64, Zitat S. 59. *(meine Übersetzung)*

[82] Albert Schweitzer: Ehrfurcht vor dem Leben (veneratio vitae). In: Albert Schweitzer, Aus meinem Leben und Denken. Felix Meiner Verlag Hamburg, 1980, S. 225.

[83] Johann Wolfgang von Goethe: Als ich einmal eine Spinne erschlagen. In: Goethes Werke, Band II, Gedichte und Epen II, Westöstlicher Divan, Buch der Sprüche. Verlag C. H. Beck München, Fünfzehnte Auflage, S. 55.

[84] Johann Wolfgang von Goethe: Wer nichts für andere tut.

[85] Unbekannt: Ein wenig Duft. Chinesisches Sprichwort.

[86] Friedrich Nietzsche: Was du von einem Menschen denkst, entzündest du in ihm.

[87] Bertus Aafjes: Wenn Blumen sprechen könnten. Tafel im Rosenmuseum im Rosengarten von Schloss Coloma, Sint-Pieters-Leeuw, Belgien. *(meine Übersetzung)*

[88] Voltaire: Das Geheimnis der Langeweile. In: Aphorismus-Archiv.

[89] Johann Wolfgang von Goethe: Auch das ist Kunst.

[90] Unbekannt: Jede Situation wird zur besten aller Gelegenheiten. Altbuddhistische Weisheit. Vgl. auch in: Karlfried Graf Dürckheim: Der Alltag als Übung, Vom Weg zur Verwandlung. Verlag Hans Huber, Zehnte Auflage, S. 33.

[91] Khalil Gibran: Vom Schmerz. In: Der Prophet. Weltbild Buchverlag, S. 54.

[92] Daniel Defoe: Wer eine Katze hat. In: Robinson Crusoe.

[93] Unbekannt: Mögen sich die Wege vor deinen Füßen ebnen. Altirischer Segensspruch.
[94] Rainer Maria Rilke: Des „Lebens viele Widersinne". In: Rilke, Das Stundenbuch, Das Buch vom mönchischen Leben. Insel Verlag Frankfurt am Main, insel taschenbuch 2, Erste Auflage 1972, S. 19.
[95] Seid selber Licht.

Autorin und Verlag würden sich freuen, von etwaigen Inhabern von Rechten, die sie nicht ausfindig machen konnten, zu hören, damit diese in zukünftigen Auflagen dieses Buches Erwähnung finden können.